公共关系学

（微课版）

主　编　宋琳琳
副主编　白　冰

北京理工大学出版社
BEIJING INSTITUTE OF TECHNOLOGY PRESS

内容简介

本教材总体划分为两大模块：理论篇与实务篇。理论篇旨在系统阐述公共关系的起源流派、一般原理、主体与公众、基本程序；实务篇则将公共关系的传播方法与手段规划为五大专题，即公共关系专题活动战略管理、公共关系大众传播战略管理、公共关系形象战略管理、对象型公共关系战略管理与危机公共关系战略管理。这种教学体系的规划使公共关系战略传播的理论与实务更具逻辑性，在框架上帮助学生理顺公共关系学的脉络与体系。同时，每章包含学习提纲、案例阅读、拓展阅读、开卷有益、本章小测试与本章重点思考六个模块，充分体现新文科建设的思路。

图书在版编目(CIP)数据

公共关系学：微课版 / 宋琳琳主编. --北京：北京理工大学出版社，2024. 7.
ISBN 978-7-5763-4375-5

Ⅰ. C912.31

中国国家版本馆 CIP 数据核字第 2024W1G042 号

责任编辑：申玉琴　　**文案编辑**：申玉琴
责任校对：周瑞红　　**责任印制**：李志强

出版发行 / 北京理工大学出版社有限责任公司
社　　址 / 北京市丰台区四合庄路 6 号
邮　　编 / 100070
电　　话 /（010）68914026（教材售后服务热线）
（010）68944437（课件资源服务热线）
网　　址 / http://www.bitpress.com.cn

版 印 次 / 2024 年 7 月第 1 版第 1 次印刷
印　　刷 / 涿州市新华印刷有限公司
开　　本 / 787 mm×1092 mm　1/16
印　　张 / 16.5
字　　数 / 384 千字
定　　价 / 89.00 元

前言

公共关系旨在树立组织形象、谋求公众认同。在当今时代，作为组织展现形象、塑造识别的重要战略型传播手段，公共关系越来越受到社会与学界的重视。党的二十大报告指出，要增强中华文明传播力影响力，坚守中华文化立场，提炼展示中华文明的精神标识和文化精髓，加快构建中国话语和中国叙事体系，讲好中国故事、传播好中国声音，展现可信、可爱、可敬的中国形象。本教材立足党的二十大报告的重要精神，秉承公共关系的正确世界观，将公共关系战略理论与我国实际紧密结合，通过大量案例与社会实践展现中国形象、传播中华文化，使学生懂得如何运用公共关系战略技巧讲好中国故事、塑造好组织形象。

本教材共设置十章。第一章公共关系的发展史与模式的演变，旨在通过大量案例明确公共关系是如何从不完善的理念发展到科学的理论，讲明公共关系的几种模式与在中国的发展历程；第二章公共关系的一般原理，旨在从科学的角度阐明公共关系的概念、本质、要素、世界观、职能、原则与分类；第三章公共关系的主体，旨在明确公共关系实施者的特征、分类、工作程序、素质要求等；第四章公共关系的公众，旨在为公共关系工作进行对象分析，了解公众的概念、分类与心理特征；第五章公共关系的程序，旨在阐明公共关系工作的流程与基本顺序。以上五章理论性内容较多，为公共关系战略管理的基础内容。第六章公共关系专题活动战略管理，以五种最常见的公共关系专题活动为讲授内容，旨在明确如何利用专题活动进行公共关系战略实践；第七章公共关系大众传播战略管理，旨在通过公共关系新闻、公共关系广告以及新媒体公共关系讲明公共关系战略传播应如何利用大众传播媒介进行实践；第八章公共关系形象战略管理，通过引入 CI 战略，明确公共关系应如何确立理念识别、行为识别以及视觉识别；第九章对象型公共关系战略管理，旨在通过七种重要的公共关系对象的针对性策略有效实现公众认同；第十章危机公共关系战略管理，旨在明确危机公关的原则以及战略本质。以上五章实践性内容较多，为公共关系战略管理的延伸与扩展内容，以期实现从理论到实践的多维度、应用型教学理念。

本教材是辽宁工业大学的立项教材，并由辽宁工业大学出资出版，为 2021 年辽宁省普通高校教育本科教学改革研究项目“基于课程思政的公共关系学一流本科课程建设研究”成果教材，为 2021 年辽宁省本科一流课程建设成果教材，为教育部人文社会科学项目“新媒体语境下公共危机的多元话语建构与互动研究（17YJC860018）”成果。本教材具有以下三大特色：

其一，关注课程思政的融入。本教材依托省级与校级“课程思政”的建设项目与一流本科课程建设，编写紧扣课程思政建设思维，在案例的选用、分析以及深度点拨方面做了一定有益的尝试，使专业知识与课程思政无缝融合，恰当匹配，是一本具有“课程思政”特色的教材，其中“阅读”与“拓展阅读”板块集中体现了该特色。

其二，践行新文科建设的思维。本教材在新文科建设方面也有所思考，期待通过“开卷有益”板块增加学生跨学科的知识与理论，与相近学科做好有效的沟通与互补，选择了10个关于社会学、心理学、符号学、经济学、艺术学、文学、管理学等跨学科内容进行了有益扩展。

其三，配套资源丰富。提供的相关学习资源包括案例阅读材料99个，拓展阅读26个，涵盖10个章节的基础不定项选择题100道、课后思考题73道、跨学科内容“开卷有益”10个。该部分资源随书附带。提供的相关教学资源包括与教材适配的教学大纲、考试大纲、教学日历，课件10套，教学视频，课后思考题答案。

理论篇

实务篇

理论篇

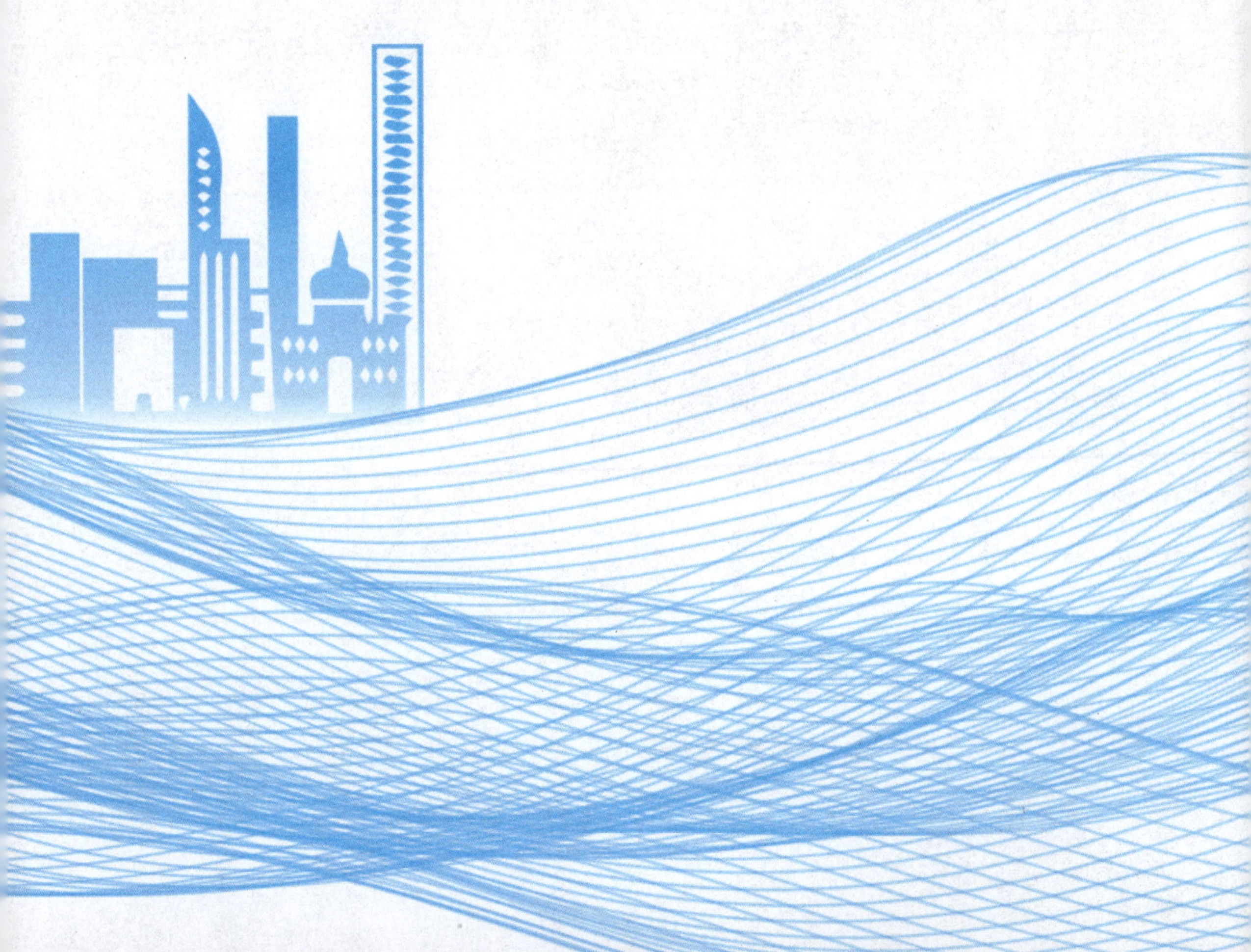

第一章　公共关系的发展史与模式的演变

学习提纲

古代公共关系思想的萌芽
现代公共关系的产生与发展阶段
现代公共关系的四种模式
中国现代公共关系的发展阶段
现代公共关系行业存在的问题

学习视频：引子

公共关系是塑造形象的科学与艺术。随着全球传播时代的到来，公共关系已经在经济、政治、文化等领域发挥越来越关键的效能。有人把以电脑为代表的科学技术水平、以旅游为代表的生活富裕程度、以公共关系为代表的经营管理效能，并列作为一个国家发达程度的标志；更有人把公共关系形象地比喻为通行于21世纪的“绿卡”、通向社会主义市场经济的“绿卡”、通向“地球村”的“绿卡”[1]。可见，公共关系的影响和地位越来越受到重视。

从微观层面来看，社会组织，尤其是营利性组织也越来越依赖公共关系的管理效能。在商品经济时代，消费者已经不再单纯关注商品及服务本身了，而更多地去关注“社会愿景”。

2012年有学者曾针对“社会愿景”进行了全球调研，旨在研究企业的社会形象对购买的影响。数据结果显示，全球有76%的人认为，企业在创造利润的同时，完全可以兼顾社会价值的实现，并且这个数值还在不断提高。其中，中国受访者的认同比例还要高于全球平均值。可见，中国消费者更多关注于组织的社会形象。而另一项数据结果显示，全球

53%的受访者认为，在价格和质量相同的前提下，产品或服务的社会形象将成为最重要的选择因素。这便使组织的经营管理拥有了新的规则：仅仅将自己的经营管理局限于商业范畴是远远不够的，还必须将组织的社会形象纳入经营战略之中，并将其规划为竞争的核心驱动力。

第一节　公共关系前史

学习视频：公共关系的发展史与模式的演变

公共关系作为重要的社会行为发展到当下，已经成为一门学科。但公共关系作为人类社会中典型的思想意识和自觉的社会行动早就已经存在了。可以说，公共关系的发展史和人类的传播史基本上是同步展开的。因为传播是人类最基本的在世状态，传播既推动了个体及共同体的进步，也成为麻烦的制造者。因此，对传播方式、传播过程以及传播效果的控制成为人类始终关注的焦点问题，而有意识地展开传播，以期达成目标，也正是公共关系的基本内容。因此，公共关系是传播学视野下的重要知识范畴，也是一种先有实践，后有理论的科学。

一、西方古代公共关系思想

古希腊时期，社会大众普遍认为修辞是一项基本的公民素养。亚里士多德是修辞理念的主要代表者。所谓修辞，是说服他人的能力和艺术。亚里士多德认为，修辞有利于维护社会公理和真知，有利于教化于民，有利于自我辩护。他在其著作《修辞学》中强调，良好的修辞有三个重要因素：其一，品格，指向说服者的德行和善意；其二，情感，指向说服对象的心理；其三，逻辑，指向说服内容的形式。这三个因素至今仍是解决说服问题或是公共关系问题的重要依据。因此，2 300 多年前的《修辞学》被认为是最早涉及公共关系的经典著述。在这一时期，雅典每年都召集 40 场以上的公民大会来讨论政事，少则两三千人参与，多则可达六千人。这种交换意见、争取认同、绝不垄断真理的传播方式，充分表现出古希腊时期重视修辞与公共表达。

古罗马时期最重要的思想是“人民的声音就是上帝的声音”，重视民意与公共舆论成为这一时期重要公共关系理念的萌芽。意大利政治思想家马基雅维利提出，统治者对人民必须“抚爱或者消灭”。然而，“消灭”人民是不可能的，因此“抚爱”和控制变得至关重要，而有技巧的传播成为表达“抚爱”的手段，也是建立秩序的工具。古罗马著名的统治者恺撒大帝是西方第一位运用舆论工具的大师。他创办了报纸《每日纪闻》，全力赞美自己的不朽功绩，并将其作为与臣民沟通的重要工具。遇到战事，恺撒还会大量发放传单，以期营造舆情环境、获得公众认同。恺撒还有一部记述自己功勋的书籍《高卢战记》，这本书的流传使民众更加了解恺撒的功绩与思想，为巩固统治、赢得民意起到了至关重要的作用，当然，这部书也被后世称为“第一流的公共关系著作”。在这一时期，寺院、雕像、剧院、绘画、仪式等，也都是统治者希望与公众建立良好关系的尝试；为了建立统治者的声誉，宣扬其伟大神圣的身份，他们也会经常雇用诗人为自己写赞美诗，试图通过有韵律的诗句传扬美名。柏拉图甚至提出“除了政府诗歌，其他一切诗歌都应被禁止”的主张，可见当年统治者们制造舆论、控制舆论的重要意图。

古罗马覆灭后是漫长的中世纪。这一时期，说服性传播服务于政治教化、宗教宣传、商业拓展和战争动员。由于对传播权力和资源的垄断，皇权贵族、宗教僧侣、工商业者主导了这一时期的公共关系实践。首先是皇权和贵族。他们一手执剑，一手持笔，前者守护统治根基，后者着力教化于民，他们期望通过非强制性来协调社会关系，认为说服、诱导、造势、宣传的传播力量更适合教化于民。其次是宗教僧侣。与君权相比，神权更加在于民心的获取，说服性传播成为教会和僧侣的重要工作方式，教会中常设的“传信部”就是促进信仰传播的重要机构。再次是工商业者。中世纪的经济关系相对简单，公共关系的价值在于促进交易与信任，这一时期已经拥有现代营销的初级形式，如招牌、口碑、折扣、名人宣传等。[2]

中世纪后期的文艺复兴与启蒙运动，使人们的理性和主体性逐渐苏醒，此时，公众意见的集合越来越受到重视，现代公共关系先声已现。

二、中国古代公共关系思想

中国古代，在《尚书》《论语》《诗经》《易经》《孟子》《荀子》《左传》《战国策》等著作中，关于修辞、言语、交际的阐述随处可见，这些先秦经典确立了“修辞”技巧在国家治理和社会交往中的地位。其中，《尚书》是中国现存最早的典籍，全书涉及“言”“辞”等内容共60多处。比较著名的是“嘉言罔攸伏，野无遗贤，万邦咸宁”。（倘若良善有德之言没有遮掩，有贤德之人得任，万邦即可安宁而治。）其中，“嘉言”被视为达及清明政治的前提和路径。最能体现先秦修辞原则的说法是“修辞立其诚”（出自《周易》），认为诚信、信誉是修辞的必要条件。这与亚里士多德的品格、情感、逻辑体系非常相似，强调了修辞主体的“品性”特征，而“晓之以理”“动之以情”实则又是逻辑与情感的体现。可见，我国古典公共关系思维与西方先哲的观念不谋而合。

西周时期，周帝建立了专门从事沟通之职的行人制度，设置司仪、行夫、环人、象胥、掌客、掌交、掌察等关于外交、礼仪的官职。他们负责说服诸侯、传播政事、执掌典仪、礼待宾朋等事务，可以说，这些人是国家和政府最早期的公关人员。

及至春秋战国，士大夫阶层涌现出了一大批行人，游说天下、合纵连横，当时的修辞几乎使用了后世常见的所有修辞格，如类比、比较、夸张、引用、双关、借代等，在说服策略上也运用了制造事件、召唤集体记忆、情感诉求、道德审判、转移视线、从众、粉饰等计谋与手段，与现代公共关系非常相似。

在封建社会晚期，中国未能出现完全意义上的西方式文艺复兴，晚清掀起的启蒙浪潮很快止步于救亡图存。中国的现代化转型以及现代化建设正处于艰难曲折的阶段，而现代公共关系的产生与发展，需要具备诸多现代化条件，如民主政治、商品经济、公民权利、传播事业的崛起与繁盛等。因此，中国公共关系的正式出现已是20世纪末的事情了。但中国民间的公共关系萌芽思想始终在发展。例如，民间酒肆、茶楼牌幌都是最简单明了的公关广告，店堂门口写上的“公平交易”“童叟无欺”“百年老店”等字样，都是对自身经营作风、诚实守信的从业态度的宣传。

阅读 1-1

商鞅“徙木立信”

商鞅“徙木立信”是春秋战国时期一个典型的公共关系案例。王安石作咏商鞅诗：“自古驱民在信诚，一言为重百金轻。今人未可非商鞅，商鞅能令政必行。”说的就是商鞅先取信于民，后改革变法的典故。

在推行变法前，商鞅在秦国都城栎阳门外竖起了一根三丈高的木头，并在城门贴了一张告示，说如果有人能将南门的这根木头搬到北门，赏十金。这引起了围观群众的议论，越来越多的人聚集围观，但没有一个人敢站出来。商鞅见无人回应，便把赏金提高到了五十金。在当时，五十金相当于五户普通家庭的全部财产。重赏之下必有勇夫，这时，一个中年男子走出来，扛起木头一直搬到了北门，一位官员马上给了他五十金。围观百姓沸腾了，消息传开，每个人都在讲官府言出必行。商鞅趁势颁布新法，百姓们无不唯令是从。

阅读 1-2

《三国演义》中的公共关系思想

《三国演义》在中国文学史上占有重要地位。抛开文学因素，单从公共关系角度分析，我们发现这其中多涉及公共关系与谋略。

一、重民望、得人心

在《三国演义》中，曹操非常重视自己形象的塑造。《三国演义》第十六回，刘备投奔曹操，谋士荀彧建议将其杀掉，而曹操则认为：“方今正用英雄之时，不可杀一人而失天下之心。”第二十三回，祢衡裸身辱骂曹操，而曹操因“此人素有虚名，远近所闻。今日杀之，天下必谓我不能容物”，未杀之而后快。

点评：组织形象是公共关系目标的焦点。放眼公共关系发展史，我们发现公共关系就是一部以塑造组织社会形象为最终目标的历史。在一定程度上而言，能够获得社会上绝大多数公众的支持和拥护是公共关系的关键性成功。“得道多助，失道寡助”，可谓公共关系层面的至理名言。

二、讲诚意、重信义

在一定意义上来说，“桃园精神”是刘氏集团生存与发展的根本。“桃园精神”讲求以诚为本，信义为先，讲究同生死、共患难，重视精诚与团结。第四十二回，曹刘两家交兵新野，刘备大军被曹兵击溃，大将赵云为救皇侄阿斗，杀进杀出、血染战袍，救回阿斗到刘备面前。刘备接过阿斗，掷之于地：“为汝这孺子，几损我一员大将！”赵云忙抱回阿斗，泣拜曰：“云虽肝脑涂地，不能报也！”第四十七回讲的是大家熟知的三顾茅庐。刘备不惜放下皇叔的身份，冒寒风、踏瑞雪，三次曲折往返，更是为了不打扰昼寝未醒的诸葛亮，立阶下一个多时辰，其诚心终于感动了诸葛亮。从此诸葛亮为其南征北战、运筹帷幄，为蜀汉政权“鞠躬尽瘁，死而后已”。

点评：组织的生存与发展，都应遵循以诚为本、信义为先的公共关系原则，这可以为自身营造较好的内部凝聚力与外部舆论环境，是公共关系非常重要的思维路径与基本理念。[3][4]

从严格的科学意义角度来说，中国与西方的这些古典思想和理念都还只是现代公共关系的雏形，这类自发的公共关系思想萌芽有一些共同的特征。

第一，盲目性。古代萌芽中的公共关系思想只是出于一时之需，形成了自发行为，但还未意识到这就是公共关系的思想，也还未认识到公共关系的重要意义，还缺乏系统的学科理论指导。

第二，层次范围小。由于当时的社会生产力还比较低下，人与人之间的经济关系相对来说比较简单，因此，公共关系的萌芽还主要聚焦在统治阶级领域，带有较强的政治色彩与伦理色彩。

拓展阅读

中华民族是最有理由自信的

公共关系是一门古老的实践活动。考古学家发现了公元前1800年左右伊拉克的一种古老的农业公告，非常像现代农业公共关系广告，这是迄今为止发现的西方最早的公共关系活动痕迹。在中国，公共关系思想的萌芽可以追溯到有文字记载的远古时期，早在公元前22世纪的尧舜时期，就有了为拓广视听、寻求贤才的诽谤木、进谏大鼓，使天下人能够尽情说出自己的意见。从盘庚迁都进行的三次演说，到大禹治水中的三过家门而不入，从《尚书》的“嘉言罔攸伏，野无遗贤，万邦咸宁”，到苏秦、张仪的“合纵连横”；从诸葛亮的七擒孟获，到张骞出使西域、郑和七下西洋，都是典型的、成功的古代公共关系实践活动。

现代公共关系虽然并不起源于中国，但是中国源远流长的公共关系思维则浸润在上下五千年的深沉文化精髓之中，塑造并丰盈着我国公共关系的世界观，甚至成为世界公共关系思维的历史线索与经典思想宝库。可以说，中华文明构成了现代公共关系的重要基因。坚信中国传统文化与思想的精髓，将是理解公共关系大智慧的基础，也是解决本土公共关系问题的至尊法宝。中华民族的文化博大精深，是值得自信与自豪的。

另外，中国文化具有极强的融合力。今天，中国正依照“尊重世界文明多样性，以文明交流超越文明隔阂、文明互鉴超越文明冲突、文明共存超越文明优越”的文化发展理念，与世界各国各民族开展积极的文化交流与交融，这种开放包容的文化态度是中国有坚定的文化自信的力量之源。

文化是一个国家、一个民族的灵魂，文化自信是更基础、更广泛、更深厚的自信，是一个国家、一个民族发展中更基本、更深沉、更持久的力量。“当今世界，要说哪个政党、哪个国家、哪个民族能够自信的话，那中国共产党、中华人民共和国、中华民族是最有理由自信的。”坚定“四个自信”，就能毫无畏惧面对一切困难和挑战，就能牢牢掌握自己的前途和命运，就能坚定不移开辟新天地、创造新奇迹。[5]

第二节　现代公共关系的诞生

学习视频：现代公共关系的诞生

现代公共关系在美国的发展历程大致经过了四个阶段。从不科学的愚弄公众阶段到最后科学的学科化与国际化阶段，公共关系的成长与发展也经历了坎坷与漫长的探索。

一、愚弄公众阶段

1833年，《纽约太阳报》引发了“便士报运动”，它以通俗、廉价等优势吸引了大量订户，并得到其他报刊的集体呼应，“便士报”进入了千家万户。报纸售价的降低，促使了广告费的大幅上升，使大批企业为了宣传自己，编造离奇新闻，而这种报纸却由于价格低廉、内容新奇刺激而很快风行。于是，商界看到了其价值，便更加放肆地创造扭曲、神秘、离奇的事件以吸引更多读者。“狗咬人不是新闻，人咬狗才是新闻”，噱头时代开始。在这一时期，组织期望通过虚假的事实愚弄公众，以吸引其注意力，提升组织知名度。

巴纳姆（Phineos Barnum）是这个时期重要的代表人物，被称为当时的“宣传之父”。可以说，巴纳姆把当时的宣传观念、社会资源、传播策略发挥到了极致，他所使用的一些方式与方法，现在也有沿用，如公关新闻、广告投放、策划事件、权威证实、捆绑营销、赞助公益、倡导社会运动等，只是这些手段还没有具有现代公关的正确理念做指导。他曾创造出很多公关事件，令人叹为观止。海斯神话是巴纳姆时期的重要“作品”之一，海斯是服务于巴纳姆马戏团的一名黑人女奴，巴纳姆将其包装炒作成一名160岁、曾养育过美国第一位总统华盛顿的女人，并以不同笔名向报纸寄出“读者来信”，以此吸引人们买票目睹海斯的风采。巴纳姆还曾鼓吹自己的博物馆收藏了一条“斐济美人鱼”（实际上只是组装成的鱼类干尸），并在各地进行巡展，观者如潮。他还购买了一头据说“三层楼高”的大象，大象死后，巴纳姆将其制作为标本，并为大象标本赋予“故事”：在某次演出后为营救小象而命丧铁轨，是“世界上最伟大的母亲”。于是，大象在死后依然为马戏团赢得了关注与利润。巴纳姆是当时美国最富有的人之一，在他花样翻新、“令人震惊”的宣传下，马戏团和博物馆生意火爆，“每一分钟都诞生一个顾客”。

公共关系史上的“巴纳姆时代”是愚弄公众的时代，是宣传家操控、欺骗公众的时代，这一时期的公关主体被称作“新闻代理人”。尽管这种宣传的宗旨与现代公共关系宗旨大相径庭，但是其标新立异的手段和策划事件的意识极大地推动了公共关系的发展。

二、职业化阶段

19世纪，美国虚假新闻泛滥成灾，公众受到漠视。在当时的垄断经济下，美国铁路大王范德比尔特公开表示：“公众该死！”这一时期，资本家对工人的剥削更加残酷，这激起了社会大众的极大愤慨，形成了一场披露资本家丑恶嘴脸的“揭丑运动”，并在社会上形成了猛烈的舆论攻势。有数字统计，从 1903 年到 1912 年的十年间，美国共刊发了 2 000 多篇揭露丑闻的报道。随着“揭丑运动”气势的高涨，美国垄断阶层开始逐渐重新认识到舆论的作用以及社会公众的重要性，开始思考如何才能运用正当手段来树立自身良好的形象。

艾维·李（Ivy Lee）在这一时期脱颖而出，他愿意扮演居间者角色，促进利益集团、媒体和公众之间的沟通。他相信“人民已经登基为王”，而非愚昧的流氓；他也认为企业及其政治联盟也不是罪无可赦的，现代社会真正缺乏的是沟通[6]。因此，艾维·李和朋友帕克开办了一家宣传机构，旨在以沟通为业务，连接不同利益群体、弥合各方裂痕，就专业性来说，这家宣传机构，是世界上第一家公共关系顾问机构，公共关系的职业化阶段正式来临。

1906 年，美国宾夕法尼亚铁路公司发生了一起严重车祸，公司决策层习惯性地封锁了事故信息。公关顾问艾维·李表示坚决反对，并提出了如下建议[6]：第一，检查路基以免事故重演；第二，赔偿伤亡者；第三，公开、诚实地回应媒体关注；第四，对事故原因给出专业、权威的解释；第五，为媒体采访创造方便，向记者提供现场照片。在他的努力下，宾夕法尼亚铁路公司安然度过了危机，并且获得了舆论界的好评。

同年，艾维·李的公司发表了《原则宣言》：“这不是一个秘密的新闻机构。我们的工作都是透明的，我们的目标是公开提供新闻。这也不是一个广告公司，如果您认为我们所提供的服务与生意相关，请不要采用它。我们的最终目标是，代表企业和公共机构诚实并公开地向人民和新闻界提供关乎公共利益、对公众有价值的信息。”[6]这一原则彻底改变了愚弄公众的宣传理念，确立了现代公共关系最初的核心信条，也表达出了艾维·李的公共关系核心思想，即“讲真话、公众必须被告知”。他认为一个组织想要获得良好的声誉，必须向公众说明所有的情况，把真相公布于众，只有这样才能取得公众对组织的信任与好感。如果想要披露的真相是对组织不利的，那只能说明组织内部产生了严重的问题，应该采取有效手段去解决问题，而绝不是极力掩盖真相。可见，组织要想建立良好的公共关系形象，最根本的办法就是：说真话！

艾维·李提出，人民很聪明，也很公正，只要社会诸领域的事实得以完整呈现，人民就能够做出正确的决定。“我一直坚持的信念是：将你的故事告诉大众，让大众知晓一切，如果你是对的，你会成为赢家。”“公共关系不是让你躲避舆论风雨的保护伞”，亦非“外表光鲜的斗篷，以之遮掩里面畸形、病变的躯体”；公关应被理解为“包扎伤口的绷带”“消毒药水”“X 光”，它能够发现并处理“真正的麻烦”“困境的根源”，并将之“展现在医生——公众的眼前”。[6]

阅读 1-3

洛克菲勒石油子公司的罢工事件

1914 年，洛克菲勒石油子公司发生了罢工事件，洛氏采取了武力镇压，并向媒体隐瞒事实，经过“揭丑运动”的揭发，企业形象受到了严重打击，洛克菲勒本人的公众形象也被定义为冷酷、贪婪。艾维·李受雇于洛克菲勒公司，在他的策划下，洛克菲勒公司采取了六大措施。

第一，向政府呈交了一份罢工事件的处理报告，包括事故原因、赔偿情况、医疗费的支付情况、致歉等信息，这一系列行为赢得了州长的支持。

第二，将事实披露于世，并向社会各方进行了诚意致歉，向死者家属进行了应有的赔偿。这一行为意在对外赢得信任，对内请求原谅。

第三，洛克菲勒亲自走访了其出事的子公司，并和公司的工人们一起用餐、喝酒，一起下矿井工作，在此基础上，又实施了一系列方案以求改善工人福利。这一行动很好地缓和了劳资关系。

第四，邀请新闻界对自己深入一线公司的各类活动进行跟踪采访与报道，照片与文章频频见报，进行了一系列的主题宣传。这一做法很好地缓和了其公司与社会公众之间的关系，改善了外部的舆论环境。

第五，向大学和慈善机构捐款百万美元，以此树立了组织的公益形象，并拉近了与较高阶层之间的关系。

第六，向新闻界提供洛克菲勒与家人打高尔夫球、和朋友聚餐等照片。树立了组织代言人的亲和形象。将“冷酷、贪婪”的形象扭转为“慈善并富有人情味”的形象；洛克菲勒死后甚至被誉为“世界上最可亲的老人和杰出的人道主义者”。[7]

三、理论化阶段

艾维·李作为现代公共关系职业的创始人，他的公共关系被总结为“有艺术，无科学”。这是因为艾维·李虽然有丰富的公共关系实践，但遗憾的是，他并未提出成体系的公共关系理论。而真正为公共关系奠定理论基础的人，是美国公共关系学者爱德华·伯内斯（Edward L. Bernays），他将艾维·李奠基的公共关系之路铺展开来，并走得更远。

1923 年，伯内斯出版了理论专著《舆论的结晶》（又名《舆论明鉴》）。在这本专著中，伯内斯提出了他的核心思想：投公众所好。他认为，组织在决策前，应该首先设法了解公众的喜好与需要，在明确公众的价值取向后，再有目的地、系统地实践公共关系工作。可以看出，伯内斯的思想比艾维·李更深了一步，不仅强调了公共关系应实事求是、公布真相，更强调了组织应该通过更加细致的调查研究，依据目标公众的态度去进一步开展公共关系活动。伯内斯把公共关系的职能定位为：构筑组织与公众之间的“双行道”，即促进组织与公众的相互理解与适应，并做出调整。在伯内斯的努力下，公共关系的概念和观念得以普及，相关理论也得到了较为完整、深入的阐释。

阅读 1-4

美国烟草公司的市场推广策划

20 世纪 20 年代，美国男性烟民逐渐饱和，而烟草公司如果想进一步扩大市场，只有开拓女性烟民市场。可是，依据当时的价值观念，这种鼓励女性吸烟的做法非常危险，处理稍有不慎，很可能受到卫道士的抨击与批评，甚至失去原有的烟民市场。而于此有利的一面是，这时的美国正值妇女解放运动时期。

1929 年 3 月 31 日，在纽约第五大道的复活节巡游花车上，一些时尚女性叼着香烟招摇而过，而她们点燃的香烟被称为“自由之火”，这正符合了当时妇女解放运动所宣扬的理念。媒体甚至认为这场突如其来的游行打破了女性不吸烟的禁忌，堪为女权运动的标志性事件，“宛如戏剧”“开启了一个未来”“女士们手里的香烟如同自由火炬”“击溃了所有对女性的歧视”。[8]

实际上，这场打着女权主义旗帜的游行是伯内斯为美国烟草公司精心策划的公关活动。它借助时代背景，很快破除了传统禁忌，被自由女性所推崇，并带动了女性在公共场合享有吸烟自由的这一社会风气，而这家烟草公司也获得了预期的经济效益。[7]

阅读 1-5

“好彩”香烟促销策划

“好彩”香烟是一款女性香烟，当时的“好彩”香烟设计了绿色包装，但其包装颜色很难与当时女性服饰搭配，上市后销路一直不好，于是，伯内斯受聘为其做品牌宣传。伯内斯并未采取一般的做法，即以改变包装颜色的方式来迎合女性烟民，而是采用了逆向思维，打造了一套极具创新性的公共关系活动。

首先，伯内斯与当时的时尚专家沟通并建立了合作关系，极力鼓吹绿色为当年的时尚色、流行色。其次，他又举办了一场名流晚宴，请柬上特别标明：请到场嘉宾穿着绿色晚礼服。当时尚名媛穿着绿色礼服的照片登满媒体时，一场绿色的潮流随之而来，“好彩”香烟的销路也不打自开。[7]

四、学科化与国际化阶段

一般而言，一种科学的理论必须具有构造性，才能成为一门学科。20 世纪 50 年代后，作为科学的公共关系，再一次经过实践与理论归纳的洗礼后，成为一门具有完整体系结构的独立学科。这一阶段，公共关系协会纷纷成立，公共关系课程也在各级大学不断开设，为公共关系的学科化提供了强大的推动力。

这一时期的代表人物是美国公共关系历史学家斯科特·卡特利普（Scottn Cutlip）。他的主要贡献表现在对公共关系理论的建构研究上。1952 年，卡特利普与阿伦·森特、格伦·布鲁姆合著《有效公共关系》一书，这本书集公共关系理论研究成果之大成，在理论上把公共关系推向了更高的发展阶段。

卡特利普在这本书中所阐述的核心概念是“双向对称”模式。他认为双向沟通、双向平衡、双向改变才是公共关系的真正本质。他把公共关系看作一个组织与公众互动的开放系统，所谓“开放系统”，是不停地对外界环境的变化做出反应，通过与外界环境的交换而得到生存与发展。这个模式表明沟通是双向的，信息交流改变着组织和公众关系的双方，而不仅仅旨在单方面改变公众。在这种模式下，组织一方面要把自己的想法和信息向公众进行传播和解释；另一方面，要把公众的想法和信息向组织进行传播和解释，真正使组织与公众结成一种对称的和谐关系。“双向对称”模式的提出，把公共关系实践活动的本质进行了理论抽象，并将公共关系理论的知识体系发展到了战略性的高度。

另外，在这一时期，国际公共关系协会在伦敦成立，标志着公共关系已成为世界性行业。1992 年其会员已经发展到五大洲 62 个国家和地区，公共关系真正走出了美国，成为全球共同认可的学科与实践体系。

纵观公共关系在美国的产生与发展，并非偶然。公共关系既是现代化的产物，也是它们的促进者、维护者。巴纳姆、艾维·李和伯内斯都经历了美国现代化过程的几个关键阶段。巴纳姆时代是美国工业化的第一个浪潮，宣传家盛行，他们操控着人们的头脑；艾维·李时代是美国工业化、城市化的高潮阶段，社会组织亟须解决尖锐的劳资矛盾和社会冲突，社会结构处于失序状态，因此，利益和价值共同体急需再造，这些现代性“病症”使公共关系的发展出现了必要性与可能性；而伯内斯则亲历了民主与大众时代的到来，现代社会的选举、社会动员、商业推广、生活方式的普及，都离不开公众的协作与认同，可以说，现代社会的任何重大事业都需要“引领大众”“设计认同”，伯内斯曾说：“若无公众的接纳，值得赞美的运动也会失败”[2]。由此可见，公共关系的发展史实则也是一部社会的进步史。

第三节　现代公共关系的模式演变

学习视频：现代公共关系的模式演变

20 世纪 80 年代中期，美国公共关系学者格鲁尼格和亨特总结了美国现代公共关系的发展史，提出了著名的“公共关系四模式论”，把现代公共关系的观念与实践按照发展阶段分为了四种模式，即新闻代理模式、公共信息模式、双向非均衡模式、双向均衡模式。这四种模式的划分，不仅归纳了公共关系的四种不同世界观，也充分展现了公共关系模式的演变过程。[2]

一、新闻代理模式

新闻代理模式兴起于 19 世纪中后期，是巴纳姆时期。他们为其雇主，包括政党、企业、政客进行宣传业务，把雇主所欲宣扬的观念、生活方式等进行传播，并赚取利润。这时的执行机构被称为新闻代理公司，从业人员被称作新闻代理人。这一时期的宣传，常常夸大其词、愚弄公众，因此，导致了“宣传”一词在西方天然地与谎言、扭曲、操纵、洗脑等词相关，甚至这种负面态度直接反映到了对“宣传”的定义之中。如 J. E. 库姆斯对宣传的定义是：“宣传是透过诈术、权威及其魅力的运用实现说服，并因此成为现代所有欺骗手段的主导形式。”虽然对于“宣传”的偏见未必正确，但不可否认，新闻代理时期的公共关系充满了单向的“供输”和“宰制”。

二、公共信息模式

公共信息模式产生于 20 世纪初，这一时期的代表人物是艾维·李。在进步主义浪潮的宣扬与推动下，艾维·李主张社会组织应进行公共信息运动，将公众本应了解的事实公布于众，而不应隐瞒真相，因为只有公开真相才能有利于相互理解、弥合冲突。艾维·李的核心思想“讲真话”是公共关系公共信息模式的核心信条，他不再单纯充当受雇者的鼓吹者，在公共关系世界观与实践方法论上均与新闻代理划清了界限。

当然，公共信息模式依然还只是一种单向的传播，是一种倡导性、支配性的信息传播

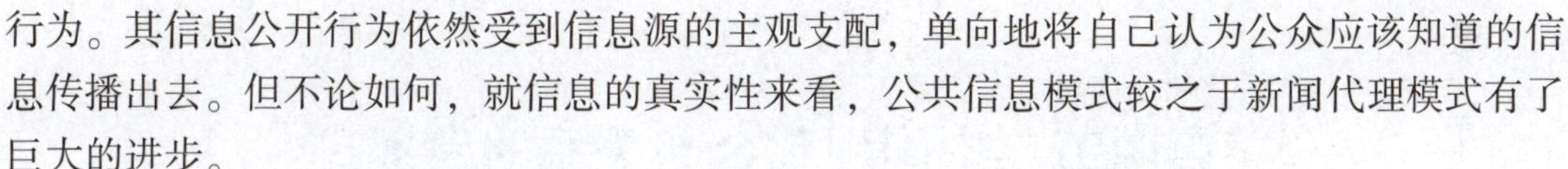

行为。其信息公开行为依然受到信息源的主观支配，单向地将自己认为公众应该知道的信息传播出去。但不论如何，就信息的真实性来看，公共信息模式较之于新闻代理模式有了巨大的进步。

三、双向非均衡模式

双向非均衡模式是由伯内斯引领的现代公共关系模式的第三个发展阶段。伯内斯将行为科学、心理学、政治学的一些思想引入公共关系的研究和实践，认为公共关系既要向公众传递组织信息，也要学会研究公众的意愿，获取公众的信息，这可以很好地促进组织与公众之间的双向互动，突破了新闻代理模式与公共信息模式的单向性。但这种互动并非对等和均衡的，组织的世界观并非会随着公众的喜好而改变，仅是通过更容易被公众接受的说服向公众施加影响，这种互动还不是充分意义上的平等对话。组织的公共关系依然占领制高点，公众依然是受者。但无论如何，伯内斯所提出的在真切了解公众需求的基础上，再“投其所好”或开展“科学说服”的观念，更加有效。

四、双向均衡模式

双向均衡模式，顾名思义，强调的是一种双向的互动，且互动双方的地位相对平等。这是现代公共关系学者所崇尚、支持、宣扬的一种现代化公共关系世界观。这种模式旨在促进社会组织与公众之间的开放系统、彼此依存、多样共生。至此，双向均衡模式成为公共关系学界和业界最流行的观点之一。

以上四种公共关系模式从时间上来看，大致有顺时演变的趋势，但并非简单的前后兴替关系。格鲁尼格在20世纪90年代的研究表明，一个组织很可能同时采取四种模式及其代表的公共关系理念，他将之称为“混合动机”。

拓展阅读

群众路线是党的生命线和根本工作路线

从现代公共关系的发展史和模式的演变中可以看出，对公众的态度、定位与认识不同，所产生的公共关系效果完全不同。从愚弄公众到尊重公众、告知真相，再到联系公众、投公众所好，到最后团结公众、成为共同体，公共关系的科学性逐渐完善。可见，在公共关系的思维中，依然体现着“群众路线”的重要性。

何谓“群众路线”？“群众路线是我们党的生命线和根本工作路线，是我们党永葆青春活力和战斗力的重要传家宝”。[5]党的二十大报告指出：必须坚持人民至上，人民性是马克思主义的本质属性，党的理论是来自人民、为了人民、造福人民的理论，人民的创造性实践是理论创新的不竭源泉。一切脱离人民的理论都是苍白无力的，一切不为人民造福的理论都是没有生命力的。[9]党的二十大报告的内容将充分指导我国公共关系的基本理论模式，并为公共关系理念注入更加深厚的人民性与群众意识。

第四节 中国现代公共关系的发展

学习视频：中国现代公关的发展

20世纪80年代，现代公共关系的思想与实践开始进入中国，此时的中国正经历着从相对封闭走向对外开放、从计划经济走向市场经济、从政府本位走向企业本位的重要阶段，公共关系一夜之间遍及大江南北，至今已有40多年的发展历程。

一、中国现代公共关系的发展阶段

（一）萌芽阶段（1980—1983年）

1978年，中国共产党十一届三中全会召开，解放思想、改革开放和现代化建设成为时代主题，随后数年，广州、深圳、珠海等我国改革开放的最前沿出现了现代公共关系的萌芽。1982年，深圳竹园宾馆成立公共关系部；1983年，中外合资的北京长城饭店成立公共关系部。此时的公共关系业务主要集中在中外合资企业部门及宾馆饭店等服务行业。这个时期的公共关系活动也局限于迎来送往、信息沟通，还未出现较大规模的高层次的公共关系活动。很多企业对公共关系的本质、理论与实践原则还缺乏深刻的理解，该阶段的公共关系还停留在比较初级的阶段。

（二）普及阶段（1984—1989年）

这一阶段是公共关系得到深刻发展的阶段，1984年也被称为中国现代公共关系的元年。这一年我国《中共中央关于经济体制改革的决定》正式出台，宣告“社会主义经济是商品经济”，这是中国经济体制改革乃至整个现代化进程中一次实质性的“解冻”，计划经济松动，市场体制萌发。同年，白云山制药厂成立了国企首家公共关系部，被认为是“中国公共关系史上具有里程碑意义的事件”。1985年，新华社与全球最大的公共关系公司之一的博雅公关合资创立了我国第一家本土公共关系公司——中国环球公共关系公司；1987年，中国公共关系协会成立。同时，这一时期公共关系的宣传、培训也全面展开。1985年，深圳市总工会举办了全国第一期公共关系讲习班；1987年，上海市公共关系协会制作了电视教育片《公共关系》；1988年，全国数十所大专院校开设了公共关系学课程。1989年，广东电视台拍摄了一部反映公共关系理论与实践的电视连续剧《公关小姐》，这部剧对我国的公关行业产生了巨大的宣传效应，但同时也产生了较长时间无法消解的认识误区。总的来看，这一阶段，是现代公共关系在我国迅速普及并快速发展的时期。

（三）探索阶段（1990—2002年）

这一阶段是公共关系不断深入探索、追求更高层次公共关系实践的阶段。1988年，太阳神集团大胆决定导入CIS战略，重新进行了企业的理念、行为以及视觉识别的设计与定位，引起了社会的广泛关注。随后几年，大批企业开始向公共关系的战略化层面探索，投入到形象战略与企业文化的塑造热潮之中。1992 年，中国共产党第十四次全国代表大会提出了构建社会主义市场经济体制，中国迎来了“第二次公关潮”，策划型公共关系开始受到重视。1992 年《人民日报》头版发表了文章《何阳卖点子赚了 40 万——好点子也是紧俏商品》，引起了多家媒体的报道，一时间激起了咨询策划业的兴盛。“CI 热”“点子热”“策划热”使中国的公共关系向更高的层面进行了探索。如果说 20 世纪 80 年代的中国公共关系是概念引进和观念启蒙的阶段，那么 20 世纪 90 年代则是中国专业公共关系市场的初步培育阶段。

（四）全面实践阶段（2003 年至今）

这一阶段是公共关系在中国全面实践且不断走向成熟的阶段。公共关系开始实质性地介入中国社会发展的“大事件”和“真问题”中，参与到汶川地震、北京奥运会以及其他重大事件的处理之中。另外，Web2. 0 时代的到来也促使公共关系的传播发生了革命性变化，公共关系方式与实践手段都受到了前所未有的挑战，同时，也带来了更多的机遇。

据统计，中国公共关系行业营业额由 2015 年的 430 亿元增长至 2019 年的 702 亿元（见图 1-1），年复合增长率为 13. 5%；整体来看，行业未来将继续保持增长趋势。

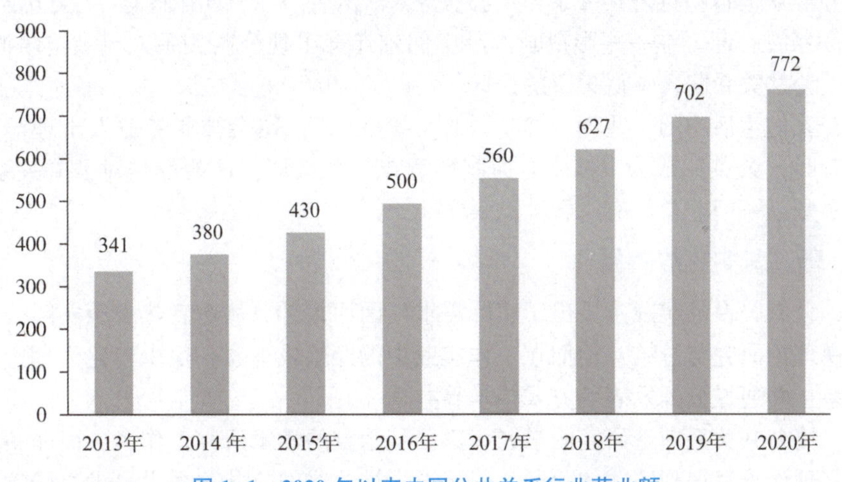

图 1-1 2020 年以来中国公共关系行业营业额

拓展阅读

改革开放是决定当代中国命运的关键一招

1978 年 12 月，在党和国家面临何去何从的重大历史关头，我们党召开了十一届三中全会，做出把党和国家工作中心转移到经济建设上来、实行改革开放的历史决策。从那时以来，中国共产党人和中国人民以一往无前的进取精神和波澜壮阔的创新实践，不断战胜前进道路上各种世所罕见的艰难险阻，推动中国经济实力、综合国力、人民生活水平不断跨上新台阶。[5] 公共关系也正在这时被引入并发展，同时也促进了中国市场经济的蓬勃发展。

我国知名公共关系学者明安香在《“中国公共关系元年”的诞生与中国改革开放》一文中写道：“沐浴着改革开放的阳光雨露，经过中国新老公共关系工作者数十年的砥砺奋进、不断求索、勇于实践，中国的公共关系事业从无到有、从弱到强、从国内走向全球。在中国特色社会主义思想指引下，中国公共关系事业正迈上新台阶、走向新里程”。[10]

公共关系在中国的发展，始于改革开放，成长于改革开放，是改革开放的伟大决策使中国公共关系得以发扬光大。当然，改革开放不仅促使了公共关系的发展，也是决定当代中国命运的关键一招，在中国现代发展史上具有重大的历史意义。习近平总书记强调：“中国开放的大门只会越开越大，永远不会关上。”[5]

二、公共关系行业的发展问题

（一）认识上的误区

公共关系虽然已经发展了相当长一段时间，但在并不了解公共关系行业或一知半解的群众心中依然存在认识上的误区。

一部分群众很容易将公共关系与“拉关系”“走后门”“烟酒公关”“美女公关”“金钱公关”联系在一起，在一些影视剧作品中偶尔还会出现公共关系人员被迫陪酒的片段，这都促使了公共关系陷入了认识上的误区。

另外，我们生活中的一些词，如“炒作”“洗脑”，也会被非专业人士理解为公共关系，甚至有时“公关”成为一些带有讽刺性意味的贬义词，这些都是对公共关系的误解，公共关系实则是一门非常具有大智慧的科学。

（二）理论与实践的断裂

首先，公共关系的实践主要出于实际需求，因而大部分从业者热衷于实际公共关系工作，而忽视理论研究与总结，他们在工作实践中的经验或理念，很少转化为理论框架或形成理论体系，并通过公开发表的方式与学界共享。

其次，搞公共关系理论研究的学者大部分是稳定的学术研究工作者，而非一线公共关系人员，其理论难以得到实践的验证，甚至很少被一线的公共关系人员悉心研读。理论与实践的错位，使公共关系的发展产生了一定的断层。

（三）创新的困境

公共关系创意缺乏的困境凸显。一些组织平时保守固执，一味观望，并不主动开展公共关系活动，而一旦发现哪个组织的公共关系创意新颖有趣，效果明显，便立即大肆效仿。大量市场营销形式不断复制，毫无新意。究其原因，主要是不劳而获的心理、缺乏创新精神和意识。

另外，随着新媒体平台的迅猛发展，除了微信、微博等社交媒体以外，抖音、快手、B 站等成为政府、企业和各类公益机构的传播平台，随着算法的优化和受众需求的改变，传统的公共关系形式和交互内容已经无法精确吸引受众关注，只有充分利用新技术带来的机遇，才能实现受众注意力的抓取。

（四）复合型人才的缺口

公共关系行业的融合化、智能化发展，推动着公共关系行业深化转型，从而带来传统公共关系从业者不适应新环境、复合型公共关系人才培养断层等问题。尤其在公共关系开辟国际市场和开发智能营销战略的过程中，需要大量懂得公共关系、了解国际形势、懂得智能算法、具备媒体素养的复合型人才。由于无法达到公共关系用人单位的要求，该专业学生的整体就业率偏低。

开卷有益

古代文学与公共关系艺术[11]

在公共关系中，有一个重要任务是化解危机，对此，有人靠武力，有人靠三寸不烂之舌。《左传·烛之武退秦师》中，烛之武在化解危机方面堪称典范。当秦、晋二师兵围郑国之时，郑国似乎只有亡国一条路了，然而，烛之武却用他的三寸不烂之舌与强大的秦国进行沟通，最终保全了郑国。他从城墙上“夜缒而出”，见秦伯说了这样几层意思：灭郑对秦国没有好处，而对晋国大有好处，而这正是对秦国的不利之处；如果保全郑国，郑国可以做秦国的东道主，无偿提供很多方便；晋君是忘恩负义之徒，秦国曾有恩于他，他不仅不报答，还严防着秦，晋国在东边灭了郑，在西边就要向您要城要地了……这番话，就算再糊涂的人也能听明白，灭郑对秦只有害处，无一好处。于是，秦伯一方与郑国签下了盟约，不仅撤军而去，还留下部分力量助郑抗晋。在强敌面前，烛之武充分运用了他出色的语言艺术，分析推理，沟通双方，解剖利弊，胜利归来。

说到古代文学中的公共关系艺术，不得不提到《水浒传》中的梁山首领宋江。宋江，论外貌，又黑又矮，论地位，也不过是个朝廷小吏，但他却受到梁山众好汉的拥戴，江湖上号称“及时雨”，足见其公共关系艺术的高超。我们先来看他是怎样让英雄武松拜在他面前的。宋江在柴进庄上偶遇狼狈不堪、遭柴进冷遇的武松后，大喜，携住武松的手，让他一同入座。宋江在灯下看了武松这表人物，心中欢喜，当夜饮至三更。酒罢，宋江就留武松在西轩下做一处安歇。过了数日，宋江取出些银两与武松做衣裳。后来，武松要回乡看望哥哥武大，宋江是送了一程又一程，最后又取出一锭十两银子送与武松……他的公共关系行为中有浓厚的个人情感于其中，他对武松的关心是发自心底的，是对一位英雄的真心敬重。于是，梁山最有个性的一位英雄就这样成了宋江的追随者。

本章小测试

不定项选择

1. 愚弄公众时期的代表人物是（　　）。

A. 艾维·李　　B. 伯内斯　　C. 巴纳姆　　D. 恺撒

2. 伯内斯的核心思想是（　　）。

A. 说真话　　B. 公众必须被告知　　C. 投公众所好　　D. 双向对称

3. 艾维·李的核心思想是（　　）。

A. 说真话　B. 投公众所好　C. 双向对称　D. 愚弄公众

4. 第一部公共关系学专著是（　　）。

A.《修辞学》　B.《舆论明鉴》

C.《有效公共关系》　D.《公共关系学》

5. 以下属于中国古代公共关系思想萌芽的是（　　）。

A. 修辞立其诚　B. 行人制度

C. 诽谤木、进谏大鼓　D. 七擒孟获

6. 关于自发的公共关系思想，下列说法不正确的是（　　）。

A. 盲目性　B. 带有政治色彩

C. 带有伦理色彩　D. 比较科学

7. 关于“公关四模式论”，下列不正确的是（　　）。

A. 新闻代理模式　B. 公共信息模式

C. 双向非均衡模式　D. 单向均衡模式

8. 我国第一家公共关系公司是（　　）。

A. 博雅公关　B. 中国环球公共关系公司

C. 中国公共关系公司　D. 中国国际公关公司

9. 属于我国现代公共关系发展中探索阶段的典型事件是（　　）。

A. 北京长城饭店成立公共关系部　B. 策划热、点子热

C. 我国第一家公共关系公司的成立　D. 开始开设公共关系学课程

10. 对公共关系描述正确的一项是（　　）。

A. 炒作　B. 洗脑　C. 一门科学　D. 走后门

本章重点思考

1. 自发公共关系思想萌芽的特征。
2. 现代公共关系发展的四个阶段及其重要的代表人物、核心思想。
3. 现代公共关系的模式演变。
4. 现代公共关系行业的发展问题。

资料来源

[1] 肖辉. 实用公共关系学［M］. 北京：北京大学出版社，2001.

[2] 胡百精. 公共关系学［M］. 3版. 北京：中国人民大学出版社，2018.

[3] 高承远. 从公共关系的角度分析《三国演义》［EB/OL］.（2022-04-16）［2024-05-01］. https://wenku.baidu.com/view/adc79291fe0a79563c1ec5da50e2524de518d07f.html?_wk-ts_=1716776854817.

[4] 王建平. 谈《三国演义》所描写的公共关系［J］. 河南大学学报（社会科学版），

1998（05）：10-12.
[5] 中共中央宣传部. 习近平新时代中国特色社会主义思想学习纲要（2023年版）[M]. 北京：人民出版社，2023.
[6] 胡百精. 真相与自由：艾维·李与现代公共关系的诞生 [J]. 新闻春秋，2013（04）：60-68.
[7] 陈先红. 现代公共关系学 [M]. 北京：高等教育出版社，2010.
[8] 胡百精，董晨宇. 现代公共关系的哲学基础与民主悖论——以伯内斯的公关思想为研究和批判个案 [J]. 新闻大学，2013（02）：89-97.
[9] 党的二十大文件汇编 [M]. 北京：党建读物出版社，2022.
[10] 明安香. “中国公共关系元年”的诞生与中国改革开放 [J]. 公关世界，2020（01）：33-35.
[11] 庞青松. 古代文学中的公关艺术 [J]. 公关世界，2011（10）：60-61.

第二章　公共关系的一般原理

学习提纲

公共关系的定义与职业界定
卓越公共关系的世界观
公共关系的要素
公共关系的本质
公共关系的主要职能
公共关系的基本原则
公共关系工作的分类

第一节　公共关系的基本概念与职业界定

学习视频：公共关系的一般原理

一、公共关系的基本概念

公共关系（Public Relations）是一个舶来词，缩写 PR，简称“公关”。Public 主要有四种含义：公众的、公开的、公益的、公共舆论，是一种动态的环境。Relations 作为单数名词时，意为“关系、联系”，是一种客观的静止的联系；而作为复数名词时，主要是指“多种关系、多种联系”。因此，对于 Public Relations 我们可以简单理解为一种与公共环境之间的多种联系。目前来看，将 Public Relations 翻译成“公共关系”依然不能完全表达出其英文含义，但是已经约定俗成，社会大众和学术界都已经习惯运用，也就继续沿用“公共关系”这个名称。

阅读 2-1

北欧航空公司公关部经理对公共关系的具象解释

北欧航空公司公关部经理曾经这样讲解公共关系：“这好比一个男孩追求女孩，这可以有很多种办法，如果男孩期待通过大献殷勤来赢得芳心，那么他选择的做法叫作推销；如果男孩努力修饰外表，使自己风度翩翩，言谈举止优雅，那么这实则是在为自己做广告；然而，如果男孩选择另一种方式，通过精心制订个人发展计划，埋头苦干，用自己努力的成绩或口碑来获得别人的赞赏，通过他人之口将自己的良好评价传递出去，以此来吸引女孩，那么男孩所做的努力是公共关系。”

我们发现，公共关系与推销、广告不同，它的特点是内在使自己变得更好，外部靠他人评价树立自身形象。

由于公共关系的学科历史还比较短，且与很多学科产生交叉，不仅可以应用于营利性组织的管理，还可用于政府、国家等宏观形象的把控。因此，公共关系概念的释义非常多元与复杂。但总结起来，主要有以下四种角度。

（一）传播角度

英国公共关系学者弗兰克·杰弗金斯（Frank Jefkins）认为：“公共关系就是一个组织为达到与它的公众之间相互了解的确定目标，而有计划地采用向内和向外的传播沟通方式。”

美国学者约翰·马斯顿（John Marsden）认为：“公共关系就是运用有说服力的传播去影响重要的公众。”

显然，“传播说”从公共关系的手段与途径入手，将公共关系理解为一种专业化的沟通行为、沟通过程以及沟通方式。

（二）关系角度

美国公共关系专家爱德华·伯内斯在其著作《公共舆论的形成》一书中也提出了对公共关系的解释，他指出：“公共关系是一种处理一个团体与公众或是决定该团队活力的公众之间的关系的职业。”

美国耶鲁大学教授蔡尔兹也认为，公共关系并非是简单的“制造认同”的宣传，“不是一种观点的陈述和解释，不是调和态度的艺术”，而是一个组织依循“公共利益”和“社会意义”调整自身行为，以建立与公众的良性互动关系。[1]

日本电通广告公司对公共关系的定义为：“所谓公共关系，就是与社会保持良好关系的技术。”

“关系说”从公共关系的战略特征与价值观入手，把公共关系看作组织与公众建立契约关系的一种方式，强调社会组织与公众相互调整和彼此适应，它强调了组织与其公众之间的关系是公共关系工作的重要对象。

（三）形象角度

我国公共关系学者明安香在《塑造形象的艺术——公共关系学概论》中提出自己对公

共关系的认识，他认为："公共关系是塑造组织自身良好形象的艺术。"

我国学者余明阳也认为："公共关系是社会组织为了塑造良好形象，运用传播手段去影响公众。"

可见，"形象说"从公共关系的目的入手，强调公共关系的目标是塑造组织形象。但有学者批判说，组织形象也可以通过广告、营销来达成目标，并不是公共关系的独擅之长，公共关系行为还有大量的建立关系、化解冲突的职能，而并非单纯以塑造形象为主旨。

（四）管理角度

1976 年，美国斯坦福大学的哈罗（R. F. Harlow）博士通过对大量文献的分析与深度访谈，搜集了 472 个公关定义后，提出了对公共关系的融合性定义。

"公共关系是一种独特的管理职能，它有助于建立和维护组织与公众之间的双向沟通、理解、接纳与合作；参与解决各种公共议题；帮助管理层了解舆论和真相，并及时做出响应；明确并强调管理层对公共利益所应担负的责任；帮助管理层适应和善用外部环境与形势变化；亦扮演事前预警系统的角色，以助益于前瞻未来；以研究型、正确且合乎道德的传播手段作为主要工具。"[1]

1984 年，公共关系学者格鲁尼格和亨特这样定义公共关系："公共关系，即一个组织与其公众之间的传播管理。"这是迄今为止被各国公关界引用最多的定义之一。

可见，"管理说"从公共关系的职能属性入手，认为公共关系是一种有目的、有意识的调整和控制行为，强调公共关系的管理职能。

对于公共关系的理解虽多，但并不是说各流派代表人所强调的取向是非此即彼的。哈罗、卡特利普并没有因为主张"管理说"而忽略"传播"的重要性；杰弗金斯的传播论也并非轻视"管理"的效能。自 2000 年起，格鲁尼格开始尝试整合管理、传播、关系等流派的定义。按照格鲁尼格的理解，在手段、工具层面，公共关系属于组织的传播、管理职能；而在战略和价值观层面，公共关系则意味着建立和维系组织与公众之间的合作与双赢的关系。[1]总体来看，管理、传播、关系、形象都是公共关系领域不可缺少的核心概念，管理以组织的职能切入，关系以价值观切入，传播以手段切入、形象以目标切入。

以此，我们总结出公共关系的四大内涵：其一，公共关系的手段与工具是信息的传播沟通，公共关系借助各种传播手段实现公关目标。其二，公共关系的战略本质是建立与公众之间的双向均衡系统，达到相互了解、信赖、认同与合作的目的。其三，公共关系的目标是树立组织形象。其四，公共关系是一种特殊的管理职能。

二、公共关系的职能界定

公共关系作为一种涉及面广、综合性较强的工作，经常与其他工作活动产生交叉与关联，如广告行为、营销行为、人际交往行为等，这些实践活动常常被误解为公共关系工作，从而带来职业与职能上的混淆。为了使公共关系的职能更加明确，将其从人际关系、庸俗关系、广告等相似职能中分离出来，我们还需进一步从实践活动的角度加以界定与区别。

（一）公共关系与人际关系

人际关系是因交往而形成的互相依存与互相联系的社会关系，人际关系有很多种，如同学关系、同事关系、师生关系、上下级关系、朋友关系、亲人关系，等等。人际关系是日常生活与社会活动中最常见的一种关系，其与公共关系有一定的联系。其一，从工作内容上看，公共关系经常运用人际关系来处理与个体性公众之间的公关问题，人际关系的协调是公关工作的一个重要环节；其二，从工作方法上来看，公关工作要经常运用人际交流的技巧，如激发情感共鸣或增强说服力的技巧等，因此，要求公共关系从业人员应该拥有比较突出的人际关系沟通能力。

两者除了具有一定的联系外，同时也具有区别，也就是说，人际关系绝不等同于公共关系。

1. 目的不同

人际关系的目的是处理人与人之间的沟通与交际，是为了能够营造和谐的个人人际关系，能够多交朋友，广结良缘。而公共关系的目的则不仅限于此，其主要是为了组织能够谋求公众认同，达成社会组织与公众之间的信任与共识。由此可见，公共关系目的的范畴要远远大于人际关系。我们可以这样理解，公共关系关注整体性，而人际关系则更多关注个体性。

2. 沟通方法不同

人际关系是以个人的行为举止、言说修辞为传播媒介，以人际传播为主要方法。而公共关系则会综合运用包括人际传播在内的更多方式，如群体传播、组织传播、大众传播等技术与方法。

3. 主体不同

很明显，人际关系的主体一般而言是个人，是个体；而公共关系的主体则包含、更多内容，除了个人以外，还可以包括社会组织，甚至是政府、国家。

综上所述，人际关系较之于公共关系而言，更加简单、初级。公共关系重视人际关系的作用，但不局限于人际关系的范畴。

（二）公共关系与庸俗关系

庸俗关系可以理解为在日常社会生活与经济交往中的“拉关系”“走后门”“套私情”等不良行为。从表面上来看，庸俗关系与公共关系都是为了解决一定的问题，或者是为了获取某些利益。因此，很容易使人对公共关系产生误解，甚至一提到公共关系，人们就会联想到一些不正当的庸俗手段，如“美女公关”“烟酒公关”“人情公关”“金钱公关”，等等。然而，仔细分析公共关系与庸俗关系所产生的社会条件、所采取的手段、所要达到的目的，我们发现，两者实则具有本质上的不同。

1. 产生的社会条件不同

庸俗关系产生于生产力水平相对低下、信息相对闭塞的社会条件之下，组织只需走后门即可达到目的，无须关注自我的社会形象。而公共关系产生于商品经济高度发达、信息传播空前繁盛、传播方式非常先进的现代社会，光凭拉关系、走后门已经行不通，信息的高度透明使社会组织必须依靠更加科学、公正的方式参与市场竞争。因此，公共关系以树立组织形象为根本职能出现在了历史的舞台。

2. 采取的手段不同

庸俗关系是个人间的不正当联系，以期采用各种物质利益引诱，通过不公开甚至是违法的行为牟取私利，如幕后交易、营私舞弊、行贿受贿等。一般而言，这些手段不可能在公共领域内公开进行，都是暗箱操作的过程。而公共关系是社会组织与社会公众之间的正当联系，它是利用公平的、合理的、符合职业道德底线的传播手段，与公众进行真情沟通，以争取公众了解、认识组织，一切都是正大光明的。

3. 所要达到的目的不同

庸俗关系的目的是通过贿赂等方式来获取个人利益或是小团体的局部利益；而公共关系的目的是通过有效的传播手段提升组织的知名度、美誉度，谋求公众的认同与赞赏。前者是为个人的私利而投机钻营，后者则是为公共利益而奋斗。

综上所述，公共关系与庸俗关系实则具有本质上的区别，将两者等同看待是一种极大的误解。公关管理确实偶尔需要运用一些社交手段，但是其目的是团结公众、消解误会、营造氛围等，而公共关系的最主要任务还是让更多的公众对组织产生好感，以此来获取认同。庸俗的吃喝并不能达到目的，甚至与公共关系是背道而驰的。

（三）公共关系与广告

公共关系和广告是整合营销传播的主要力量，公共关系活动有时需要广告来扩大影响，而广告也常常需要公共关系的战略支持。但公共关系与广告依然具有区别，两者分属于不同的职能领域。

1. 目标不同

广告的目标是以最少的投入在最短的时间内推销出更多的产品或服务，“让人买”是广告的最根本目标。而公共关系则以树立组织形象，增进内外部公众对组织的认同与了解为目标，追求“让人喜欢”。

2. 传播方式不同

广告的传播原则是“引人注目”。因此，广告只要在保证产品与服务质量的前提下，允许采用多种表现手法与传播方式，可以是虚拟的、夸张的，甚至是神话的、传奇的，以期激起公众的兴趣与好奇；而公共关系的传播方式应该秉承“真实可信”的原则，这与新闻非常相似，要讲究靠事实说话、靠数据说话、靠真情实意说话。任何哗众取宠、特立独行的表现手法对公共关系而言都是不合适的，在艺术手法上也应尽量诚挚朴素，不要自我标榜，要更多让第三者说话，采取“润物细无声”的方式才是上策。

3. 传播周期不同

一般来说，广告的周期往往会因为产品的特征不同而具有季节性、阶段性等特点，它所呈现出来的周期比较短。与此相反，公共关系的传播周期一般会更长一些，是一种长期的传播行为。一个组织良好的信誉和社会形象的构建绝不是一朝一夕之功，这需要有策略、分阶段、持之以恒地坚持与努力。只要组织存在，就有公共关系活动。

4. 地位不同

广告在组织的经营与管理过程中，属于局部性的、战术性的工作。一般来说，一两条广告并不会对组织的全局形象产生决定性作用，但公共关系工作却可以在经营与管理的过程中发挥全局效能，属于战略性工作。从微观上来看，公共关系决定着广告的内容与战略战术；从宏观上来看，公共关系决定着组织的发展方向、形象信誉，甚至是生死存亡。

5. 效果不同

一般来说，广告的效果往往是局部的，它只影响到组织的某个产品或某项服务的销售状况，其效果往往通过销量等经济效果来呈现；而公共关系的效果则是全局性的，当组织通过调查研究，确立了正确的公共关系战略方向，将获得多方面的效益，既包括经济效益，也包括社会效益。另外，广告的效果偏向品牌的外在修饰；而公共关系则注重品牌内涵的建构。广告的效果是短期的，公共关系的效果是长期的。

综上所述，公共关系与广告虽然都源于传播学，并且其工作手段都以传播为纽带，但依然是不同范畴的职业领域。公共关系可以借助广告的形式来传达信息、扩大影响，但公共关系更可以指导广告，甚至是整个组织的发展，所谓“公关第一、广告第二”，就是这个道理。

第二节　公共关系的世界观

学习视频：公共关系的世界观

世界观是一套心智系统，它往往预设了看待世界、对待世界的基本思维路线及模式，人只有树立了正确的世界观才能使自己更好地生活与发展。组织同样也是，正确的公共关系世界观，也就是正确的公共关系理念和基本模式才是进行公共关系的基本性前提。

1985 年，格鲁尼格主持了一项著名的公关课题“卓越研究”，他的研究团队进行了深入调查与访谈，针对“什么才是卓越的公关模式”进行严谨的探讨与深究，最后提出了卓越公关的十种“新世界观”，即相互依存、系统开放、动态平衡、地位平等、自主自立、有效创新、民主管理、担当责任、解决冲突、尊重公共利益。[2]

我国学者胡百精将其总结归纳为以下五个方面。[1]

一、系统开放与动态平衡

组织的生存状态分为封闭取向与开放取向两种。所谓封闭取向，是指社会组织对待外界环境与信息采取的是故步自封、独善其身的态度，往往对公众与舆论的各种变化反应迟钝、无所作为。而所谓开放取向，是指社会组织以更加开放、乐观、积极的状态面对外界舆论与公众群体，他们期待与外界各类信息进行互动，并适机调整自己，相机而动，期待自己可以更加融入外界环境，更加适应外界变化。卓越公关要求组织应具有开放性世界观，应该寻求内外部信息的自由流动，而非进行人为封闭与控制，强调在与外界的信息流动中建立一种动态的平衡，使组织与外部环境合作，并共同发展进步。

二、相互依存与地位平等

组织与公众应该是一个共同体，在这个系统中，组织与公众应是互相依存且地位平等的。因为组织的发展离不开公众的支持，只有建立了共同体，才能使更多公众与组织协同作战、并肩发展。任何无视、轻蔑、欺诈、操控公众的行为，都不利于“组织—公众”这一系统的成型与壮大。公共关系的重要任务应是建立并维护组织与公众之间的这种依存关系。当然，在这种体系下，“平等”至关重要，它主张公众与组织间应利益共享、信息对等、地位平等，因为平视的姿态更易形成认同与好感。

三、解决冲突与担当责任

组织与公众都生存在“社会”这个复杂而庞大的环境之中，冲突在所难免，那么组织应该能够积极承担起解决各种社会冲突的责任，要敢于直面问题，要有能力化解矛盾，要奉行合作非对抗的管理理念，只有这样，才能营造自身良好的外部生存环境。

正因如此，组织有了更多的责任与义务，应该心存大局。为了更好地承担社会责任，公共关系应该是战略的、全局的、整体的。公共关系专家一致认为公共关系的战略地位要受到保护与巩固。艾维·李、伯内斯曾明确提出，公共关系应介入组织的战略决策层，而不只是执行层面的一种管理职能。公共关系学者贝尔和苏利文也提出，公共关系要由技巧导向的功能性走向战略导向的功能性。格鲁尼格也同样认为，公共关系必须进入战略的核心地带，而非只作为整合营销传播中的一个手段，否则必会沦为赚钱或维护势力的附庸。

四、自主自立、有效创新与民主管理

组织应赋予员工较高的自主权，鼓励员工自主自立，只有这样，才能换取他们较高的职业认同感和满意度；应重视新思想、新观念，鼓励精彩的创意；应实施民主化、去中心化管理，明确经理人是协调者，而非独裁者。这三种卓越公关的世界观，将在公共关系部的内部设置、内部公众的管理等专题进行扩展。

五、尊重公共利益

尊重公共利益可以说是卓越公关世界观的最终落点，强调组织在实现自身利益的同时，还必须关注、尊重并增益公共之善。也就是说，公共关系必须守望公共利益，调适组织利益和公共利益之间的关系。如果缺少对公共利益的关照，公共关系将再次沦为欺诈、操纵与利诱公众的工具。

以上是格鲁尼格建构的卓越公关世界观，它意味着对传统公关世界观的一种颠覆与革命。本章以下内容将在卓越公关世界观的统摄下阐述公共关系的一般理论。

阅读 2-2

公共关系的错误世界观[1]

早期传统公共关系范式最大的问题在于不平等、不对等、非均衡，并具体表现为七种错误的世界观，我国学者胡百精将之梳理、重述为以下四个方面。

其一，内在导向与自我封闭。只用自己的眼光看外部世界，却不由外而内地看自己；只注重“我”说，把信息推送出去，而无视、排拒或封锁外部信息。

其二，效益第一。一切以谋取效益为目标，利益和效率是思考、创意和行动的基点，至于品牌信任、持久关系等则较少被考虑。

其三，精英主义与中央集权。保持强烈的精英意识，内部集权于少数管理者，外部滥用组织强势；与此相应，视公众为“乌合之众”，是实现自我利益的对象和工具。

其四，保守主义与传统至上。组织自身与公众各守边界，强调自身对公众和外部环境的改造，而非自身响应公众需求做出调适与创新；固守传统，稳定压倒一切，防御、闪避比开放、变革更重要。

可见，卓越公关的“新世界观”与传统公共关系的立场与态度截然不同。

第三节 公共关系的要素与本质

学习视频：公共关系的要素与本质

一、公共关系的要素

公共关系由公关实施者、公众、传播三个要素构成。公共关系的实施者，同时也是公共关系活动的受益者，它在公共关系行为过程中处于主动和主导的地位。公众是公共关系的实施对象、消化者、检验者、反馈者和最终评价者。传播是公共关系的中间桥梁，体现了公共关系工作的过程，是沟通实施者和公众的纽带，是实现公共关系目标的手段。

公共关系的这三个要素在不同的位置各自发挥着不同的效用，不可或缺。没有公关实施者，则无人实施公共关系活动；没有公众则没有了公共关系的对象，没有了公共关系存在的必要；没有传播沟通，则失去了两者彼此了解、认同的渠道，使两者断裂开来，不可能产生预期的公共关系效果。

阅读 2-3

小燕子的一封信[3]

有一家宾馆，环境优美、服务热情，非常吸引游客。但每年春天，这里会飞来很多小燕子安家，小燕子的粪便时常弄脏客人的房间与行李，服务人员又收拾不过来，这致使游客非常生气，小店也经常收到投诉。即便这样，宾馆的老板也没有赶走小燕子们，而是以它们的口吻写了一封致歉信，留在房间。信的内容如下。

女士们，先生们：

我们是从南方赶到这过春天的小燕子，没有征得主人的同意，就在这儿安了家，还要生儿育女，我们的小宝贝年幼无知，我们的习惯也不好，常常弄脏您的玻璃和走廊，致使您不愉快，请您千万不要埋怨服务员小姐，她们是经常打扫的，只是她们擦不过来。我们很过意不去，请多多原谅！

这封以小燕子的口气写的信起到了大作用，客人们被老板的生态意识所打动，并且对这家小店产生了更加亲切的感觉，如此接近大自然的小店，受到了越来越多游客们的青睐，甚至有人特意来这里看小燕子。

在这个简单的公共关系活动中，公共关系的三要素是具备的。公共关系的主体是这家旅馆，公众是这家旅馆的客人们，而传播方式则是一封以小燕子名义写的信。所有公共关系活动都是如此，再复杂的公共关系活动都具备这三个最基本的要素。

二、公共关系的本质

所谓本质，是指事物的质的规定性。广告的本质是“付费性”，新闻的本质是“真实性”，营销的本质是“交易性”，人际关系的本质是“个体性”，与之相应，公共关系的本质是“公共性”。

公共关系的这种“公共性”本质，表现为“4P”特征，即公众性（Public）、公开性（Publicity）、公共舆论性（Public Opinion）和公益性（Public Interest）。[4]

（一）公众性（Public）

公众性反映了公共关系的对象属性。它告诉我们，公共关系的对象是组织的公众，公共关系工作是为了争取公众，谋求公众的认同。从艾维·李的“公众必须被告知”，到伯内斯的“投公众所好”，再到卡特利普与森特的“双向对称传播”，公共关系的公众性一直在不断增强。目前，危机传播管理的研究，甚至将“公众”的概念转变为“利益相关者”，可见，对公众性的重视程度越来越高。

（二）公开性（Publicity）

公开性反映了公共关系的手段属性。公共关系应该秉承着“好事要出门”的原则，应该懂得采取各种公开的、合理的、创造性的手段来进行传播与表达，并争取信息的传播能够达到最高峰值，只有这样，才能更好地提升信息的传播力、说服力与影响力。公共关系不应闭门在家做好事，而应选择最恰当的、公开的形式传播出去。

（三）公共舆论性（Public Opinion）

公共舆论性反映了公共关系的内容属性。公共舆论是公共关系的生态环境，公共关系通过制造媒体效应、口碑效应、议题效应来形成民意、改变民意，以此营造对组织有利的生存环境。因此，公共关系的内容本质上是围绕公共舆论展开的，同时也受到公共舆论的拥护或反对。

（四）公益性（Public Interest）

公益性反映了公共关系的伦理属性。公共关系必须做到兼济天下，不仅要考虑到自身利益，还应考虑公众利益以及社会利益。如果公共关系符合了公益性的伦理属性，则容易受到公众及社会的认可，达成自我“社会愿景”的建构；反之，如果公共关系行为不符合公益性的伦理属性，则将受到公众及社会的反对，甚至是谴责。因此，公共关系必须重视内容的公益性质。

通过对“4P”特征的分析，公共关系的本质清晰呈现。公共关系的本质实则是迎合公众，展开公开传播，用能够征服人心的道德价值观去创造良好的公共舆论环境的活动。

阅读 2-4

“封杀”王老吉

2008 年 5 月 18 日，在央视救灾募捐晚会上，加多宝集团代表手持大红支票，募款 1 亿元，这笔捐款成为国内单笔捐款最高的一笔，加多宝的慈善努力立即成为社会与公众关注的焦点。

第二天，网络论坛开始出现了一个名为“封杀王老吉”的热帖：“王老吉，你够狠，捐1个亿，胆敢是王石的50倍，为了整治这个嚣张的企业，买光超市的王老吉，上一罐买一罐。”

此热帖立即被各大论坛转载。5月18日之后，百度对“王老吉”的搜索量猛增，三小时内百度贴吧上关于王老吉的帖子超过14万条。南方凉茶“王老吉”几乎一夜之间走红。

与此同时，网上又开始讨论可乐等碳酸饮料的危害，以强调王老吉作为凉茶饮料的健康益处。网友们还自发为王老吉策划了广告词，“要捐就捐一个亿，要喝就喝王老吉”。

虽然有人认为这只是王老吉一个成功的公关案例，但很多网友表示，“就算是成功的公关，我也会支持，至少给灾区人民捐了1亿元。这样的企业，越多越好。”这样的公关，越多越好。[5]

在这场特大灾难面前，加多宝集团就捐款之机，充分把握了公共舆论的走向，在公众情感最脆弱、最焦急的时刻，选择在央视晚会上公开传递捐款1亿元的重要信息，表达了对公益事业的贡献和热情，充分体现了公共关系的本质。

拓展阅读

企业的社会责任

企业除了考虑自身的财务与经营状况外，也要加入其对社会和自然环境所造成的影响的考量。因此，《财富》和《福布斯》等商业杂志在对各企业进行排名评比时都加上了“社会责任”标准，可见，社会对企业责任的重视在逐步加深。

提倡企业重视自身的社会责任就是敦促企业不要忘记创立之初服务社会的理想与追求，不要演变成一个唯利是图的机构。而社会责任管理就是要求企业加强对服务社会理想的自知性，不断加强将社会的要求和期待融入自己的经营管理中的自觉性，持续提升企业存在的社会价值。

第四节　公共关系的职能与原则

学习视频：公共关系的职能与原则

一、公共关系的主要职能

公共关系的职能讲的是其工作范畴，也就是说，公共关系都包括哪些工作。一般来说，公共关系的主要职能包括信息管理、咨询建议、宣传推广、协调关系以及危机处理五大职能。

（一）信息管理

信息管理职能是公共关系的最基本职能，可以说，其他职能都是在信息管理职能实施的基础之上进行的。原因有二：其一，现代社会是一个高度信息化的社会，“信息”已经成为极为重要的战略资源，是参与竞争的基础，也是提高竞争力的关键。其二，从公共关系的工作方式来看，信息的交流与沟通是公共关系两大主体之间的中间要素。公共关系的实质就是通过双方的沟通，有效实现组织与公众之间的信息交流。因此，信息管理职能是公共关系的第一职能，也是最基本职能。

公共关系的信息管理有四大内容。

1. 信息的搜集与储存

信息管理的第一步是信息的搜集与储存，没有充分的信息就没有可供分析的依据，因此公共关系应成为组织的信息存储中心，成为信息的集成中心。这些信息应包含宏观信息，也应包含微观信息。

宏观信息包括：国家的法律法规、政府的决策规定等信息；社会舆论的现状、强度及走向等信息；市场环境的利好、优劣及趋势等信息。

微观信息包括：组织自己的信息，如组织的公共关系形象、产品与服务特色、经营状况、发展规模等；竞争与合作对象的信息，如对方的竞争策略、合作形式、经营状况、社会形象等；公众的信息，如内部公众的构成属性、工作状态，外部公众的满意程度、认知程度、赞誉程度；等等。

对信息的搜集应尽可能多元、全面、细致。

2. 信息的筛选与处理

组织通过努力获得大量的信息，但这些信息必须要经过筛选与辨别、分类与归纳，因为组织搜集来的信息往往良莠不齐，如果不进行分析处理，则无法确保为组织提供有价值、高质量、高纯度的信息。没有经过甄别的信息是无法为组织决策服务的，甚至可能给组织带来致命打击。

对信息的筛选与处理要体现三个关键原则。其一，针对性原则。这一原则要求必须针对组织所要解决的问题或发展目标来筛选信息，避免信息过剩带来的精力消耗。其二，真实性原则。这一原则要求务必将正确的信息甄别并提炼出来，去伪存真，这样才能为组织监测环境提供最可靠的依据。其三，时效性原则。在瞬息万变的当今社会，信息有着特殊的属性，即时效性，信息的保质期随着通信技术的发展与革新越来越短，即使短暂的信息时差都可能导致本来正确的信息失去参考意义与应用价值。

3. 环境监测与趋势预测

“公关最重要的是要善于发现天边出现的淡淡乌云。”公共关系对信息搜集与处理的价值主要体现在使这些信息能够成为组织监测环境、预测趋势的有力证据上。

对环境的监测就是组织利用相关信息的各种动态进行实时监察，观测社会环境的变化，以便随时做出灵敏反应、及时调整公关策略。而对趋势的预测则是在利用可靠信息对组织将要进入的社会环境、舆论氛围、竞争圈子进行预测，使组织能够提前做好应对准备，避免猝不及防的危机或丢失利好的宣传时机。

4. 信息的对外发布

信息的对外发布是在搜集、处理、分析信息之后所进行的工作，是公共关系行为的实施过程。组织通过向内或向外发布适当的信息来实现与内部环境或社会环境的互动，以达到适应环境、顺应舆论的作用。新闻发布会是向外传达信息的重要形式，也是最典型的形式。当然，这一信息管理环节非常复杂且形式多元，因用途和目标不同，信息的对外发布环节也体现着公共关系的其他四大职能。这也再次说明信息管理职能是公共关系的第一职能，也是最基本的职能。

阅读 2-5

长城饭店的日常信息管理

北京长城饭店非常注重自己的信息管理，其对信息的管理主要由以下几个方面组成。

一、日常调查

北京长城饭店将问卷调查做到了日常化，工作人员将制作好的问卷直接放置在客房内，请客人对酒店的整体管理、十余个品类的服务质量、工作人员的态度等进行打分，并询问客人是否愿意加入喜来登俱乐部以及本次出行的意愿等。

另外，接待投诉的机制也非常完善，因为投诉是获取客人不满信息的重要来源。几位客务经理几乎 24 小时轮班在大厅内处理客人反馈回来的各种情况，并耐心解答各类问题。

二、月调查

北京长城饭店会将每天收集回来的统一问卷，在每月底集中邮寄至喜来登集团总部，总部将对所有问卷进行全球性的综合分析，以此获得更加全面的客户反馈。当然，根据最后的量化分析结果，还会对全球最好的喜来登酒店和进步最快的酒店给予奖励。这种奖罚制度也可以很好地激励各酒店员工的工作积极性。

另外，每个月北京长城饭店的前台经理与在京各大饭店的前台经理都会举办一次信息沟通会，用于交流客户数量、客户意愿、客户不满与客户要求，等等，并共同分析本地区、本行业的优势与劣势。

三、半年调查

喜来登集团总部每半年都会召开一次世界范围内的全球旅游情况工作会。届时，各酒店经理从世界各地带来大量信息，可供互相交流、研讨，使每个酒店都能了解到整个世界的旅游形势以及酒店行业的前瞻信息，以便使各分公司能够站在全球的角度改善自身的经营战略，调整结构布局。

这一系统而全面的调查体系使决策者能够从宏观的角度了解全球旅游业和当地市场的情况。微观上，也可以了解店内每个岗位、每项服务、每名员工的工作情况，让他们的决策更加具有针对性。

长城饭店形成了一个全方位的信息系统，时间上从日、月、年，空间上从本店、本地到全球，这种交叉立体的信息网络，既保证了信息的时效性，又保证了信息的广度与深度。在竞争激烈的市场经济条件下，企业要生存、要发展，就要重视对信息的管理工作，这是公共关系的重要职能。[6]

（二）咨询建议

公共关系的咨询建议职能是指公共关系人员向组织的领导层、决策层提供公共关系方面的建议和意见，以作为该组织战略决策的依据，对组织经营管理发挥着重要的、战略性的参谋作用。

按照现代管理理论，组织在决策前，公共关系部门应提供详尽的情报、信息、评价、预测与建议，供决策者参考与选择。因此，公共关系部门应履行组织智囊团的职责，在做好信息管理的基础上，在重要时刻为决策者提供尽可能丰富、有效的信息，并为其提供发展战略、竞争战略、形象战略等建议。

阅读 2-6

匹克的“差评”公关[7]

匹克体育用品有限公司在 2018 年 12 月对外发布了态极 1.0 跑鞋。它是匹克“态极”自适应科技平台的开山之作，12 月 15 日线上限量 999 双发售，仅仅用时 51 秒便宣告售罄。但是后期有一些网友表示，“态极跑鞋虽然脚感好，但其他功能一无是处”，这个“差评”成为后期消费者对匹克的一种固化印象。

2019 年 5 月，匹克将要迭代升级 1.0 Plus，这时匹克面临着两大挑战：其一，态极 1.0 跑鞋的销量非常高，消费者对于态极 1P 的期待会更高；其二，“差评”已经成型，印象固化，如何在有限的传播预算中改善风评。面对挑战，匹克寻求北京某广告传媒有限公司的支持，进行了公关咨询与公关实施。

经过公关代理公司的调研，发现消费者的“差评”并不是对产品的否认，而是在认可其脚感好、科技感强的基础上，希望产品的其他功能，如包裹性、耐磨性、支撑性、防滑性等可以进一步提升。因此，大胆提出用用户“差评”来众创迭代新品的想法。于是，出现了“差评”手稿与“差评”鞋盒。

“差评”手稿：匹克针对上一代产品的缺点一一改进，并以手稿的创意形式清晰地展示出来。

“差评”鞋盒：匹克大胆地将消费者对上一代产品的“差评”以 DNA 的形状印在鞋盒上，并用广告语“你，改造了我的 DNA”加以阐述，让消费者直接感受到态极 1P 的众创基因。

匹克态极 1P 在公关公司的建议与帮助下，3 天销售超过 6 万双，交易总额 3 000 万元，“6 · 18”启动日直接登上天猫鞋类 TOP1。在获得商业利益的同时，匹克也收获了数以万计的好评，类似“懂得听取消费者的声音，这样的国货品牌难能可贵”的评价几乎刷屏了运动鞋圈、科技数码圈、营销圈，让匹克以一个更坦诚、懂创新的品牌形象，重回了大众视野。

对于品牌而言，这种与消费者玩在一起搞事情的态度，不仅符合年轻人的玩法，而且能瞬间拉近品牌与消费者的情感距离，在互动中向消费者间接输出品牌睿智、谦逊的态度。

对行业或产品而言，共创无疑是一个能够促进良性循环的利器。吸纳差评、重新升级，才能引领整个行业与科技不断进步。

（三）宣传推广

公共关系的宣传推广职能是指为了争取公众对组织的了解和认同，通过各种传媒渠道，将适当的组织信息及时、准确、有效地向外传播。

广告与营销也具有宣传推广的功能，因此，自公共关系产生后，现代组织的经营管理

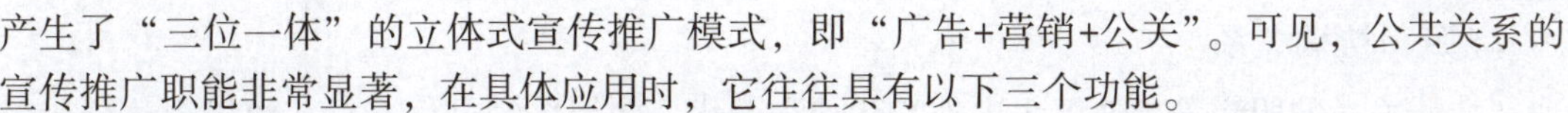

产生了“三位一体”的立体式宣传推广模式，即“广告+营销+公关”。可见，公共关系的宣传推广职能非常显著，在具体应用时，它往往具有以下三个功能。

1. 告知公众，创造舆论

当组织的新产品、新服务、新形象、新倡议、新观念等还未被公众了解与认同时，组织通过加大信息传播数量、频次，或利用时机采取创造性的公关活动，使信息能够充分进入公众视野，吸引公众目光，从而达到营造新热点、设置新议题、创造新舆论的目标，使有利于自身发展的社会舆论充分在社会中扩散。

2. 扩大影响，强化舆论

当组织的新形象、新倡议、新观念已经被公众认同，已经具有一定的社会影响时，宣传推广工作还将继续产生效应。公共关系工作不是几次活动就能塑造永久的社会形象，而需要继续实施宣传推广职能，不断强化组织的这种形象、倡议、观念，并强化社会舆论，扩大影响。只有不断巩固，组织的形象才能稳定、持久、可信。

3. 控制形象，引导舆论

在瞬息万变的当今社会，由于信息传播速度与范围的极大提升，使组织形象不可控制地面临多方面因素的干扰与影响。当组织的形象、倡议、观念受到曲解、误会，甚至质疑时，宣传推广的职能依然具有重要效能。公共关系可通过及时、有效地传递引导类信息或活动，使舆论得到缓解或纠偏，有效控制自身形象与舆论环境。

阅读 2-7

长城饭店的宣传推广[8]

长城饭店是我国第一家五星级合资饭店。1984 年年初，长城饭店尚未完全建成，服务设施尚不完善，正值推广期，公司非常需要一个机会来提升企业形象和经营理念。此时，美国里根总统的中国之行给了长城饭店一个“难得的机会”。于是，他们开始仔细计划，经过一番努力，长城饭店终于赢得了为里根总统举办答谢宴的机会。4 月 28 日，来自世界各地的 500 多名记者空前隆重地齐聚长城饭店。从此，长城饭店声名鹊起，很多人都很好奇，连总统都选择在这里举办宴会，到底是什么样的饭店？因此，许多外宾开始选择入住长城饭店。据统计，长城饭店开业的前两年，超过 70%的客人都来自国外，这不得不归功于非常成功的初期推广活动。

1989 年，美国老布什总统的来访又给了长城饭店一次机遇。他们以一流的设施和服务质量再次赢得了老布什总统举办宴会的机会。这使长城饭店再次成为世界新闻的中心，再次证明了自己的实力，扩大了知名度和美誉度。

然而，作为一家经常接待外国元首的豪华酒店，长城饭店 98%的客人都是外国客人。这在很多中国人心中形成了一种形象上的误解：外国人进出的地方。因此，长城饭店决定在同一年举办集体婚礼，纠正认知偏差。它在《北京日报》上发布了一条消息：“北京任何一个普通市民都可以报名参加长城饭店的集体婚礼，并可以带 15 个亲戚朋友。”消息公布后，名额爆满，打电话和前来打听的人络绎不绝。当天，100 对夫妇和他们的 1 500 名亲朋好友举行了盛大的集体婚礼，中央电视台和北京电视台转播了这一盛事，使数亿中国人观看了这一盛事。这次宣传活动不仅加强了与公众的亲密关系，也重新树立了自己的民族形象。此后，中国许多企业、政府机构和社会组织也开始在长城饭店举办各种活动了。

（四）协调关系

协调关系的职能是指使组织内外的活动和谐化、同步化的过程，意在使组织达到与公众、环境相适应的目标。协调关系是公共关系活动能够顺利实施的前提，这种职能的履行既应发生在组织内部，也应发生在组织外部。

1. 内部关系的协调

内部关系的协调至关重要。只有和谐的内部关系，才能使组织更加具有凝聚力、向心力，公共关系工作才能更加高效，口径才能高度统一。如果组织内部发生不和谐的因素，往往会给组织带来不必要的精力与财力的内耗，甚至产生内源性危机。组织内的关系应该考虑三个向度，即最高决策层、各职能管理部门、员工，这三个向度既应考虑其横向关系，也应考虑其纵向关系，在对象型公共关系战略管理专题中将详细讲述。

2. 外部关系的协调

外部关系的协调是组织营造外部舆论环境的重要手段。只有和谐的外部关系，才能使组织的信息流、影响流顺畅有效。一旦外部关系发生矛盾，外部公众对组织的信息解码必将受到影响，从而产生对抗心理或解码误区，甚至陷入“塔西佗陷阱”。因此，外部关系的协调是保障组织信息传播、宣传推广顺利进行的重要因素。组织的外部关系包括很多方面，如消费者关系、政府关系、社区关系、媒介关系、合作者关系、竞争者关系、名流关系，等等。组织应关注外部所有关系的现实状态与发展趋势，及时弥合关系裂缝、重塑稳定和谐的关系链条。

阅读 2-8

美国埃克森公司漏油事件

1989 年 3 月 24 日，美国埃克森公司的一艘巨型油轮在阿拉斯加触礁。在撞上礁石后，800 多万加仑的原油泄漏，在海面上形成了宽约 1 000 米、长约 800 千米的浮油带。事故现场原本是一个风景如画的地方，盛产鱼类。事故发生后，礁石被油污覆盖，大量鱼类死亡，附近水域的水产养殖业遭受严重损失，纯净的生态环境遭受巨大破坏。

当地政府和环保组织要求调查，但埃克森无动于衷，既没有彻底调查事故原因，也没有及时采取有效措施清理油污，更没有向美国和加拿大的地方政府道歉。这使情况恶化，污染越来越大。截至 3 月 28 日，原油泄漏量已超过 1 000 万加仑。

新闻媒体一开始并没有敌意，只有少数记者到现场做了一般性报道。然而，埃克森却采取了漠不关心的态度，这激怒了“无冕之王”。他们从世界各地赶来，与地方政府和环保组织合作，共同发起了“反埃克森运动”。最终，这一事件引起了美国政府的警觉，派遣了一个由交通部部长和环境保护署署长等高级官员组成的特别工作组前往阿拉斯加进行调查。埃克森公司完全陷入了被动境地，最后，支付了巨额赔偿，公司的形象严重受损，一些老客户开始抵制它的产品，埃克森从此一蹶不振。

媒体的反击：

（1）媒体一再强调油轮泄漏带来了“巨大的灾难”，是“不可原谅的罪行”，却没有报道埃克森的补救措施。最后，几乎所有的公众都认为“埃克森是消极怠工的、是逃避责任的”。

（2）埃克森首席执行官罗尔接受了哥伦比亚广播公司的采访，当被问及“如何去除水中的油污”时，他回答：“我不知道油污处理的技术细节。”罗尔的回答是诚实的，作为首席执行官，他不了解技术细节情有可原。然而，媒体抓住了这一细节，称罗尔“麻木不仁、专横跋扈”。节目播出后，公众认定罗尔是一个傲慢且不负责任的家伙。

(3) 法院对埃克森做出一审判决，要求赔偿9亿美元的民事损失和1亿美元的罚款。为了稳定公司的状况，罗尔宣称：“这些赔偿对公司的财务影响很小，对公司的盈利和运营没有影响。”因此，媒体立即指责埃克森缺乏悔过之心，法院撤销原判决，认为“埃克森可以承受更多罚款”。[1]

（五）危机处理

在组织经营过程中，由于各种问题，总是会使组织出现危机状态、处于危机情境。而公共关系非常重要的一个职能就是当组织出现危机的时候，运用适当的方法去解决危机，重新树立组织形象，为组织赢得良好的生存环境。

阅读 2-9

钉钉在线求饶

钉钉被教育部选为小学生在线上课的平台。由于小学生们对寒假上网课异常反感，于是集体出征，对钉钉实施了疯狂的“一星报复”。在小学生们的不懈努力下，让累积多年保持4.9分的钉钉掉星了。

面对几十万的一星评价，钉钉在2020年2月14日发表微博，用了一张写满文字的表情包向小学生们发出了求饶信息：“相识是一场缘，不爱请别伤害；我还是个5岁的孩子，求求手下留情；我知道，你们只是不爱上课，但别伤害我，拜托拜托；讨个生活而已，少侠手下留星。”接着，阿里大家庭到此动态下安慰钉钉，展开了一场大型声援，钉钉与各大App友好互动，虽然网友集体吐槽了各大声援App，但也在此看到了钉钉的诚意与无辜，在嬉笑打闹中，很多网友开始对钉钉产生好感，不忍钉钉评分太低，于是纷纷晒出五星好评的截图，给钉钉拉分，甚至有人特意下载钉钉，就为给其打个五星好评。

接着，钉钉乘胜追击。2月16日晚，在哔哩哔哩网站的官方账号中发布了一个名为《钉钉本钉，在线求饶》的鬼畜视频。视频歌词大致为：“此生无悔入钉钉，五星求一次付清”“少侠们饶命吧，大家都是我爸爸”“我知道老师还得洗头，给你们添麻烦了！我知道各位少侠假期不想那么充实，难为你们了！”“不要再打一星，不然我只能去自刷。”萌炸的动画+各种表情包+求饶文案，在引人发笑的同时，也能感受到钉钉的不易。

可以说，钉钉这次的危机公关处理得非常成功且有效。

(1) 在理解用户的基础上，利用新媒体工具以低姿态进行沟通。钉钉团队能够站在差评用户的视角，理解其心理动机。其实，这是一场情感宣泄的自媒体狂欢。这时，钉钉团队利用新媒体平等交流的特点，主动示弱，用“跪地求饶”的姿态为自己塑造了被打败的形象，消除了与用户之间的距离感与疏远感，使小学生用户群体感受到了获胜的快乐。

(2) 利用新媒体特点，以用户喜闻乐见的方式传递信息。新媒体平台具有较强的个性化特征，且形式多元，钉钉借助微博、B站、大量网络语言与表情包，用一种娱乐化、恶搞化、自黑化的形式获得了其受众的归属感与认同感，“我们都是圈里人”。

(3) 直面危机事件，积极主动化解。品牌危机出现后，钉钉积极回应，先通过卖惨作品满足学生群体释放自我个性的需求后，再通过《我钉起来真好听》等作品直面问题，回应学生自我释放的行为，并晓之以理、动之以情，向他们解释网课的意义，获取了理解与共情，有效化解冲突。

(4) 化危机为机遇，利用热点提升品牌影响力。钉钉的母公司阿里巴巴集团实力雄厚，如果利用水军力量来掩盖这次事件，也许能够迅速度过风暴，因为钉钉在这次事件中没有任何重大过失。然而，这种行为会让用户感到被忽视，这不仅不利于品牌形象的建立，还可能留下隐患。而钉钉团队采取了直面危机的态度，自然地加入热点事件的讨论中，有效地表达自己的声音，保持并提升了事件的热度，真正做到了化危机为机遇。[9]

二、公共关系的基本原则

公共关系的基本原则是指组织在开展公共关系活动中必须遵守的准则。遵循这些基本原则有利于发挥公共关系的作用，而违反这些原则往往会造成公共关系的失败。

（一）双向沟通原则

双向沟通是现代公共关系的基本范式，也是最基本的原则。卡特利普与阿伦·森特、格伦·布鲁姆合著的《有效公共关系》中提出“双向对称”模式，即“双向沟通、双向平衡、公众参与”。伯内斯强调的“投公众所好”是一种对公众需求的满足，而到了卡特利普时代，他更加强调公共关系工作一方面要把组织的想法和信息向公众进行传播与解释，另一方面又要把公众的想法和信息向组织进行传播与解释，这种双向沟通的方式将公共关系推到了更加成熟化的阶段。这也是公共关系思想史上第三次飞跃的标志性区别。

双向沟通原则的优势在于，只有获得公众的信息才能让组织“对症下药”，设计出符合公众兴趣、审美，易于公众接受的公共关系活动。因此，开展任何公共关系活动都必须以调查研究为基础，在充分掌握公众信息、态度的基础上，形成信息的应答。否则，将因信息沟通不完整或信息链中断而造成公共关系活动无人响应。

（二）从事实出发原则

万事都是“先有事实”，这也是公共关系的铁律，公共关系必须以事实为基础，只有做到了真实，才有可能赢得公众的信赖和社会的赞誉。一些组织总是妄图通过掩盖真相、淡化事实，甚至是扭曲事实的方式来进行公关宣传，然而结果常常事与愿违。在被公众雪亮的眼睛揭穿后，可能会导致组织形象的坍塌以及公信力的丧失。

“你可以在某一时刻欺骗所有人，也可以在所有时刻欺骗某些人，但你绝对不可能在所有时刻欺骗所有人。”这句话告诉我们，真相总会被人知道，事实总是会在适当的时机浮出水面。

1. 从事实出发原则，要讲究真实真诚

只有真实和真诚才能长久地赢得公众的心和社会的美誉。组织在开展公共关系活动过程中，不仅要向公众说真话，还要善于用行动来证明。缺少行动的真话，只能说其体现了真诚，而未必真实；只有言行合一才是真正的从事实出发。因此，在公共关系中，遵循从事实出发原则，首先要重视言行合一。

阅读 2-10

风雨同舟，心系河南——迪卡侬定向捐赠皮划艇[10]

2021 年夏天，河南各地连续遭遇极端强降雨，洪涝灾害牵动人心。迪卡侬时刻关注灾

情发展，在了解到救援一线单位急缺皮划艇等物资后，立即行动，紧急调拨所有可用物资，向郑州、新乡、卫辉定向捐赠皮划艇、救生衣等器械装备千余件，为抗洪抢险工作提供了最有效的支援。同时，迪卡侬的驰援行动也影响了业界伙伴积极行动，陆续向受灾地区捐赠皮划艇等物资。

“有益于人与地球”是迪卡侬的企业宗旨。迪卡侬以实际行动积极履行了社会责任，践行了企业承诺，“出现在最需要的地方”，用行动一次次彰显了企业价值观。

2. 从事实出发原则，要做到公开透明

闭锁信息是公共关系的大敌。信息的不充分传播必然引起公众猜疑，给谣言开辟臆想空间，因此，要做到从事实出发，还应做到信息的公开和透明。

这种公开透明的原则对于政府工作显得尤为重要，因为公开决策程序与决策结果是获取公众信任的前提。一旦政府或组织选择了刻意封锁信息，那么他们的任何行为在公众眼中都将变得神秘，各种猜测与小道消息便会私下流传，极易引起误会与误导，扭曲政府或组织行为的初衷，进而引发公信力问题。当然，在某些情况下，对一些特殊信息的保密是必要的。

阅读 2-11

“阳光施政”与“四公开”

从2000年起，北京市的政府部门就开始进行了“阳光施政”。所谓“阳光施政”，就是政府部门把各种办事的制度、办事的手续以及最终办理的结果进行公开。当然，对群众的举报、投诉的处理结果也会全面地透明公开。“阳光施政”强调回答三个问题，包括：“该公开的公开了没有？公开的内容执行了没有？违反公开规定的问题查处了没有？”

现在一些医院也将医生的信息进行了透明化处理，实行了“四公开”策略，即把出诊医生的姓名、专业特长、诊室号码、出诊时间在公共渠道中公布出来，便于病人查询、对号、咨询，或者是投诉。这些公开透明化信息可以有效提升办事效率，并起到良好的监督效果。[11]

3. 不能改变的是事实，能改变的是公众的看法

从事实出发原则，要求不能改变事实，必须以事实为基础，但并不意味着，公共关系活动一定要把全部事实用相同比例的数量、频率、强度进行传递，而应善于在实事求是的基础上，将话题引到对自己有利的观点上来，将公众的关注焦点引导到对自己有利的事实上来。如果对事实做好程度、方向与角度的把握，不仅可以转危为安，甚至可以转危为机，借此树立更加具有人文关怀的形象。

拓展阅读

实事求是

实事求是，是毛泽东同志对马克思主义世界观和方法论所做的中国化表达，反映了马克思主义的精髓和灵魂。“实事”就是客观存在着的一切事物，“是”就是客观事物的内部联系，即规律性，“求”就是去研究。习近平总书记强调：“坚持实事求是，

就是坚持一切从实际出发来研究和解决问题，坚持理论联系实际来制定和形成指导实践发展的正确路线方针政策，坚持在实践中检验真理和发展真理。”坚持实事求是，基础在于搞清楚“事实”，就是了解实际、掌握实情；关键在于“求是”，就是探求和掌握事物发展的规律。[12]

（三）互惠互利原则

古人云：和则两利，斗则两伤。说明利益从来都是相互的，只有在互惠互利的基础上，才能实现双方利益的共赢。组织想要得到公众和社会的认同，就应该在谋求自身利益的同时，去关注其他方面的利益。进行“利益还原”是营利性组织树立自身社会形象和增强社会效益的基本方法。

那么，在互惠互利原则的指导下，组织除了考虑自身利益外，还应该考虑哪些方面的利益呢？

第一，组织想要谋求公众的认可与支持，必须要让公众得到利益。组织应把公众利益作为首要因素来考虑，把能否满足公众利益作为衡量公关效果的重要尺度。

第二，组织在充分考虑公众利益的同时，还应考虑的另外一个重要层面就是社会的利益。考虑社会利益是实现更多公众利益的体现，因为社会公益往往是公众共同面临的社会问题。组织为社会利益分担责任，更有利于树立自身的社会形象。因此，公益活动或赞助活动是组织经常采取的公共关系手段。

（四）不断创新原则

当组织懂得了双向沟通，体现了真实真诚的态度，有了互惠互利的公益之心还不够，公共关系还必须通过能够吸引公众注意的方式，让社会和公众了解组织的真诚、了解组织的公益之心。只有这样，才能拥有良好的外部舆论环境。

怎样才能让公共关系活动变得更加具有吸引力呢？制胜法宝就是创新，要用新颖独特、公众从未看过、从未听过、从未体验过的方式来进行公关活动，充分利用人类的好奇心来获得公众的关注、吸引公众的眼球。一味重复教科书上的经典战略，或者长期使用同一种公共关系方法，必然会引起公众的审美疲劳，甚至是反感。只有创新，才能保证公共关系的持续成功。

阅读 2-12

麦当劳的“大暑日”

大暑是中国传统的二十四节气之一，和麦当劳经典的“大薯”（大份薯条）同音。自2015年起，麦当劳通过举行“大薯日”的庆祝活动，邀请顾客一起“以薯消暑”，共同欢度这个一年中最热的节气。一年又一年的“大暑日”，成为麦当劳和年轻人互动的重要节日，用户对“大暑续大薯”有了一定的认知，并对麦当劳周边抱有很高的热情。如何让消费者对大暑日保持期待，让大暑日活动拥有持久的新鲜感，就要靠不断的创新。

2018年“大薯日”，麦当劳推出夏日清凉周边：薯条伞、单肩包及拖鞋，并结合不同城市的消暑特性，号召粉丝一起以薯消暑！

2019 年“大薯日”，麦当劳推出限定潮流周边：薯条渔夫帽及墨镜，并号召粉丝戴墨镜到店消暑，一起吃薯条！

2020 年“大薯日”，麦当劳推出全新限定周边“喵喵薯夹”盲盒，把经典美味的薯条、夏日欢聚和超萌周边联系在一起，号召粉丝一起变猫，开吃薯条！

2021 年“大薯日”，麦当劳特别定制了“100%”系列限定周边，标志性的“100% SatisFries”图形，将英文“Fries”（薯条）与“Satisfied”（满足）巧妙拼接，结合薯条经典红盒形象，通过复古的风格设计，传递“100%”热爱、“100%”用心、“100%”满足，同时希望与粉丝“100%”玩到一起，享受“100%”夏日狂欢。

2022 年“大薯日”，麦当劳特别推出“夏日薯友乐”（FUN with FRIEndS）系列周边。该系列包含风筝、飞盘和充气沙发共 3 款大薯主题周边，灵感来源于英文单词“Friends”（朋友），这个单词中其实包含着英文“Fries”（薯条），这也巧妙地表达了“薯条”和“朋友”间你中有我、密不可分的关系。

2023 年“大薯日”，麦当劳邀请户外潮流品牌恰恰鸟 CHUMS，特别定制“FRIES with your CHUMS 大薯日消暑水枪”限定周边，它利用合作品牌名“CHUMS”（单词原意为朋友）巧妙传递“薯条”和“朋友”密不可分的关系。值得一提的是，在 7 月 23 日大暑节气当天，抖音账号“麦当劳抖金店”开启首场农场直播，通过连线带领粉丝“前往”位于内蒙古达拉特旗的麦当劳土豆种植基地，在真实的农场环境中，向消费者介绍“麦当劳中国再生农业计划”的理念和实践，包括滴灌、轮作，等等。

（内容来自麦当劳官网）

拓展阅读

必须坚持守正创新

习近平总书记指出：“无论时代如何发展，我们都要激发守正创新、奋勇向前的民族智慧。”守正才能不迷失方向、不犯颠覆性错误，创新才能把握时代、引领时代。

守正就是坚守真理、坚守正道，坚持马克思主义基本原理不动摇，坚持党的全面领导不动摇，坚持中国特色社会主义不动摇。创新就是勇于探索、开辟新境，敢于说前人没有说过的新话，敢于干前人没有干过的事情。勇于创新者进，善于创造者胜。守正与创新相辅相成，体现了“变”与“不变”、继承与发展、原则性与创造性的辩证统一。[12]

（五）全员公关原则

全员公关是指组织中的所有工作人员都参与着公关活动，公共关系存在于组织的任何行为之中。全员公关原则强调组织全体员工的公关意识，既包括组织领导人，也包括所有员工。因为，企业领导的一个微博状态、普通员工接待顾客时的一个行动、与亲朋好友的一句言谈，都代表组织，都有可能被理解为组织的意图。因此，公共关系是全员的共同任务。

第五节　公共关系工作的分类

学习视频：公共关系工作的类型

根据公共关系工作的高低层次和主要内容，可以把公共关系工作划分为日常型公共关系、策略型公共关系、战略型公共关系和危机型公共关系四大类。

一、日常型公共关系

日常型公共关系属于常规性的公共关系工作，其主要任务是对组织形象的一种日常性管理与维护。例如，组织每天的文化晨会与出操、定期的员工大会与股东大会、定期的顾客回访与关系维护、有计划的员工团建与文娱活动、定期向媒体投递新闻资料，等等。

日常型的公共关系工作属于技术性的初级公共关系工作，其工作任务是建立关系网络，整合关系资源。其需要的工作能力主要是人际沟通能力、写作能力、摄影摄像能力、计算机操作能力等。

日常型公共关系要求组织在管理思想上必须树立公共关系的理念，并将这一理念落实在生产、销售等方方面面。

二、策略型公共关系

策略型公共关系是站在管理执行角度，为了实现某个时期或某个具体目标提出的一系列具有创意的活动方案和传播策略。例如，新产品上市的宣传推广活动、周年庆祝的纪念活动、消除质疑的开放组织活动，等等。

策略型公共关系工作属于传播创意型的中层公共关系工作，其工作任务主要与传播相关。其需要的工作能力主要是创意能力、传播能力、策划能力、执行能力等。

三、战略型公共关系

战略型公共关系是站在经营决策的高度，为组织的发展出谋划策、制定战略，相当于组织的智囊团，直接为高层服务。例如，制定组织品牌战略、文化战略、CIS 战略、竞争优势战略、沟通战略，等等。

战略型公共关系工作属于咨询决策型的高层次公共关系工作，其工作任务主要与研究相关，表现为一种环境监测、趋势分析、竞争洞察。其需要的工作能力主要是研究能力、咨询能力、决策能力等。

战略型公共关系提供正确的方向，而策略型公共关系则是沿着这条正确的方向选择正确的传播方式。一般都是先制定战略，然后在每个时期制定其专项策略。战略是核心，策略是方法。

四、危机型公共关系

危机型公共关系是一种特殊时期的公共关系。危机公关的工作范畴涉及企业危机、公共危机、风险管理等，是最具有显示度的公共关系工作。其主要工作任务是调动组织各种资源和力量，在最短的时间内降低危机造成的损失，不断满足公众在危机中的信息知情权，从而塑造良好的组织形象。

危机型公共关系属于特殊类型的公共关系工作，其需要的工作能力主要是新闻发布能力、媒体运作能力、声誉管理能力等。

据此，根据公共关系四大类型，可以把公共关系人员相应分为四种类型：初级技术专家、中级传播专家、高级咨询专家以及危机处理专家。

开卷有益

经济学、社会学视角下的公关原则

在公共关系的原则中，双向沟通原则、从事实出发原则与互惠互利原则是三个非常重要的实践依据，它们与经济学、社会学中的信息对称理论、交换理论有较大的关涉，简单了解跨学科中的这两个理论，有助于更好地理解公共关系的三大基本原则。

信息对称理论是经济学领域的重要理论，它强调在经济交易中信息对称对于交易的有效性和效率起着重要的作用。信息对称指的是交易双方在交易中拥有相同的信息，并且能够相互理解和相信这些信息。在信息对称理论中，交易双方之间的信息不对称可能导致不完全的市场效率和资源分配不平衡。如果一方拥有更多的信息或掌握关键的信息，他可能会在交易中获得更大的利益，而另一方则可能受到不公平的损失。因此，信息对称理论强调信息的公开和透明，以实现交易的公平和效率。在组织的公共关系中，信息对称的重要性同样显著。组织和其利益相关者之间的信息对称可以帮助双方建立信任与合作关系，促进有效的沟通和决策。因此，公共关系活动应该以事实为基础，提供准确和透明的信息，以建立信息对称和良好的关系。

交换理论是社会学领域的理论，它认为人们在社会交往中追求相互利益的最大化。也就是说，会根据交换关系中所获得的回报决定自己的行为，这些回报可以是物质上的，也可以是非物质上的。交往双方之间的关系建立在相互依赖和互惠的基础上，每个人都期望通过交往获得一定的回报。如果一个人感觉到交往中的回报不足或不公平，他可能会减少交往的频率或终止交往关系。交换理论在管理学和公共关系学中有广泛的应用。比如，组织与员工之间的雇佣关系可以看作一种交换关系，组织提供工资、福利和职业发展机会等回报，而员工通过工作表现和工作投入提供劳动力和价值。如果组织提供的回报不足或不公平，员工可能会减少工作投入或寻找其他的工作机会。因此，管理者需要关注和平衡组织与员工之间的交换关系，以维持员工的工作动力。同样，组织与外部公众之间的关系也是如此，只有互惠互利才能维系良好的关系运转。

本章小测试

不定项选择

1. 全体员工都应具有公关意识，公关应存在于组织的任何行为之中，这体现了公关的哪个原则？（　　）

A. 从事实出发原则　　B. 不断创新原则
C. 全员公关原则　　D. 双向沟通原则

2. 定期的顾客回访和关系维护是哪类公共关系工作？（　　）

A. 日常型公共关系　　B. 策略型公共关系
C. 战略型公共关系　　D. 危机型公共关系

3. 制定组织品牌战略属于哪类公共关系工作？（　　）

A. 日常型公共关系　　B. 策略型公共关系
C. 战略型公共关系　　D. 危机型公共关系

4. 为组织出谋划策属于公共关系的哪项职能？（　　）

A. 信息管理　　B. 咨询建议　　C. 宣传推广　　D. 协调关系

5. 对于公共关系的内涵，下列理解正确的有（　　）。

A. 公共关系的手段是传播沟通
B. 公共关系的战略本质是建立与公众之间的双向均衡系统
C. 公共关系的目标是树立组织形象
D. 公共关系是一种特殊的管理职能

6. 下列属于卓越公关世界观的是（　　）。

A. 精英主义与集权主义　　B. 尊重公共利益
C. 互相依存与地位平等　　D. 效益第一

7. 公共关系的要素包括（　　）。

A. 实施者　　B. 公众　　C. 传播　　D. 渠道

8. 关于公共关系“4P”特征的表达，正确的有（　　）。

A. 公众性　　B. 公开性　　C. 公平性　　D. 公益性

9. 公共关系的职能包括（　　）。

A. 信息管理　　B. 咨询建议　　C. 宣传推广　　D. 协调关系

10. 遵循从事实出发的原则，应（　　）。

A. 讲究真实真诚　　B. 做到公开透明
C. 不改变事实　　D. 不改变公众的看法

本章重点思考

1. 公共关系定义中的四大内涵。
2. 公共关系与广告的区别。
3. 卓越公关的世界观。

4. 公共关系的三大要素。
5. 公共关系的“4P”特征（本质）。
6. 公共关系的五大职能。
7. 公共关系的五大基本原则。
8. 公共关系的四种类型。

资料来源

[1] 胡百精. 公共关系学［M］. 3 版. 北京：中国人民大学出版社，2018.
[2] 胡百精. 危机传播管理的对话范式（中）——事实路径［J］. 当代传播，2018（02）：19-23.
[3] 魏翠芬，陈艳华. 公共关系理论与实务［M］. 北京：清华大学出版社，2010.
[4] 陈先红. 现代公共关系学［M］. 北京：高等教育出版社，2010.
[5] 吴勇. 王老吉的慈善“赢”销［J］. 决策与信息（下旬刊），2011（06）：175.
[6] 段娟娟. 公共关系学教程［M］. 北京：中国人民大学出版社，2017.
[7] 金旗奖编委会. 2019 最具公众影响力公共关系案例集［M］. 北京：中国财富出版社，2020.
[8] 姜华，钱丽娟. 饭店公共关系［M］. 武汉：武汉理工大学出版社，2010.
[9] 刘书羽. 从“钉钉求饶”事件看新媒体时代的品牌公关［J］. 视听，2020（06）：150-151.
[10] 金旗奖编委会. 2021 最具公众影响力公共关系案例集［M］. 北京：中国财富出版社，2022.
[11] 周华安. 公共关系理论、实务与技巧［M］. 6 版. 北京：中国人民大学出版社，2019.
[12] 中共中央宣传部. 习近平新时代中国特色社会主义思想学习纲要（2023 年版）［M］. 北京：人民出版社，2023.

第三章　公共关系的主体

学习提纲

公共关系主体的类型
公共关系部的特点与结构
公共关系公司的分类与工作原则
公共关系部与公共关系公司的优劣势比较
公共关系从业人员的素养与职业准则

公共关系是由公共关系的实施者、公众、传播三个要素构成的，公共关系实施者是公共关系的主体，也是公共关系中不可或缺的重要因素。

第一节　公共关系主体概述

学习视频：公共关系的主体

一、公共关系主体的含义

公共关系主体是公共关系的实施者，即公共关系活动的发动者、组织者、控制者和利益者，处于主动地位。

从传播学的视角来看，公共关系的主体应是一切需要开展公关活动的对象。所以，小到个人，中到社会组织，大到国家都需要运用公共关系的手段来谋求认同、树立形象，营造良好的生存与发展空间。因此，公共关系的主体并非只有社会组织。我们可以将之概括

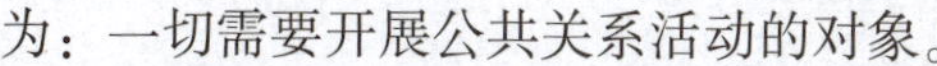

为：一切需要开展公共关系活动的对象。

二、公共关系主体的类型

从微观、中观和宏观三大层面对公共关系主体进行划分，可以分为三大类型，即个人、社会组织、国家。本教材以社会组织的公共关系研究为核心。

（一）个人

个人公共关系是以个人形象为出发点，有计划、持续性地运用公共关系的手段，建立或维护个人与其特定公众之间的相互了解和彼此认同，塑造个人品牌形象。根据个人性质不同，可以将个人公关细分为独立个人与组织代言人两种类型的公关。

独立个人的公共关系，也是一种“自我的营销”，旨在通过公共关系手段来树立自我形象或打破人际关系的某种隔阂，它被视为“人际资产学”，它是个人成功的重要基础和前提。无论是政治人物、学术权威、影视明星、体育健儿，还是普通大众，都需要运用公共关系手段来创造识别与认同。

阅读 3-1

姚明：“个人公关”时代的报春鸟

中国著名篮球运动员姚明可以说是“个人公关”时代的先驱者。2003 年 5 月，在全国抗击“非典”期间，结束 NBA 第一个赛季回到上海的姚明发起了一系列的公关活动。5 月 11 日，姚明与上海体育频道共同赞助了一个名为“超 G 明星、超 G 爱心——抗击‘非典’互动访谈直播”的节目，这个活动的发起人是姚明。他通过电话采访、发表公开信、电视演讲等方式动员公众捐款。在活动中运用了人际传播、组织传播、媒体广告等多种公共关系手段，进行了精心的策划。这次公关活动不仅加强了国内外公众抗击“非典”的凝聚力、加强了民族自信，同时，还打造了一个关心公共利益、拥有高度社会责任感和强烈爱国主义精神的个人形象，这为姚明今后事业的进一步发展奠定了良好的基础。[1]

组织代言人的公共关系是指能够代表组织形象的个人公共关系塑造。组织代言人可以是组织选出来的代言人，也可以是组织的领导人。良好的组织代言人形象，可以将公众的认可与信赖，转移为对组织的好感与支持。近年来，“明星企业家”层出不穷，他们依靠无形的个人公关，为组织形象创造了不可估量的价值。当然，组织代言人的公共关系也具有一定的风险性，很可能造成“一荣俱荣，一损俱损”的局面。

阅读 3-2

组织代言人的公共关系

从个人成功转型为企业品牌，不得不说一说“李宁”。早期的品牌形象是建立在李宁个人体育生涯之上的。当然，李宁退役后，这种体育精神与体育形象的传承由当时消费者喜爱的李小双继续发扬光大。作为一个建立在个人名气上的品牌，最大的好处是具有独特的个性，因为创始人本身的个性和成长故事会带给品牌非常丰富的品牌资产与文化内涵。

（二）社会组织

公共关系学的建立是以社会组织的公共关系实践积累而发展起来的，社会组织的公共关系实践活动与事实文本是当今公共关系学研究的最主要内容，也是公共关系事务运作最广泛的载体。社会组织的形式呈现出多样化趋势，依据不同，分类也有所差异。

1. 根据目标特点分类

总体来说，社会组织的目标具有一个本质性的区分：营利与非营利，也就是说，一个社会组织的目标是营利性质的还是服务或公益性质的。根据这个本质性问题，可以将社会组织分为营利性组织与非营利性组织两种。

（1）营利性组织。营利性组织以赢得经济利益为目标，追求价值与利润，如制造业、商贸业、旅游业、交通运输业，等等。这类组织以自身的利益为目标，首先关注组织持有者以及对其经营成败存在决定性意义的消费者，并与其建立良好的关系与认同体系。

（2）非营利性组织。非营利性组织不以营利为目标，而是以社会公共利益为目标，追求社会或公众的整体效益。非营利性组织也可以分为三类，即互益性组织、服务性组织、公益性组织。

互益性组织，重视组织内部成员的利益和共同目标，如职业团体、社团组织、宗教组织等。因此，这类组织的首要任务是增强内部成员对组织的归属感与凝聚力，重视内部系统的无障碍沟通与团结的氛围。

服务性组织，重视其社会服务功能，以其服务对象的需求为目标和公关着力点，如公立学校、公立医院、图书馆、社会福利机构等。这类组织的首要任务是与投资者、协助者及其服务对象建立稳定关系，形成良性互动与情感认同。

公益性组织，重视国家及社会的整体利益与需求，如政府部门、消防队、消费者协会、红十字会等。这类组织的首要任务是维护公共之善、公共精神，为大局利益谋福利，需要更加宽广的舆论空间与认同范围。

当然，营利性组织和非营利性组织都需要“盈利”，只有这样，才有可能长期运营并发展，但营利性组织的“利”在于通过产品或服务获得经济利益；而非营利性组织的“利”在于组织通过为社会提供公共性服务而实现自身价值与社会价值。

这里需要提到的一点是，非营利性组织在社会形象的塑造中具有一定的优势：其一，非营利性组织通常会得到更多知名人士的支持；其二，非营利性组织往往可以得到大众传播媒体的义务宣传；其三，社会大众对非营利性组织常常更加认可与尊重，并拥有初始认同感。不过，无论是营利性组织还是非营利性组织都非常需要开展公共关系活动，以营造更好的生存空间，谋求更多的认同与社会声援。

2. 根据社会职能分类

根据社会组织的工作职能不同，还可以将其分为以下三类，即经济组织、文化组织、政治组织。

经济组织以经济活动为基础内容，它们的主要职能是为社会公众提供物质生活资料和生产资料，如生产性企业、商业企业、金融企业等。

文化组织以文化教育为基本内容，它们的主要职能是为社会公众提供文化、教育等服务，如学校、科研机构、图书馆等。

政治组织以政治活动为基本内容，它们的主要职能是为社会公众提供政治管理服务，如政府部门、法院、检察院等。

阅读 3-3

国务院客户端：政务的可持续互动

2016 年 2 月 26 日，国务院客户端 1.0 版正式上线，提出了“你身边的中央人民政府”这一 Slogan，希望客户端能办实事，让用户能够真正用起来。国务院客户端也确实做到了，其“政务大厅”模块整合了大家最关心的政策更新、民生信息等干货，上线仅 10 个月下载量就达到了 2 000 万。为了维护和增加“激活用户”的数量，国务院客户端在两会期间还推出了《测一测，政府工作知多少》答题送流量活动，这一活动让广大用户以“游戏化”的方式积极主动地去了解政府工作报告的具体内容。2016 年 10 月，“简政放权，我来@国务院”活动，更是覆盖全国 31 个省区市、472 个地市州、2 838 个区县，辐射 4 206 个政务服务大厅、11 902 个办事服务点。

2017 年 1 月 20 日，国务院客户端 2.0 版上线，主张“国务院客户端在你身边”，开辟“关心大事，更关心你”“中英资讯，看你想看”“丰富创意，有料有趣”等鲜明的内容看点，再次让人眼前一亮。“一点也不官僚的官方软件”“首评献给国家”“洋气”等大量正面评价出现在评论区中。

2018 年，国务院客户端 3.0 版上线，官方微信发布了一组微海报（见图 3-1），这组海报的诉求点一一对应“物价、食品安全、就医、社保、职业资格”等热门议题，这些都是近两年百姓最关心、最热议，同时也是存在问题的议题，国务院客户端设置专题一一处理。另外，两会期间还上线了黄渤议政“H5+视频”，为客户端增强了趣味性、看点与热度。[2]

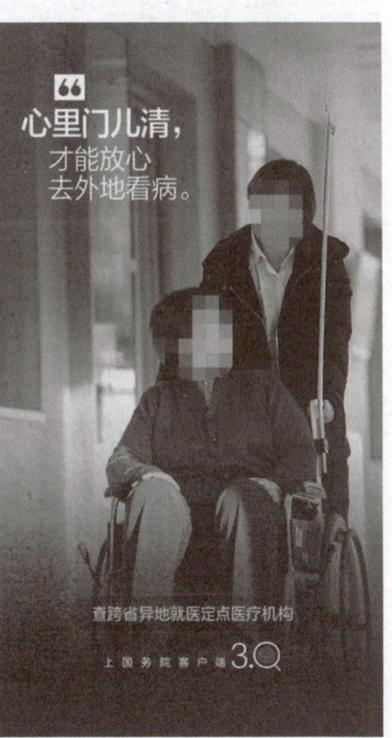

图 3-1　国务院客户端 3.0 版微海报

拓展阅读

增进民生福祉，提高人民生活品质

党的二十大报告提出：我们要实现好、维护好、发展好最广大人民根本利益，紧紧抓住人民最关心最直接最现实的利益问题，坚持尽力而为、量力而行，深入群众、深入基层，采取更多惠民生、暖民心举措，着力解决好人民群众急难愁盼问题，健全基本公共服务体系，提高公共服务水平，增强均衡性和可及性，扎实推进共同富裕。[3]

国务院 App 中提到的就医与社保都是百姓最关注的问题之一。党的二十大也同样回应了百姓。报告指出，要健全社会保障体系。社会保障体系是人民生活的安全网和社会运行的稳定器。健全覆盖全民、统筹城乡、公平统一、安全规范、可持续的多层次社会保障体系。完善基本养老保险全国统筹制度，发展多层次、多支柱养老保险体系。实施渐进式延迟法定退休年龄。扩大社会保险覆盖面，健全基本养老、基本医疗保险筹资和待遇调整机制，推动基本医疗保险、失业保险、工伤保险省级统筹。促进多层次医疗保障有序衔接，完善大病保险和医疗救助制度，落实异地就医结算，建立长期护理保险制度，积极发展商业医疗保险。[3]

（三）国家

除了个人与社会组织可以利用公共关系树立形象以外，国家作为更庞大的系统，也需要树立形象，谋求共识，因此，国家也是公共关系的主体。国家公共关系以政府为实施主体，主要以外国公众为传播对象，运用文化出版物、电影电视剧、文化互动、大众传媒等公开宣传的手段，进行对外的文化宣传与沟通，旨在捍卫国家权益、提升国家形象。

"第一夫人"的外交活动[4]

2013 年 3 月下旬，习近平偕夫人彭丽媛访俄，彭丽媛作为中国"第一夫人"，举手投足间优雅、从容、亲民、贤淑的气质，以及独特的魅力受到世人和国内外媒体的瞩目，同时，也开拓了新的外交形式。

时尚偶像：为中华文化代言

彭丽媛在莫斯科的首次亮相，她的穿着就开始被国内外时尚媒体所关注。访俄当天下飞机，彭丽媛一身海军蓝的长款大衣，沉稳大气、简约质朴。从那以后，时尚媒体甚至开始逐一点评每件衣服。

"丝光效果的蓝灰色中式罩衫及蓝色印花裙展现同色系搭配，素色和印花的比例控制得恰到好处。""一袭端庄的织锦外套向世界展示青花瓷般精美的中国风格，衣服纹样是兰竹和喜鹊登梅等中国传统图案。""中式立领盘扣罩纱长袍，大胆地以紫色刺绣围巾搭配，完全体现了绮丽的中国风情。"

彭丽媛的着装总是展现出非常丰富且传统的中国元素。外媒时尚圈评论说："彭丽媛的个人形象展示了中华文化的含蓄与优雅，用自身的素质与美丽得体充当了中华文化的形象代言人。"

力推国货：超级"推销员"

《时代》周刊认为，彭丽媛的穿着备受好评，原因不仅仅在于得体与美丽，更重要的是彭丽媛的衣着与装饰都是中国自己的品牌，而非国外的大牌与名牌，这很好地"展现了中国制造的魅力"。

广东流通业商会执行会长黄文杰说，目前的国内服装服饰行业一直受到国外品牌的压制，彭丽媛一身本土品牌让他异常兴奋，他说："这一举动给国内服饰品牌一剂强心针，对于身处行业困难的国货品牌意义重大，国内品牌将借此时机走上振兴之路。"当然，除了服饰外，还有彭丽媛的手机也受到关注。中兴的"Nubia Z5 迷你"被证实是"第一夫人"的常用手机，中兴在其官方微博中称"中国梦从中国制造开始"。

2013 年，"第一夫人"彭丽媛入选了《时代》周刊的"全世界最有影响力的 100 位人物"，并称："彭丽媛成为人文中国的代言人"。由中国人民大学新闻学院院长、前国新办主任赵启正主编的《中国公共外交发展报告》一书中，专门用一个章节介绍了"第一夫人"的公共外交，其中提到："彭丽媛的公共外交行为为化解世界对中国的疑虑、增加世界对中国的理解贡献着力量。"

第二节　公共关系的组织机构

学习视频：公共关系机构

公关工作是一项持续、繁杂、计划性很强的工作，需要有专门的机构或部门从事其工

作，这样才能保障公关的职能化与日常化。因此，公共关系的组织机构应运而生。公共关系的机构按其所属关系进行划分，可以分为两个，一个是组织内部的公共关系部，一个是组织外部独立的公共关系公司。

这两大机构是实施公共关系的直接策划者与执行者。

一、公共关系部

了解公共关系部的概念、职能、特点及其组织结构可以有效了解公共关系实施团队的地位、属性和工作状态，从而了解组织内部公共关系的运行方式。

（一）公共关系部及其职能

公共关系部是公共关系主体实现公关目标、执行公关策划、开展公关活动的职能部门。国内外很多组织都设立了公共关系部，但有的也叫公共事务部、公共信息部、公关广告部、传播部、新闻界关系部等。这些名称体现了组织公共关系部不同的工作偏向，但是其工作实质都是公共关系的职能范畴。

公共关系部是组织的信息采集存储中心，发挥着“耳目”的作用；是组织的环境监测中心，发挥着“侦察兵”的作用；是组织的趋势预测中心，发挥着“智囊团”的作用；是组织的对外宣传中心，发挥着“外交官”的作用；是组织的公众接待中心，发挥着“协调员”的作用；是组织的全员公关意识培训中心，发挥着“培训师”的作用。[5]

（二）公共关系部的特点

公共关系部不是基层的生产部门，不是经营与管理的部门，而是高层次的服务部门，它可以为组织的管理决策提供必要的咨询与建议。从机构性质上看，应具有以下四个特点。

1. 专业性

公共关系部的队伍专业化。它要求公共关系部人员应具有强烈的公关意识，具有开拓创新的精神，应该是受过专业公关教育与培训的专职人员，组织绝对不能把不称职的其他部门的员工或者多余的人员插入公共关系部。

公共关系部的工作内容专业化。它要求公共关系部的所有工作都应围绕公关目标进行，不能把公共关系部作为单纯的接待部门、交际联络部门，或当成后勤部、办公室、秘书处等，让公共关系部流于形式。

2. 权威性

公共关系部是代表社会组织工作的，它的一言一行都关系到组织的外在形象，这就要求组织把公共关系部放在非常重要的位置上，使其具有一定的权威性。因此，公共关系部应该被作为高层次的管理机构，而不是附属于其他部门的下属机构；公关负责人应该进入组织的最高决策层，应该有直接向决策层汇报并提出咨询建议的权利。只有这样，公共关系部才能有责有权，才能发挥其权威性的职能与特点。

3. 协同性

在实现公共关系计划的过程中，公共关系部除了应发挥其策划性、战略性的作用外，还应承担沟通、协调、组织各部门的职责。因此，为了保证这种协同性，公共关系部的人员应熟悉各部门的基本任务，并拥有协调指挥的超然地位。

4. 服务性

公共关系部是一种具有服务性质的、较高层次的间接管理部门。首先要明确它是一种服务性质，公共关系不发挥直接的组织管理职能，也不能直接生产物质产品，但是它可以为组织的经营与管理提供有效的咨询建议类服务，这种服务又是一种高级的服务，是具有较高规格、较高层次、较高专业性的服务，公共关系部是通过这种高级的服务间接管理组织形象与发展方向的部门。

（三）公共关系部的组织结构

公共关系部的组织结构没有固定的模式，但公共关系部的结构往往体现着组织领导者的公共关系意识及其对公共关系职能的重视程度，下面介绍三种类型。

1. 部门归属型

部门归属型的公共关系部设置在组织的某二级部门之下，是一个附属机构，处于组织管理的第三个层次，归属于哪个二级部门取决于组织的最高领导者与管理者对公共关系职能的理解。从目前国内外的总体情况来看，公共关系部通常会隶属于以下几个二级部门。

（1）隶属于经营部，这反映了组织将公共关系的职能侧重于生产、营销和流通环节。

（2）隶属于销售部，这反映了组织将公共关系的职能侧重于公共关系的促销功能。

（3）隶属于广告部，这反映了组织将公共关系的职能侧重于公共关系的传播功能。

（4）隶属于人事部，这反映了组织将公共关系的职能侧重于公共关系对内部人事关系的协调功能。

（5）隶属于接待部门，这反映了组织将公共关系的职能侧重于公共关系的社会交往作用。

部门归属型公共关系部的结构设置，侧重于公共关系某一方面职能的发挥，但其咨询建议职能和其战略性思维难以得到充分发挥，在协同作用方面也很难有超然的地位。

这种结构常见于公共关系发展还不完善、领导缺乏公关意识，或对某一需求特别强烈的组织，如图 3–2 所示。

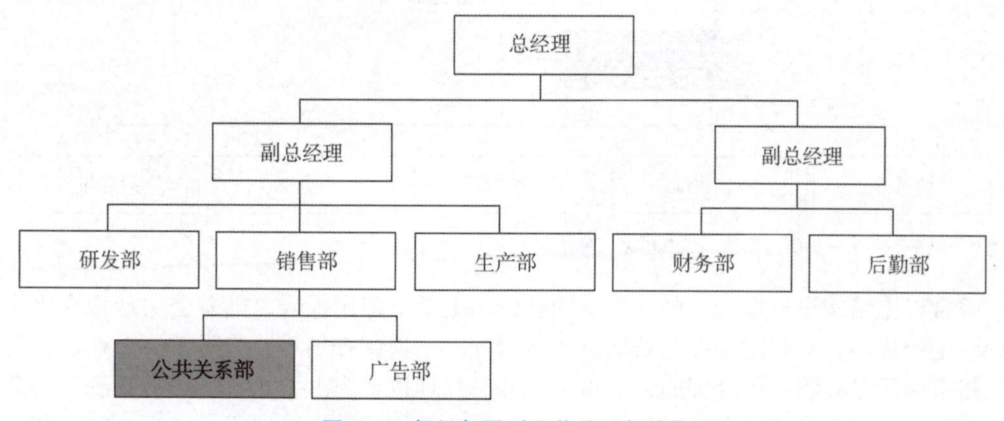

图 3–2 部门归属型公共关系部结构

2. 部门并列型

部门并列型，也叫最高领导间接负责型。这种机构模式下的公共关系部属于组织的二级职能部门，它与组织内部的生产部、销售部、研发部、财务部等处于并列的地位，比部门归属型公共关系部的地位更高一些，这时的公共关系部与组织的高层领导者、决策者可以有更多直接联系的权利与机会，当然，其对组织的决策也可以产生一定的影响，能够独立自主地开展一定的公共关系活动。但是，由于公共关系部与其他部门的并列属性，公共关系部的权限也有一定的范围，还未具有更加超然的地位，与其他部门相互制约，有时可能相互抗衡。

这种结构常见于一些层次结构比较简单、最高领导下不另设副职的中小型组织，如图3-3所示。

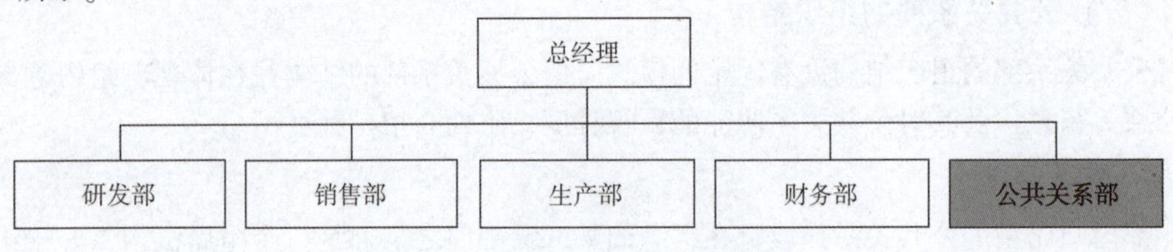

图3-3　部门并列型公共关系部结构

3. 直接隶属型

直接隶属型，也叫最高领导直接负责型。这种机构模式下的公共关系部由组织最高领导管理或由副职领导担任公共关系部负责人。这种模式充分显示了公共关系部在组织中的重要战略性地位。

公共关系部处于中枢位置，可以俯视组织的各个生产、经营、管理等环节，有利于着眼全局；对于组织的公关思想、公关战略、公关政策等具有权威性解读；具有较大权限的独立自主性，可以更加灵活、自由地与其他职能部门沟通；直接参与整个机构的决策活动。可以说，对内协调能力更强、对外传播能力更具说服力。因此，这是一种最理想的公共关系部设置方式。

这种结构多适用于部门多、分工细的大中型组织，如图3-4所示。

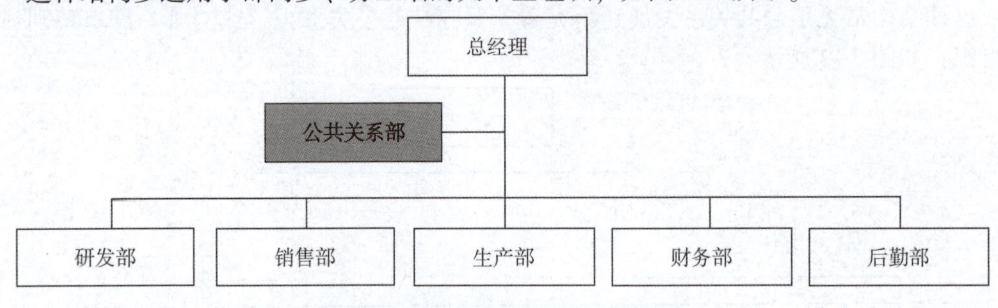

图3-4　直接隶属型公共关系部结构

综合以上结构设置模式，公共关系的地位由上至下依次提升。随着公关地位在组织机构中的定位提高，其职能发挥的效果也逐渐增强。一项调查显示，美国80%企业的公关部是直接隶属于最高领导层管理的，由董事长和总经理执掌的占了52%，居数据统计的第一位；由副总经理执掌的排在数据的第二位；占第三位的才是由一般部门经理主管。英国公共关系学者弗兰克·杰弗金斯也认为："鉴于公共关系工作涉及整个组织的各个方面，把这项工作置于销售经理或人事经理的领导之下是愚蠢至极的。"

格鲁尼格等人提出的"卓越公关理论"也对公共关系部与公关主管的地位有明确的说明。他认为公共关系乃是战略管理。"战略管理"这一概念，使公共关系研究摆脱了作为传播学分支或附庸的地位，也使公关在实践中得以同广告或其他营销传播手段区分开来，并具有价值。在公关的视域中，营销和传播只是手段问题，组织与公众、环境之间的共生系统建设才是公共关系的核心价值。因此，在公关部门的设置与运营层面，应拥有独立且具有统合协调能力的公共关系部，直接向管理层汇报，进入组织的权力中心；公关主管应跻身组织高层；公关部门与营销部门分开，前者不应隶属于后者。[5] 格鲁尼格和亨特的圈图如图 3-5 所示。

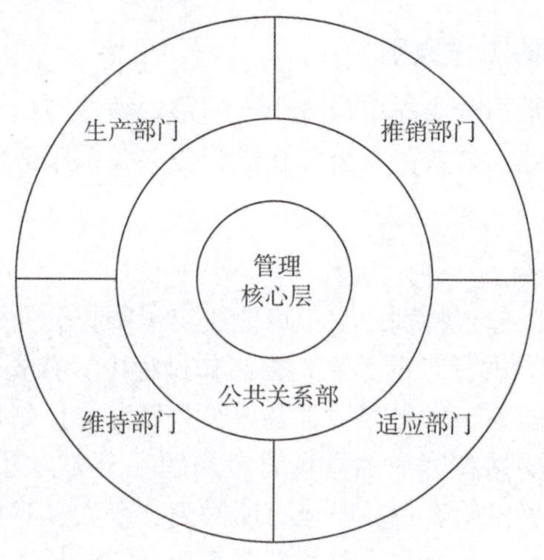

图 3-5　格鲁尼格和亨特的圈图

二、公共关系公司

了解公共关系公司的概念、分类、职能及其工作原则可以有效了解公共关系公司的运行方式，了解公共关系公司的职业操守。

（一）公共关系公司的概念、分类及其职能

公共关系公司，又称为公共关系顾问公司、公共关系咨询公司等，是由公共关系专家及专业人员组成的，专门从事公共关系方面的咨询、策划、设计、调研等服务的机构。不同类型的公共关系公司也具有不同的职能、提供不同的服务。

1. 顾问型公共关系公司

这类公共关系公司也叫作咨询公司，它所开展的业务非常有限，一般仅为客户提供高级调研、战略决策、形象设计等咨询建议类服务，是战略型公共关系的体现，充当客户的“智囊团”，公司拥有非常高端的战略型人才。

2. 专项服务型公共关系公司

这类公共关系公司为其客户提供特定领域的一些服务，如公关广告设计、声像资料制作、市场受众调研、客户形象地位调查；策划并执行公关专题活动、提供高水平的商业礼仪服务等。另外，这类公司还可能专门为某些特定行业服务，如只为工商企业维护良好形象，或专门为公益性组织做公关服务等。这种公共关系公司的专家可能均来自某个领域或擅长某类服务，因此，专项服务型公关公司的服务类别可能相对单一，公司规模一般较小。

3. 综合服务型公共关系公司

这类公共关系公司提供更多层面、更综合的公共关系服务，是集战略型、策略型、日

常型、危机型公共关系服务于一体的大规模公共关系公司，它们必定拥有一大批来自各个领域的专家型人才，有能力、有经验帮助客户应对各种公共关系问题。

中国环球公共关系公司就是一家综合服务型公司，它的主要业务包括：企业发展顾问服务、长期沟通计划、企业定位调查、企业形象设计、市场沟通策略、内部公关方案、投资者关系管理、媒介环境管理、公共事务、政府关系、议题管理、专题策划、危机传播管理、教育培训等。

（二）公共关系公司的工作原则

公共关系公司不仅仅承担着委托单位或个人的形象塑造与信誉传播等工作，还应顾及社会公益与公众利益，因此，公共关系公司在进行公共关系服务的过程中应主动遵守以下三个比较特殊的原则。

1. 维护委托者的利益

公共关系公司提供的服务很特别，它很可能决定了委托公司的生存与发展，并不能完全简化为“一方付款，一方供货”的关系。在工作过程中，首先，要更加关注委托公司社会形象的维护与提升，不能为一时之需损害客户长久稳定的良好形象。其次，要为制定的公共关系活动精打细算，要站在客户的立场思考问题，全力为客户创造最大利益。最后，保证将真实、准确的信息提供给客户，不应有所隐瞒、夸大、避重就轻，不实信息很可能导致非常严重的后果。总之，公共关系公司的服务涉及了委托人的长久之计，其服务的特殊性决定了公共关系公司必须要紧紧围绕委托者的利益来进行谋划。

2. 不干涉委托者内务

公共关系公司受托开展公关活动，在调研的基础上，必然还会让委托单位提供一些必要的组织内部结构信息或人事信息等。这就要求公共关系公司务必严肃对待这些信息，要让这些信息的功用发挥在公关项目之中，而不得利用工作之便对委托单位或委托人的内部事务施加影响，或将自己的意愿强加给对方。特别是在双方的合作结束后，公共关系公司更应强化对自我的约束，不得滥用信息干涉内务，或做出损害客户利益的事情，要做到不谋私利。

3. 保守秘密，避免为相互竞争的委托单位同时服务

公共关系公司在为委托单位或委托人开展公关业务时，为了保证实现公关目标，还往往要求客户提供一些机密文件、商业信息或技术核心。这些信息对于一个组织而言至关重要，是生存发展、经营管理中的核心竞争力。这些信息一旦泄露，将会给委托单位或委托人带来严重的影响或利益损失。因此，公共关系公司必须承诺为客户保守秘密。另外，为确保守密，公共关系公司还要避免为两家互为竞争对手的公司同时提供公关服务，更不能以掌握信息为资本，去为其竞争对手服务，以此获取暴利。这是公共关系公司的行业规则，也是公共关系人员必须具备的职业道德。

拓展阅读

社会主义核心价值观：诚信

诚信是公民道德的基石，既是做人做事的道德底线，也是社会运行的基本条件。现代社会不仅是物质丰裕的社会，还应是诚信有序的社会；市场经济不仅是法治经济，

更应是信用经济。“人而无信，不知其可也。”失去诚信，个人就会失去立身之本，社会就会偏离运行之轨。

我们倡导的诚信，就是要以诚待人、以信取人，说老实话、办老实事、做老实人。激发真诚的人格力量，以个人的遵信守诺，构建言行一致、诚信有序的社会；激活宝贵的无形资产，以良好的信用关系，营造“守信光荣、失信可耻”的风尚，增强社会的凝聚力和向心力。[6]

三、公共关系机构的综合利用

在组织经营与发展的过程中，可能会创建自己内部的公共关系部，也可能不设立公共关系部，而是长期聘请外部的公共关系公司。然而，为了有效开展公共关系活动，有必要了解这两类机构的优势与不足，以便扬长避短、综合利用。下面通过对七个方面的对比，介绍两者的差异。

1. 对组织的熟悉程度

公共关系部的工作人员均来自组织内部，长期在组织内部工作生活，对组织的情况非常熟悉，尤其对组织中的关键环节、关键人物、主要问题、主要症结都了解得比较透彻、准确。同时，这些公关人员在组织内部已经拥有良好的人脉网络，能够及时获取较新、较快、较深层次的信息，这些对于提高公共关系的有效性都非常有利。

而公共关系公司则不太熟悉这些情况，需要客户的详细介绍才能有所了解。但有时，一些环节、数据、详情不便透露，使公共关系公司无法全面了解事件的全貌，导致工作进度和质量有所降低。

2. 服务的及时性

公共关系部对本组织非常熟悉，可以根据环境变化随时为决策层提供咨询建议，特别是突发事件发生后，公共关系部可以迅速冲在一线，做出决策、发布信息、协调关系。不失时机是公共关系工作成功的关键因素之一，因此，公共关系部的及时服务具有重要意义。

而公共关系公司则需要浪费更多的时间去了解组织或危机事件，往往无法第一时间赶赴一线，容易造成时机的贻误。另外，大多数公共关系公司设在大城市，对于地处中小城市的客户来说，聘请公共关系公司非常不方便，即使公共关系公司的专家赶到现场，也可能由于不清楚地方文化、风俗、情感背景等，而无法立即开展公共关系工作。

3. 公共关系工作的连续性与稳定性

公共关系工作是一项长期、持久的工作。组织的公关形象应在一定时期内保持稳定，否则将造成组织识别性的混乱。内部公共关系部的设立可以持续地保证公共关系工作的稳步进行，使组织公共关系达到日常化、职能化；公共关系形象也会始终保持并逐步巩固与提升，这都非常有利于组织社会效益的积累。

由于公共关系公司的费用较高，组织无法常年聘请公关公司，而有限时间内的几次公关活动，无法达成长期树立形象的连续性目标。而且公关公司所设计的某次公关形象很可能与日常形象产生错位，导致组织形象的识别性混乱。另外，公共关系公司不可避免地在意短期目标，而很可能忽略了组织的长远发展计划。

4. 费用开支的合理性

在费用开支的合理性方面，中小组织与大型组织是不同的。

（1）对中小组织而言，依靠公关公司具有一定的优势。

中小组织的公共关系活动不多，如果设置了比较细化、齐全的公共关系部就必须增加人员编制、行政经费，还需要大量的办公设备等投入。因此，对于中小组织来说是不合算的。正确做法是，设置少量人员去处理日常性公共关系活动即可，当遇到危机事件或想要举办大型公关活动时去聘请公共关系公司来完成。

（2）对大型组织而言，依靠内部的公共关系部具有优势。

大型组织每年都会开展非常多的公共关系活动，而日常的公关活动更是数不胜数，如果这些大量的、例行的事务性工作常年聘请公关公司去做，会耗费巨大的财力。因此，发展自己组织内部的公共关系部就非常必要。只有遇到专业性、技术性较强的业务时，再去委托公关顾问协助解决，这样更符合组织长远发展的需求。

总体来说，中小组织适合建立简单的公共关系事务办公室处理日常公关，而其他公关事务可以聘请公共关系公司来策划；而大型组织则更适合建立全面、细化的公共关系部来处理自身大部分公共关系活动，遇到自己无法解决的重大问题时，再去求助公共关系公司较为合理。

5. 分析问题的客观性

公共关系部是组织的一部分，其工作人员在处理问题时，往往容易受到内部人际关系等因素的影响，无法做到真正的客观与无私。如担心得罪领导者、违心迎合、不实报道、掩盖细节等，这些主观情绪与做法很可能导致公共关系工作的失误。另外，所谓“当局者迷”，内部公共关系部在看待问题时很可能陷入“死角”而无法得出客观的分析与判断。

公共关系公司则远离人事关系，不需要考虑过多主观情绪与人情。另外，身处其外，使公关公司更容易看清问题的症结，并客观、公正地进行分析与处理。

6. 社会联系的广泛性

公共关系公司活跃于整个社会环境，在相对长期的工作过程中，它曾受聘于众多领域的客户，同时，也与各种类型的组织、各种类型的公众建立了广泛密切的联系，这使公关公司拥有了比较全面的信息资源，比较广泛的社会通信网络，以及更加全面的公众反馈渠道，这些都是公共关系工作非常重要的社会资源。

而内部的公共关系部可能大多仅对本行业、本领域的组织或公众有较为深入的接触和联络，更多地与组织自身的业务范围有关。因此，和公共关系公司相比，在社会网络以及信息资源方面有较大差距。

7. 职业水准

公共关系公司有较高的职业水准，主要原因有以下几点。

第一，公共关系公司因为门类的设置非常细化，因此，他们拥有技术过硬的“专精”人才，不必一人从事多角。比如，公共关系公司有专门的公关调研团队、战略咨询团队、专题活动执行团队、法律事务团队、公关新闻团队、公关广告团队、美术制作团队、文字声像资料的设计团队等。这必然比人员数量相对较少的公共关系部的工作质量高。

第二，公共关系公司对于处理各类复杂局面拥有丰富的经验。它们所承揽的大多数业务都是一些组织很难自己解决的，在这些高精尖业务中长期摸爬滚打的工作实践使公共关系公司积累了丰富的经验，练就了较高的技术水平。而公共关系部则缺少复杂工作的磨砺。

第三，公共关系公司还承担着帮助组织的公共关系部培训的业务职能，这也要求其工作人员必须具有较高的职业水准，只有这样才能胜任培训师的工作范畴。

当然，未必所有的公共关系部均不如公共关系公司，一些跨国企业的大型公共关系部也拥有“专精”人才和超级团队，他们的职业水平不比一些小型的公共关系公司弱，在职业水准方面，不能一概而论。

以上总结了公共关系部和公共关系公司在一般情况下的优势与劣势，当然并非绝对，但可以发现完全依靠公共关系部或完全依靠公共关系公司是不可取的，应根据自身规模、状态及外部环境，衡量优势与缺陷，综合利用公共关系部与公共关系公司。

第三节　公共关系的从业人员

学习视频：公共关系从业人员

公共关系从业人员是影响公共关系活动成功与否的最基本要素。近年来，公关从业人员的数量不断增加，且增长十分迅速，公关行业已经成为为数不多的高薪行业之一。当然，高薪职位自然对应着极具挑战性的工作。因此，作为一名公共关系从业者，必须具备全面的知识结构、精专的职业技能、较强的个人能力以及良好的心理素养与道德品质。

一、公共关系从业人员的角色

公共关系工作由于性质、范围、职能不同，从业人员所充当的角色、承担的责任与义务也不相同。大体来说，有以下四种角色：专家型、领导型、技术型、事务型。

（一）专家型角色

专家型角色是研究和解决公共关系理论与实践问题的权威，他们有渊博的知识、丰富的经验、较高的理论水平与宣传推广能力，他们是公共关系队伍中的中坚力量。公共关系顾问就是这种高级工作者，其主要任务可能包括以下几方面。

（1）制定公共关系方案，提供决策建议。

（2）建立与公众的沟通渠道，协调各方关系。

（3）提供各种公关咨询服务，解决公关难题。

（4）指导或培训普通公共关系人员。

（二）领导型角色

领导型角色是公共关系机构中担任领导职务的人，如经理、部长、主任等。他们是一个部门进行公共关系工作的总设计师，他们的工作牵扯面很广，对组织能力与协调能力的要求较高。其主要工作可能包括以下几方面。

（1）制定本部门公共关系工作的总体目标、具体方案与细化程序，为每阶段、每时期制定明确、具体的任务。

（2）对公共关系事务所需的人力、物力、时间、费用等进行精准的估算与分配，以确保公关工作的顺利运转。

（3）参与高层决策活动。从公共关系的视角为组织高层提供参考意见，使公共关系的职能得以充分发挥。

（4）处理公共关系部内部的各种问题，包括领导、检查、监督等。

（5）总结内部工作成绩与问题，向上汇报，向下激励与展望。

（6）对外可以承担组织的新闻发言人。

（三）技术型角色

技术型角色是公共关系机构中从事专项技术的业务工作人员，主要包括公关记者、公关编辑、摄影师、摄像师、设计师、调研员等，在公共关系部充分发挥他们各自的技术专长。其主要工作可能包括以下几方面。

（1）撰写公共关系新闻、内部宣传材料、工作报告、股东资料等。

（2）拍摄图片或影像素材。

（3）制作公共关系宣传片、公共关系广告、海报等图文声像宣传材料。

（4）策划与制作组织内部杂志、股东杂志、内部电台或电视台节目等。

（5）进行科学、精准调研，利用大数据、统计学分析数据。

（6）新媒体与网络维护等。

（四）事务型角色

事务型角色是公共关系机构中从事日常的、事务性公共关系工作的人员，包括活动执行、礼仪、秘书、办事员、服务员、接待员、翻译等。他们从事着大量杂乱的基础性工作，是最基层、最普通的公共关系人员，一般不参加公共关系事务的决策活动，但他们的工作事无巨细，同样是公共关系能够顺利进行的有力保障。其主要工作可能包括以下几方面。

（1）实施或筹备已经拟定好的公共关系工作计划。

（2）接待宾客、安排食宿、解说、导游等。

（3）回访客户、接待投诉、听取意见等。

（4）筹备新闻发布会、股东大会等细节工作。

（5）整理资料、进行归档、文秘工作。

二、公共关系从业人员的素养

公共关系机构中的从业人员拥有不同的角色，当然，性格、知识结构与能力相匹配才能胜任其工作。因此，以下从性格、知识结构、能力三个方面阐述公共关系从业人员的素养要求。

（一）性格

性格是一种表现人的态度和行为方面的较稳定的心理特征，是个性的重要组成部分，与人的气质密切相关，优秀的公共关系人员应在性格上具备以下特征。

1. 开朗宽容

人的性格在沟通交流中十分重要，公关工作要求与各种类型的公众打交道，因此，性格内敛、忧郁的员工显然不适合从事公关行业。而开朗外向的人常常充满热情、富于朝气、拥有亲和力，比较容易创造深层次的情感交流环境，能够给对方以乐观向上、宽容豁达的印象。因此，开朗的个性往往成为促使公共关系顺利展开的强大助力。

公共关系从业人员还应宽容待人，如果言辞之间或咄咄逼人、或好为人师、或容不得异见，则非常容易造成人际交往的紧张气氛，也不利于形成良好的交往基调。因此，公共关系人员应懂得换位思考、善解人意、与人方便，而不要把自己的成就感建立在他人尴尬的基础上。

2. 沉着坚定

公共关系人员常常要面对异常复杂、矛盾交织的各种人与事，因此，必须遇事沉着、审慎思考。要在大事当头的时刻冷静下来，沉着地思考问题，果断而不武断，要在极短的时间内透过现象看到本质。不冲动，不头脑发热，忙而不乱，有条不紊。

而顽强坚定的毅力也是公共关系人员成功的重要因素，要在困境中不放弃，要勇于尝试各种办法达成目标，要有锲而不舍的坚韧性格。

3. 富有幽默感

幽默是公共关系语言的重要特点之一。列宁曾说，幽默是一种优美的、健康的品质。幽默的语言使交谈变得有趣生动；幽默的语言可以在善意的微笑中化解尴尬；幽默的语言可以不伤害地点明缺点，也能更加有效地表达赞赏。公共关系人员要学会幽默，掌握幽默的技巧，因为幽默是一种智慧和巧思的重要表现。

阅读 3-5

招聘公关人员

一家公司招聘公关人员，经过笔试的筛选之后，只剩下 8 名考生等待面试。主考官的问题是：“请您把大衣放好，在我面前坐下。”然而，在面试的房间中，只有一排桌子和一排椅子，而且这是主考官们坐的和用的，并没有多余的桌椅了。

两名考生听到考题后，直接愣住了，不知所措；另有两名考生急得直流眼泪；还有一名考生听到提问后，脱下大衣，直接放在了主考官的桌子上，甚至有些生气。当然，这几名考生都没有被录用。只有一名考生通过了测试。这名考生是这样做的，他很从容地走出门去，把候考室的椅子搬过来，脱下大衣放在椅背上，自己坐在椅子上，说：“谢谢考官，愿听下一道问题。”

为何这名考生面试成功了呢？不难看出，他具备了公关人员应有的性格。首先，他具有沉着冷静的性格，在非常奇怪的氛围中能冷静思考，不慌张、不忙乱，能从现象中看到问题的本质。其次，他具有坚定勇敢的性格，在主考官的注视之下，能够勇敢尝试，没有条件创造条件达成目标。再次，他具有开朗宽容的性格，在看似无厘头的要求中，能够乐观应对，并宽容对待无理要求。最后，在这个过程中也体现了他幽默机智的个性，在行动后，他并不知道自己是否正确，但是能够用幽默化解这种尴尬，“愿听下一道问题”直接把话题引入了下一个环节。

（二）知识结构

只有性格相符，还远远不够，从事公关行业还必须具备相应的知识结构，它是创造性地开展公关工作的重要保障。

美国公共关系协会列出了一项公共关系从业人员的知识清单，其中提到了近 20 种知识，包括新闻写作、公共关系理论、演讲与谈判、舆论调查、小说创作、杂志记事、撰写论文、地方报纸研究、摄影杂志研究、传播学研究、工业情报编辑、撰写评论文章、印刷技术、制作广告、媒体调查、撰写科学记事、广播和报业法规、报业史研究等。将这些概括起来，应包括以下三类知识。

1. 公共关系专业知识

掌握公共关系学专业知识是其从业人员能够完成工作的最基本要求。如果没有公共关系的特征、分类、要素、公关调研等相关知识的支撑，则无法正确分析错综复杂的公关现象；如果没有公共关系基本原则、危机处理原则作为办事依据，很可能出现原则性、致命性的决策失误；如果没有公共关系程序的指导，则可能出现本末倒置的现象。可见，公共关系专业知识对于从业人员来说是最基本的工作要求。

2. 背景学科知识

公共关系学是一门较新的学科，具有多学科交叉的特点。公共关系从业人员在掌握专业知识以外，还应广泛涉猎其他学科，如新闻学、传播学、广告学、心理学、修辞学、逻辑学、管理学、社会学，等等。这些领域的知识积累可以帮助公共关系从业人员创造性完成公关任务。例如，对新闻学有一定了解，便可以充分发挥公关新闻的作用与优势；对修辞学、逻辑学有一定了解，则在新闻发布过程中可以更有效、更智慧地回答尖锐问题，以缓解冲突；对管理学有所涉猎，则可以在内部公关的策略中探索更多技巧与方法。另外，对历史知识、艺术知识、民族宗教知识等方面有所涉猎，还可以使公关方案更加富于文化色彩、艺术品质、民俗情感。

3. 操作性知识

操作性知识，包括广告设计、公关新闻与公文的写作、演讲与谈判、市场调查与受众调查、公关礼仪、计算机软件的相关操作，等等。对这些知识与技能的掌握对提高公关人员的实际工作能力有着最直接的帮助。

总体来说，公共关系从业人员的知识结构应该是 T 字形的，即专业知识要深，一般知识要博。公共关系从业人员应该是集专才与通才于一身，熔科学和艺术于一炉的。应具有哲学家的思维、经济学家的头脑、组织家的才干、政治家的胸怀、外交家的纵横、企业家的胆识、军事家的果断、宣传家的技巧、战略家的眼光、幻想家的想象、律师的善辩、记者的敏感。

阅读 3-6

巧对征税危机[7]

法国是一个盛产葡萄酒的国家，有着很高的酿酒与鉴酒技艺。因此，进入法国的葡萄酒市场是一件非常困难的事情。

而我国四川农学院的留法博士李华经过数年的努力，终于让中国的葡萄酒奇迹般地进入了法国市场。然而，当葡萄酒从中国香港再出口时，海关方面表示：土酒征80%的关税，洋酒征300%的关税，而李华博士的这种葡萄酒属于洋酒，要求按照洋酒来征税。面对这种情况，李华博士吟出唐代诗句："葡萄美酒夜光杯，欲饮琵琶马上催。"并解释说，葡萄酒在中国唐代就可以生产了，而唐朝已经有1 000多年的历史，英法葡萄酒生产的历史可能要比中国晚上几个世纪吧。海关方面心服口服，于是承认按土酒征税。

（三）能力

能力是知识与经验的集合，公共关系人员在拥有知识的基础上，还要积极应用于实践，并积累为自己的能力。公共关系工作要求其从业人员应拥有以下的能力。

1. 表达能力

表达能力是指运用语言、文字、动作等明确有效地将信息、观点、态度传递给他人的能力。公共关系本质上是一种传播活动，是一种双向的信息互动过程，因此，表达能力起到了非常重要的作用。表达能力包括演说能力、谈判能力、说服能力、阐释能力、协调能力、概括能力、写作能力和非语言的传播能力等，可以归纳为以下三种形式。

其一，文字表达。要求公共关系从业人员应该能够撰写各种公文、公关新闻稿、评论通讯、人物特写、公关报告、发言稿、演说词、解说词、说明书等，应该能够做到清晰、明确、规范，具有说服力。同时，还应尽量润色行文，使语言清新、生动、流畅、亲切或有美的感受。

其二，口头表达。要求公共关系从业人员能够吐字清晰、阐述明确、反应迅速、脉络清晰；另外，还要善于抓住听众的心理，用恰当的语速、语量、音量去匹配其心理、氛围与各种场合；当然，如果能做到妙语连珠、风趣幽默、具有创意则更为上乘。

其三，形体表达。形体表达是利用身体形态、动作手势、面部表情、下意识动作等进行情感和信息传达的方式。

公共关系从业人员要善于根据不同的场合与公关目的，充分运用肢体语言把信息传达给受者，将三种表达结合在一起，以获得最佳效果。

阅读3-7

非语言因素的表达

目光、表情、手势、笑容等都是主要的非语言因素，在人际交流过程中都起到了非常重要的传达信息的作用。有西方学者调查得出数据，人们在日常生活中，用语言传达的信息只占一小部分而已，而65%以上的信息都是来自非语言因素的呈现。

首先，目光是最容易传达思想感情的工具。美国心理学教授发现了瞳孔现象：当人们看到漂亮的异性或心动的事物时，瞳孔会不由自主地扩大；反之，瞳孔会缩小。因此，阿拉伯商人谈判时喜欢戴墨镜，担心自己的瞳孔暴露内心活动。当你的听众眼睛开始不停转动，说明对方正在积极活跃地思考你说的话，有时可能表现为一种怀疑；如果你的听众频繁眨眼或老往别处看，他可能已经不感兴趣了，甚至十分厌烦；如果对方在你的目光注视下，不回避，说明对方很自信。国外一家石油公司为了招聘能控制局面的人，采用了"目光战"，测试员长时间注视应聘者，大部分应聘者手足无措，少部分不仅不躲闪，还会看回去，表现出高度的自信。

另外，手势也是非常重要的肢体语言。用手遮头，可能内心正在尴尬或为难；用手托住额头可能会表达出或害羞、或困惑、或为难；双手相搓则表现说话人陷入了急躁的状态；双手叉腰则可能表达出一种挑衅或示威，有时候也表达出骄傲与自信；如果对话人有小幅的手指动作，如敲击桌面或开始画圈，表明他对你的话题失去了兴趣；双手抱在胸前是一种封闭自己、有防御心、不够信任、自我保护的外显；双手插兜则体现出内心的紧张情绪，或对面临的事情没有十足的把握。

2. 组织能力

为了使公关工作能够有条不紊地展开，公共关系从业人员还应该具有较强的组织能力。组织能力是指为了达到预期目标，而有计划、有步骤、有体系、统筹性地安排与执行某项活动的实际操作能力。公共关系活动本身就是一项极具目标导向性的工作，因此，公共关系从业人员就更应该懂得如何周密设计，如何化繁为简，如何统筹规划，以期顺利完成这些繁复的实际工作。

阅读 3-8

一桶粥里的管理学

有七个人每天生活在一起，每天一起吃一桶稀粥，但是粥每天都不够吃。开始时，他们每天抽签来决定谁分粥，但是一圈下来，他们只有自己分粥的那天可以吃饱。接下来，他们决定选出一个有威望、值得信任的人主持分粥。但是不久后，他们发现这个人开始有了偏向，再也不是那个道德高尚的人了，大家不再信任他。最后，他们终于想出了一个好方法，他们开始轮流分粥，但这个分粥的人只能先让其他人选粥，他只能选择最后被剩下的一碗。不难想象，为了不让自己吃到最少的那一碗，每个人分粥时都希望能够尽量分得均匀些。从此以后，这七个人再也不用为了一碗粥而吵吵闹闹、不得安宁了。

从上面的故事，我们可以看出组织管理的重要性。不同的协调方法，可以产生截然不同的结果。因此，要达到最好的效果，一定要选择最恰当的组织管理手段。

3. 社交能力

社交与沟通能力是衡量公共关系从业人员能否适应现代社会需求的重要标准。缺乏社会交往能力的人往往有一道无形的心理屏障，这道屏障使自己与他人之间永远存在隔阂，无法做到协调矛盾、维护关系。

社会交往能力所涉及的范围比较广泛，包括推销自己的能力，与他人融洽相处的能力，倾听、赞美、理解他人的能力，影响、改变他人态度的能力等。当然，还要求公共关系从业人员懂礼仪、重举止。

4. 信息捕捉能力

公共关系从业人员要眼观六路、耳听八方，保持灵敏的信息嗅觉，善于观察别人不易察觉的信息，善于从杂乱事物、流言、数据中寻找规律、分析本质，并设法将之转化为自身的公共关系机会。

5. 创新能力

在公共关系工作中，如何才能吸引并维持公众的注意，主要靠的是创新，只有不断求新、求异，才能在激烈的竞争中脱颖而出。要敢于想别人不敢想，做别人从未做的事，要不断突破常规思维，大胆设想，才能紧紧抓住公众的眼睛。

6. 应变能力

应变能力是应对突发状况的能力。公共关系工作常常会遇到令人尴尬的事件，如何使自己在不利的形势之下扭转局面，如何在突发事件中做到处乱不惊、临危不乱，这就需要公共关系从业人员有灵活的头脑、冷静的思考、果决的判断和技高一筹的应变能力。

三、公共关系从业人员的职业准则

公共关系从业人员必须自觉遵守一定的行为准则和道德规范，本教材将《国际公共关系道德准则》与《中国国际公共关系协会会员行为准则》全文转载，以明确公共关系从业人员的基本职业准则。具体内容见附录一、附录二。

拓展阅读

社会主义核心价值观：敬业

社会主义核心价值观“敬业”是对公民职业行为准则的价值评价，要求公民忠于职守，克己奉公，服务人民，服务社会，充分体现了社会主义职业精神。

敬业价值观具有悠久深厚的历史积淀，是中华民族的传统美德。从古至今，中国人秉持着敬业的思想观念。孔子在《礼记·学记》中提到“三年视敬业乐群”，在《论语》中主张“敬事而言”；诸葛亮在《后出师表》中提出“鞠躬尽瘁，死而后已”；杜甫诗句“为人性僻耽佳句，语不惊人死不休”；韩愈名句“业精于勤，荒于嬉；行成于思，毁于随”。毛泽东提出“全心全意地为人民服务”，把敬业推到了最高境界。[8]

开卷有益

心理学与创造性思维[9]

从心理学领域来说，在创造性思维中，其创新的成分更多地体现在发散思维上，而发散思维表现于外部行为的三个特征，即变通性、流畅性、独特性。大家可以根据这三个方面测试一下自己的创造性思维、发散性思维如何。

（1）变通性，又称灵活性。它是指发散项目的范围或维度。发散的范围越大，维度越多，变通性就越强，也就是表现为随机应变，举一反三，触类旁通，不易受到功能固着等心理定式的影响，能产生超常规的新观点。比如，请你回答“砖头有什么用?”通常的回答是砌墙、铺路、造房，这些都是砖头固有的功能。如果你只能想到这些，说明你被固有思维所束缚，这就是功能固着，它影响着思维的变通性。如果你可以联想到代替尺子画线、当镇纸、垫东西、制作工艺品等，则表明你的思维有较强的变通性。心理学家吉尔福特编制了一个测试：要求在 8 分钟内说出红砖的用途，说出的类别（盖房子、筑墙、铺路都属于建筑用途，属于一类）越多，表明思维变通性越好。

（2）流畅性。它是指单位时间内发散项目的数量。流畅性好即能在较短的时间内表达出较多的项目，反应既快又多。这里强调在一定的时间内说出的数量越多越好，不考虑类别的区分，这时的盖房子、筑墙、铺路可以算作3个思维成果。也就是说，如果你能说出来的类别比较单一，但数量很多，表明你的流畅性很好，只是变通性一般。当然，如果你说出的数量多且类别也多，说明你拥有较好的变通性和流畅性。

（3）独特性，也称独创性。它是指对问题能提出超乎寻常的、独特新颖的见解，这也是发散性思维最重要的特征。吉尔福用“命题测试”来测验独特性，即给出一段故事，让被测人给故事拟题。题目越别具一格、奇特新颖，则被测人思维的独特性越好。

人的创造性思维水平各不相同，如果一个人能同时拥有变通性、流畅性和独特性，那他的创造性思维能力会很强。公共关系从业人员需要拥有这种创造性思维，这对战略传播策划具有非常重要的意义。

本章小测试

不定项选择

1. 无法发挥公共关系战略职能的组织结构模式为（　　）。

A. 部门归属型　　B. 部门并列型
C. 直接隶属型　　D. 最高领导直接负责型

2. 最理想的公共关系组织结构为（　　）。

A. 部门归属型　　B. 部门并列型　　C. 直接隶属型　　D. 部门隶属型

3. 撰写公关新闻，属于公共关系从业人员的哪种角色？（　　）

A. 专家型角色　　B. 领导型角色　　C. 技术型角色　　D. 事务型角色

4. 关于公共关系从业人员素质，下列说法错误的是（　　）。

A. 公共关系从业人员应该沉着坚定
B. 公共关系从业人员应该具有广博的知识底蕴
C. 公共关系从业人员应该具有较强的信息捕捉能力
D. 公共关系从业人员应该不苟言笑

5. 公共关系的主体包括（　　）。

A. 个人　　B. 营利性组织　　C. 国家　　D. 非营利性组织

6. 非营利性组织包括（　　）。

A. 互益性组织　　B. 服务性组织　　C. 公益性组织　　D. 营利性组织

7. 政府属于（　　）。

A. 经济组织　　B. 文化组织　　C. 政治组织　　D. 公益性组织

8. 关于公共关系公司的工作原则，下列说法错误的是（　　）。

A. 维护委托者的利益　　B. 干涉委托者的内务
C. 保守秘密　　D. 为相互竞争的委托单位同时服务

9. 下列属于公共关系部优势的是（　　）。

A. 对组织的熟悉程度　　B. 服务的及时性

C. 分析问题的客观性　　D. 社会联系的广泛性

10. 下列属于公共关系公司优势的是（　　）。

A. 公关工作的连续性　　B. 公关工作的稳定性

C. 职业水准　　D. 分析问题的客观性

本章重点思考

1. 公共关系主体的类型。
2. 社会组织的分类。
3. 公共关系部的特点。
4. 公共关系部的三种组织结构。
5. 公共关系公司的工作原则。
6. 公共关系部与公共关系公司的优劣。
7. 公共关系从业人员的素养。

资料来源

[1] 黄知常. 姚明："个人公关"时代的报春鸟［J］. 公关世界，2003（08）：12.

[2] 宋观. 国家公关：从全国两会到博鳌论坛［J］. 国际公关，2018（02）：38-41.

[3] 党的二十大文件汇编［M］. 北京：党建读物出版社，2022.

[4] 段娟娟. 公共关系学教程［M］. 北京：中国人民大学出版社，2017.

[5] 陶应虎. 公共关系原理与实务［M］. 3 版. 北京：清华大学出版社，2015.

[6] 任仲平. 凝聚当代中国的价值公约数——论培育和践行社会主义核心价值观［J］. 理论学习，2015（05）：4-8.

[7] 周华安. 公共关系理论、实务与技巧［M］. 6 版. 北京：中国人民大学出版社，2019.

[8] 虞蛟. 爱岗敬业精神刍议［J］. 乌蒙论坛，2016（03）：49-53.

[9] 陈锐，倪恒，余小梅. 传播心理学［M］. 北京：中国人民大学出版社，2022.

第四章　公共关系的公众

学习提纲

公众的概念与特征
公众的五种分类
公众的三种心理倾向
公众的四种心理定势

公共关系的公众，也就是公共关系的对象。成功的公共关系离不开全面、准确、精细的受众定位、分类与分析。因此，研究公共关系公众对公关策划的实施成效具有重要作用。

第一节　公众的概念和特征

学习视频：公共关系的公众

一、公众的概念

公共关系中的“公众”是一个极其重要的界定，它不同于一般意义上的公众。一般意义上的公众是指“社会上大多数的人，”这些人是作为群体而存在的一般民众，它既可以指涉具有政治色彩的人民群众，也可以指涉社会学意涵中的大众。

而公共关系中的“公众”概念与“人民”“大众”“受众”“群众”等不同，它具有特定的内涵。它特指公共关系主体交流信息的对象，可以被定义为因面临某种共同问题而形成，并与社会组织的运行发生直接或间接联系的社会群体。任何一个公关意义上的“公

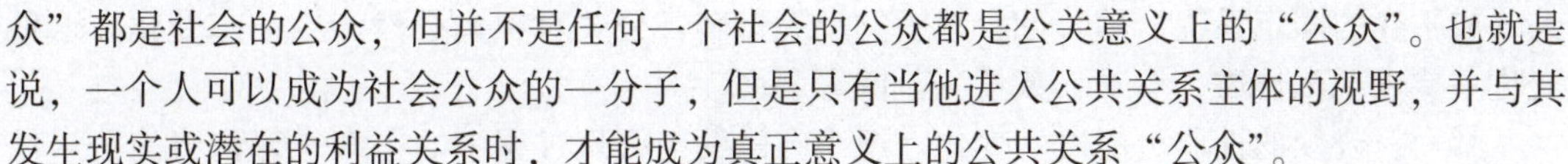

众”都是社会的公众，但并不是任何一个社会的公众都是公关意义上的“公众”。也就是说，一个人可以成为社会公众的一分子，但是只有当他进入公共关系主体的视野，并与其发生现实或潜在的利益关系时，才能成为真正意义上的公共关系“公众”。

在这个定义中，我们应关注三个重要的因素，以此来深入理解公众的概念。

其一，公众是与社会组织已经发生或将要发生联系或相互作用的一群人，他们面临着相同的问题或具有一定相同的属性；也就是说与组织无关的社会大众不是组织的公众，我们可以把他们叫作非公众。在这一层面上来看，公众的全称应该是“组织的公众”。无组织，则无公众。

其二，公众与社会组织之间可以具有直接的联系，也可以具有间接的联系，但两者一定是有关联性的。公众与组织之间的联系既包含强关系，也包含弱关系，这种强弱关系有时会随着时空变化而改变。

其三，公众这个社会集合可以是个人、群体或团体。这种分类从数量和属性两个方面反映了公众的集体面貌。公众是一个集合性的概念，组织的公众一定是一个庞大的群体，而非简单的几个人。

二、公众的特征

（一）同质性

同质性是指公众的性质特征。对于组织而言，公众绝对不是普通的社会群体，而是具有某种内在同质性的群体。比如，在著名歌星的演唱会上，台下上万粉丝一起欢呼雀跃，他们是这名歌星的公众，因为他们具有共同的爱好与兴趣，有共同关注的人与事；再如，吃了同类药品而发生中毒的情绪激动的病人们，他们是这类药品公司的公众，因为他们面临着共同的问题，拥有共同愤怒的对象；而来到商场同一品牌选购衣服的顾客是这一品牌的公众，因为他们具有共同的需求与喜好。

我们发现，组织的公众是具有某种内在同质性的群体，这些共同点可能包括共同的利益、共同的问题、共同的需求、共同的目标、共同的兴趣，等等，而这样的共同点使这群人产生出共同或相似的态度与行为。因此，社会学家布鲁默把公众定义为“面临相同问题”的群体。

（二）群体性

群体性是指公众的总体特征。公众是由不同的人、不同的群体、不同的团体组成的，是一个群体性环境，这些公众群体之间相互渗透、相互联系、相互竞争，形成了一个复杂、多元且庞大的整体。当然，这些群体之间在很多情况下是相互竞争的关系，他们之间的需求可能是冲突的，他们之间的目标可能是矛盾的，但他们依然是组织的公众，是一个层面的群体范畴。比如，一个超市的两个重要公众中，消费者要求低价，而供应商需要高价，但组织不能顾此失彼，既不能不顾消费者，完全提高商品价格，也不能不顾供应商，无条件压低价格，顾此失彼终将导致部分公众的不满与愤恨、离开与抛弃。这就需要组织必须关注群体内的所有公众，要把公众看作一个系统的、完整的有机体，要懂得进行协调与平衡，只有这样，才能使公关工作做到宏观把握、系统运筹。

（三）多变性

多变性是指公众的动态特征。从系统论的角度来看，公众是一个开放性的体系，绝不是一成不变的固定系统。随着社会组织的动态运转，公关对象也必然产生动态变化。这种变化主要表现在性质、形式、数量、范围等层面。

其一，公众的性质可能发生变化。组织在经营与管理过程中的一言一行都将使公众性质发生转化。今天持有好评的公众明天可能变成了问题公众，而经过了组织的形象恢复后，这些问题公众可能又重新转变为顺意公众。

其二，公众的数量时时刻刻都在变化。组织的公众在数量上永远都无法精确计算，今天的公众购买了产品，使用无感后则可能直接变成了非公众；另外，组织的潜在公众也在时时变化，且无法完全挖掘与统计。

其三，公众的形式也可能发生变化。今天的个人公众，可能是明天的群体公众，更有可能转化为后天的团体性公众。人的社会角色时时变化，当他们充当组织公众的角色时，也将随之变化。

其四，公众的范围也会发生变化。当国内的企业变成了跨国集团，公众的范围也将从国内扩大到国际，公众的范围与组织的经营战略具有一定相关性。

（四）能动性

能动性是指公众的地位特征。组织的公众作为公共关系活动的接受者，但绝不是公共关系的客体，他们不只是被动地接收公共关系信息，而是会从自身利益和需求出发，积极主动地用自己的行为和态度影响社会组织的决策与行动。当然，组织内部公众和外部公众都具有这样的能动性。从内部角度来看，组织员工的专业能力与职业素养影响着组织的运作效能；从外部角度来看，外部公众的态度、意见往往迫使组织改变其目标、决策、工作计划、工作内容、工作方法等。在公关信息的传播过程中，尤其要关注公众的反馈信号。一般而言，公众的反馈信号有三种。

第一种：强化信号。一项公关活动展开以后，公众表现出肯定、支持的态度，这就是强化信号，它反映了公关活动的正向效应，表明公关活动满足了公众的心理与需求，这时公关人员应乘胜追击。

第二种：干扰信号。所谓干扰信号，一方面是指公众行为与传播内容产生了不协调的现象，另一方面是指公众对相关信息的理解产生了歧义。这两种情况均反映出公众背离了公关目标，呈现出侧面或背向的状态。这时公关人员就应及时调整公关方案、改善信息表达方式，以使公关活动产生正向效果。

第三种：逆反信号。当公关方案实施后，如果公众对传播内容做出了正好相反的理解与阐释，或行动上反其道而行之，或情绪上激动、愤怒、冷漠、异常，那么就意味着公关信息的内容、渠道等出现了问题，公关活动应立即停止并采取补救措施。

第二节　公众的分类

学习视频：公众的分类

一个社会组织要常常面临复杂而又广泛的公众，因此有必要将公众进行科学分类。根

据不同公众的特点，对症下药，分别制定相应的工作目标，采取不同的工作方法，才能更好地协调组织与公众之间的关系。

一、根据公众与组织的所属关系分类

（一）内部公众

内部公众归属于社会组织，是组织的一部分，是基本构成要素。内部公众主要包括股东公众和员工公众两类。其中，股东公众包括股民、董事、股票经纪人等。员工公众包括组织高层领导、中层领导、普通职员、勤杂工等。

对于内部公众，公共关系的首要任务应是积极培植内部凝聚力与向心力，努力提升内部公众对组织与工作的满意度。一项调查数据发现，当员工满意度每提升5%，顾客满意度也会具有统计学意义上的提升，可达到1.3%，连带着的是企业效益也将得到0.5%的提高。可见，内部公众的满意程度也是促进组织更好运转的影响因素。

（二）外部公众

外部公众与组织之间不存在归属关系，是除了组织内部公众之外的，与组织直接或间接产生联系的公众。他们分布广泛、数量巨大。一般来说，一个组织常见的外部公众可能包括消费者公众、社区公众、舆论界公众、政府公众、财务公众、竞争者公众、经销商公众，等等。

（1）消费者公众：顾客、用户。

（2）社区公众：员工家属、附近居民及组织。

（3）舆论界公众：新闻界、社会名流、专家权威。

（4）政府公众：纵向政府机构、横向政府机构。

（5）财务公众：当地银行、金融机构。

（6）竞争者公众：同行、替代品行业。

（7）经销商公众：批发商、零售商、代理商、进出口商等。

针对外部公众，公共关系的首要任务应是大力谋求众多公众的认同，树立组织良好形象，营造良好外部舆论环境。

二、根据公众动态发展时序分类

（一）非公众

非公众是公共关系学中的一个比较特殊的概念，它是指与组织不发生任何关系或目前还没有发生关系，也不会发生关系的公众。它既不会受到组织的影响，也不会对组织产生影响。一般而言，他们不是公共关系工作的对象。例如，婴儿可以被看作渔具店的非公众，小水果超市可以被看作央视广告部的非公众。

对于非公众，公共关系工作的首要任务是精准地寻找，并将其排除在公共关系工作的范畴之外，以减少公关工作的盲目性，增强针对性，避免人力、物力、财力的浪费与消耗。

但需要注意的是，有些非公众在条件具备后，很可能演变为潜在公众，公共关系工作要具有超前意识，时刻关注非公众的特征，并在必要的时候实施引导策略。例如，可口可乐在被人们知晓、认可、习惯之前，其工作人员经常去各大学校园做免费活动，在中央广场，他们支起帐篷，摆上桌椅，免费发放午餐与可口可乐，期待培养年轻人对可口可乐的习惯与偏爱，这个过程实际上便是引导“非公众”向“公众”转化的过程。

（二）潜在公众

潜在公众是由于潜在的公共关系问题而形成的潜伏公众或未来公众，他们自身还未意识到将会与组织之间发生更多的交流或联系。在这期间，他们不会采取任何行动，不会对组织产生任何实际影响，但这种状况不会始终持续下去，问题早晚会暴露。公共关系人员必须首先分析潜在公众的未来走向，以此为据执行公关策略。

如果潜在公众在进一步获得信息后，会对组织产生不利因素，那么，公共关系人员必须未雨绸缪，防患于未然，尽力将问题解决在萌芽之中，避免酿成更大的危机；如果无法解决，也应尽快使之获得知情权，避免由于不知情而造成隐患。例如，某品牌汽车发现某车型刹车盘有问题，这时应及时向所有购买该型号汽车的车主发出紧急通知或召回信息，避免发生事故，造成更加严重的后果。这一阶段是公共关系工作最好的时机，其首要任务应是积极发现并寻找潜在公众，及时稳住事态发展。

如果潜在公众在进一步获得信息后，对组织有利，这时，公共关系人员应尽快洞察先机，及时推出相应的公共关系活动使之迅速向知晓公众、行动公众进行转化。例如，通过大数据分析发现某人开始大量阅读、浏览关于购车的信息、车辆的知识等，当地汽车销售就可以向其发出试驾邀约了。

（三）知晓公众

知晓公众是指那些已经意识到问题存在，但是还没有付出行动的公众。从潜在公众转化为知晓公众一般可能有三种情况。其一，潜在公众自己逐渐发现问题，自觉转化为知晓公众；其二，潜在公众在自觉知晓前，通过大众传播媒介看到了关于问题的报道，继而转化为知晓公众；其三，潜在公众在自觉知晓前，组织率先告知问题存在后转化为知晓公众。不得不说，知晓的方式不同，公众的情绪也有极大的差异。自己发现问题或从媒体得知问题存在后，公众的情绪往往非常容易激动，迫切想要进一步了解事情真相、原因以及解决办法，很容易向行动公众进行转化；而由组织率先告知，情况则大为不同，公众的情绪会相对稳定，因为组织在输出告知信息的同时，一定会输出相关原因、措施等附加信息。在这些信息的安抚下，公众会获得安全感，如果组织的措施能够满足公众的心理预期，那么他们很容易接受安排，顺利避免更严重的危机发生。

因此，这一阶段的公共关系工作要求组织具备大局观念，不能怀有侥幸心理，迅速端正积极解决问题的态度，采用行之有效的措施，告知公众、承担责任、控制舆论态势、化解危机，赢得公众对组织的信任。及时性往往是成败的关键。

当然，如果从潜在公众到知晓公众的转化是对组织有利的，那么组织应该积极促成其快速转化。

（四）行动公众

行动公众是指那些不仅意识到问题存在，而且已经开始采取实际行动以求解决问题的公众。行动公众由知晓公众转化而来，他们会因为组织并未采取行动而产生负面情绪，不再满足于表达意见，而是采取行动，如求助媒体、政府部门，或诉诸法律。行动公众的负面行为将对组织产生严重的影响，对组织的发展极为不利，甚至直接构成威胁。因此，面对行动公众，组织应积极开展补救工作，努力化被动为主动，挽回自身的信誉与形象，重新获得这部分公众的好感。当然，当公众演变为行动公众再开展公关工作已经太晚，组织已经遭受了不良影响，因此，公关工作应尽可能提前，在公众知晓时，甚至潜在时就应开展。

同样，如果行动是正向的、积极的，那么公关工作应积极促成并指导这些公众。

从非公众到行动公众是一个动态的过程，并可以互相转化。随着对信息掌握程度的加深，公众对组织的影响也会越来越大，当然这既可能包含坏的影响，也可能包含好的影响。

组织的公关工作应时刻关注公众类型的变化，并把注意力放在潜在公众与知晓公众身上，对非公众的精力无须投入太大，也不要把公共关系工作拖到公众行动后再开展，这已是公关工作迫不得已的最后一步。

三、根据关系的重要程度分类

（一）首要公众

首要公众与组织的关系最为密切，是对组织的生死存亡、未来发展有重要影响力和决定性作用的一部分公众。

例如，组织的股东是首要公众，他们为组织提供财源，没有股东的支持，组织将不再生存；再如，组织的员工，他们为组织的运行提供动力，没有员工的工作，组织无法形成运营能力；又如，组织的用户、消费者，没有这些公众对产品或服务的消费，组织也没有生存的可能性。当然，不同性质的组织其首要公众也不尽相同，如大型超市的首要公众中，还应包括供应商，因为没有供货渠道，再大的超市也没有东西可卖。

但要注意一点，组织的内部公众永远是首要公众，因为他们是组织生存与成长的必需要素。面对首要公众，组织的公共关系部门应投入足够多的人力、物力、财力来支持与维护。

（二）次要公众

次要公众与组织的关系不十分密切，是对组织的生死存亡、未来发展有一定影响，但无法起到决定性作用的一部分公众。

例如，组织的社区公众，他们为宣扬组织文化，辅助组织运转，起到一定作用，当然，有时社区公众的投诉也会使组织陷入危机，但是他们并不能直接决定组织的存亡；再如，新闻媒体，他们可以报道组织的先进事例，将其带上神坛，也可以将组织曝光，带上舆论审判台，即便如此，媒体终究无法始终左右组织的未来。

组织的人力、物力、财力等资源一定是有限的，因此，面对这些次要公众，只能率先突出首要公众的地位，而将应对次要公众的工作放置到下一轮任务中。但需要特别强调的是，虽然次要公众不是公关工作的重中之重，但是一旦完全忽视他们的需求与想法，那将成为公关工作中的一个巨大漏洞，极易带来公关环境的恶化。因此，组织一方面要做好首要公众的公关工作，另一方面要尽力关照到次要公众的想法。

（三）边缘公众

边缘公众是指处在组织公众与非公众交界地带的群体，他们与组织有时会产生一定的联系，但基本上不会影响到组织的经营与发展。

例如，组织员工的家属，他们作为组织首要公众身边最亲近的人，对组织的印象、情感可能会影响组织员工的工作状态，但是无法影响组织的发展；再如，科研机构，它们的研究方向可能与组织相关，它们的一些观点、言论可能会成为组织宣传的助力或阻力，但并非是影响生死存亡的关键因素，也不会经常性地与组织产生这类关系；又如，非同类企业，它们的产品可能同在超市上架，但是互不影响、互不干涉。总之，边缘公众与组织的距离较远，发生联系的机会较少。

当然，就一个组织而言，它的首要公众、次要公众、边缘公众也并非始终不变，他们之间的界定是具有相对性的，不同类型的公众在组织的不同时期、不同境遇下是可以互相转换的。例如，某化工厂在筹建阶段，它的社区公众并未提出过多要求与质疑，这时的社区公众就是次要公众，但当化工厂投建后，其未处理好的废水对附近的水域和田地造成了一定程度的污染，农民的利益受到了威胁，甚至损害，于是，社区公众们强烈要求化工厂搬迁，甚至诉诸法律。这时，社区公众的情绪与行动开始严重影响了化工厂的生存与发展，本来属于次要公众的社区居民就转化为了此时的首要公众，组织必须妥善解决他们提出的问题，才能使自身继续生存发展。再如，科研机构在正常情况下是化工厂的边缘公众，但是科研机构的最新成果可以极其有效地改进生产流程、提高效率及产量，这就给组织带来了重大的发展机遇和挑战，争取到他们的技术，成为当下组织首先要考虑的问题，边缘公众又转化为首要公众。

可见，首要公众、次要公众、边缘公众的互相转化是时有发生的，这种变化主要由组织的公关目标决定，要求组织应根据需求与形势来确定首要公众，并分配其精力与资源。

四、根据公众对组织的态度分类

（一）顺意公众

顺意公众又被称为支持性公众，是指那些对组织的文化、价值观、产品或服务持有支持、称赞态度的公众。如忠诚的消费者、组织的长期业务合作伙伴等。顺意公众对组织的发展非常重要，尤其是处于竞争激烈的当前市场环境下，顺意公众越多，组织的公共关系环境越优越，越能帮助组织顺利开拓市场、创新产品及服务，是能够推动组织发展的公众。

因此，组织非常看重顺意公众的作用，公共关系的首要任务就是要保持顺意公众的“体积”，并逐渐将其壮大。

（二）逆意公众

逆意公众又被称为反对性公众，是指那些对组织的文化、价值观、产品或服务持有否定态度、反对意向的公众。他们与组织之间或许在利益方面存在冲突，或许在沟通方面存在误区，或许在价值观上存在异议。例如，组织的不满意消费者、怀有敌意的记者、组织的恶性竞争者等都是逆意公众。逆意公众的态度与行为极有可能影响他们身边的其他公众，逆意公众越多，组织的公共关系状态越不理想。

因此，逆意公众是公关工作的重要对象，要认真对其加以调查、分析、研究、解读，查明原因，并努力通过公共关系活动改变他们的态度，争取他们的理解与支持。

（三）中立公众

中立公众又被称为中间公众，是指那些对组织的文化、价值观、产品或服务持有中立态度或并未表态的公众。他们对组织的态度并不明朗，处于观望状态，可能转向顺意公众，也可能转向逆意公众。

对中立公众的观察、说服、争取应该是公关工作的重要任务。一方面，组织不能忽视中立公众，他们可能因为被忽视而表达不满意见，从而变为逆意公众；另一方面，要积极说服、争取他们，因为他们是顺意公众的储备力量。

综上所述，对于组织的公关工作而言，首先，要保持顺意公众的数量，通过良好的互动交流，维持他们的观点与态度不要发生逆转；其次，要扩充顺意公众队伍，而中立公众的可塑性是极强的，因此，组织应多花精力，争取赢得这部分公众的信任与好感，使其向顺意公众的阵营倾斜，即便争取不到他们的支持，也要防止他们向相反阵营转化；最后，对于逆意公众，组织不能放弃，因为否定的态度极易形成传播力，从而使以上两个阵营不稳。因此，即便转化逆意很难，但是组织也应诚恳地交流，积极地解决他们的问题，懂得战略性妥协，争取对方的理解与同情，促进逆意的转化。当然，如果无法完全转化他们，尽可能使他们成为中立公众也是一种从权的方式。由此我们得出结论，顺意公众是组织的基本依靠对象，逆意公众是急需转化对象，而中立公众是组织值得争取的对象。

五、根据组织对公众的态度分类

（一）受欢迎公众

受欢迎公众是指那些完全符合组织需求，主动接近组织并支持组织，同时，组织也十分重视、十分珍惜的一部分公众。他们之间是一种“两厢情愿”的状态，如组织的股东、赞助者、捐赠者、顺意消费者等。组织和这类公众之间是一种双赢的合作关系，双方都处于积极主动的状态，是非常好的一种公共关系状态。

对于这部分公众，公共关系的主要任务就是维系并加强这种相互的信任、吸引与重视，以谋求更加有效且亲密的合作。

（二）被追求公众

被追求公众是指那些令组织十分感兴趣、十分重视，并想去接近，然而，这些公众本身对组织未必感兴趣或给予重视的一部分公众。他们之间是一种“一厢情愿”的状态，如新闻媒体、社会名流、权威领袖、政府部门等。如果组织能够赢得这部分公众的好感，对组织的舆论状态、未来发展都将具有重要的影响，但这类公众往往较难争取。对于这类公众而言，理性评判与公正态度对其具有重要意义，因此，对他们的公共关系行为务必讲究方式方法，避免弄巧成拙。

（三）不受欢迎公众

不受欢迎公众是指那些与组织的利益和期望相悖、对组织构成潜在或现实威胁的公众，是组织一再想要回避的一部分公众。他们之间也是一种“一厢情愿”的状态，只不过方向相反，组织想要回避或逃离，而这部分公众则对组织百般纠缠，如无度索取赞助的团体、提出无理索赔要求的消费者、态度不友善的媒介记者等。他们是组织力图躲避的，也是最难缠、最头疼的一部分公众。

但对他们的公关活动不能一味采取躲闪的方式。要向他们阐明组织的观点，与其保持适当的距离，能够消除敌意最好，如果实在不行，也要尽量减少他们对组织构成的威胁。

公众的分类方式很多，不同的分类方式从不同侧面帮助公共关系人员理解这类公众的性质与特征，明确公关的重点与方式，这将为公关策略的制定提供一定的支撑与依据。

拓展阅读

坚持系统观念

唯物辩证法认为，万事万物是相互联系、相互依存的，整个世界是相互联系的整体，也是相互作用的系统。习近平总书记强调，“要坚持发展地而不是静止地、全面地而不是片面地、系统地而不是零散地、普遍联系地而不是单一孤立地观察事物，妥善处理各种重大关系”。[1]

党的二十大报告也同样指出：我们要善于通过历史看现实、透过现象看本质，把握好全局和局部、当前和长远、宏观和微观、主要矛盾和次要矛盾、特殊和一般的关系，不断提高战略思维、历史思维、辩证思维、系统思维、创新思维、法治思维、底线思维能力，为前瞻性思考、全局性谋划、整体性推进党和国家各项事业提供科学思想方法。[2]

第三节　公众的心理学分析

学习视频：公众的心理学分析

公共关系心理学是公共关系学科体系中的一门重要课程，是心理学学科群中的一个领域，也是公共关系学中的一个重要侧面。对于公共关系来说，社会组织形象的塑造与维护实际上在很大程度上取决于组织对公众心理的把控能力。因此，分析公众心理也是公共关系研究的一个重要方面。

一、公众的心理倾向

在公共关系活动中，公众绝不是被动的信息接收者，相反，他们拥有极强的主观能动性。这就意味着，公众将有选择地进行自我活动，有选择地接受并理解公共关系信息。因此，了解公众的心理倾向非常必要。

心理学认为，公众在做出选择之前一般有这样的一个思考过程：喜欢不喜欢？需要不需要？值得不值得？这三个问题恰好是心理学领域的三个重要心理倾向，即兴趣、需要、价值观。下面从这三个方面讨论公众的心理倾向及其在公关活动中的作用。

（一）公众的兴趣倾向

兴趣是人脑对特定事物的特定反应。人们在工作、学习、生活等社会活动中，对一些事物的印象总是特别深刻，这些事物带来的愉悦感和深入研究的愿望会形成一种定向反射。每当这类事物重新出现的时候，人们便会产生相同或相似的愉悦感，并把注意力集中在这类事物上。这就是兴趣。例如，一个人对烘焙感兴趣，当她看到关于烘焙的书、店铺，甚至一些甜品形状的小饰品时可能会产生愉悦感，并跃跃欲试。

当然，定向反射的强度不同，兴趣的浓度也不同。定向反射越强，人们寻求愉快感觉的欲望就越强，这时人们往往不愿意等待，而是迫不及待地积极寻求、探索。相反，在定向反射强度不大的情况下，人们只在特定事物出现的时候才表现出兴趣。在公共关系活动中要充分考虑到公众兴趣的作用。[3]

1. 公共关系必须承认公众兴趣的客观性

承认公众兴趣的客观性应该做到以下两点。首先，公共关系要用公众兴趣指导其目标。任何公关活动只有建立在公众感兴趣的前提下，才能真正发挥出具有实际意义的作用，否则都是纸上谈兵。其次，要用公众兴趣检验公共关系的效果。检验公关活动是否具有成效，也可以观察公众是否对活动感兴趣，以此来检测公关的有效性，只有使公众产生兴趣的公关活动才能引发公众对特定品牌、特定产品或服务的定向反射。

2. 公共关系要懂得利用公众的兴趣

公共关系要善于分析自己的目标公众，明确兴趣所在，并用适当的公共关系手段激发他们的兴趣，使他们的兴趣与自己的公共关系活动或信息相契合，以使他们在公共关系环境中感到愉悦，并形成正向的、快乐的定向反射。

例如，烘焙店的目标公众大部分是喜欢烘焙的人，那么它的公共关系活动可以搞一些免费参与的烘焙创意大赛，让喜欢烘焙的人来自己的店里用精美的工具和干净整洁的厨房来一次充满愉悦感的“兴趣”体验，并赠送一些甜品形状的小饰品。那么，对烘焙感兴趣的公众必然跃跃欲试，在愉快的体验中，强化了“兴趣”的定向反射，并且是在特定环境下的反射。回家后，只要看到小礼品又会强化这种感受，最终使他们的兴趣与这家店形成联系，以达到宣传推广的作用。

再如，上海有一家鞋厂，它观察到自己的受众为年轻人，而且这些年轻人比较喜欢DIY、喜欢个性、喜欢与众不同。因此，这家鞋店推出了自由组合的卖法，将鞋面、鞋底、鞋帮、鞋带都彻底分开，款式颜色各异。在销售时，客户可以依据自己的审美标准自行拼装组合购买。这一方式引起了社会轰动，鞋厂在扩大知名度的同时也获得了丰厚的经济收益。

3. 公共关系要善于开发公众的兴趣

兴趣并非是一成不变的，公众的兴趣可以创造与开发，也就是说公共关系可以通过一些技巧和手段使公众对与己有关的事物产生兴趣。这就是兴趣的诱引。常见的诱引方式有以下几个。

其一，以利益为诱引。以利益为诱引实则就是通过利益的刺激使部分公众产生兴趣。当然这种利益不是单纯指涉经济利益，还可以包括一些能够吸引公众的福利与政策等。例如，某企业为了吸引高层次人才的加盟，提出单独办公条件、免费工作餐、干洗服务、子女自由择校权利、解决家属工作问题等各种政策，不得不说，这些政策确实激发了部分公众的兴趣，使其产生了强烈的认同感。

其二，以竞赛为诱引。竞赛本身就具有很强的刺激性，它能够在极大程度上带动公众的情绪，当然直接参加竞赛或观看竞赛都可以起到激发兴趣的作用。例如，腾讯视频出品的《创造 101》以大众投票的方式决定选手的去留，这种投票机制造就了观众参与竞赛的兴趣，创造了栏目播出时段的热点话题，不仅为栏目起到了宣传作用，也为腾讯视频做足了推广。

其三，以新奇为诱引。好奇是人类的天性，它往往是兴趣的先导。新奇的内容、新奇的结构、新奇的功能、新奇的包装、新奇的方法等都能引起公众好奇，进而诱引兴趣。[3]

阅读 4-1

某品牌矿泉水的精美包装

说到某品牌矿泉水，一直有网友们评价，这是“一家被水耽误的广告公司!”

2015 年，第 17 届国际食品与饮料杰出创意奖（FAB Awards）颁奖典礼在伦敦举行，来自世界各地的 5 000 多份参赛作品中只有 138 份入围，而该品牌矿泉水玻璃瓶装水的包装设计是唯一入围的中国作品，它的设计甚至击败了可口可乐、百加得等很多国际知名品牌。

据统计，该品牌矿泉水生产过程中，用于包装的成本，就占了销售成本的 63.1%。换句话说，其包装费比水的成本还要高。但是，这种高额的包装成本并没有阻碍其市场，反而使其成为行业老大。2019 年，瓶装水市场的前五大品牌市场份额为 56.2%，而该品牌矿泉水就占了其中的 20.9%，排在第一位，排名第二的品牌，其市场份额仅为 12.6%，第一位拥有明显的领先优势。

其中，包装的功劳真的很大。因为，该品牌矿泉水的包装很惊艳，相比于其他瓶装水，它就像一件工艺品。当别人都在拼口味时，它却在拼审美，而且每年都有限量版包装。不得不说，这种美的刺激、新奇的刺激收获了众多公众的“兴趣”，这也是其一年卖了 140 多亿元的原因之一。

（二）公众的需要倾向

“需要”是人们缺乏某种东西，或受到某种刺激时产生的一种主观状态，是一种寻求自我保护和自我发展的心理倾向，[3]包括“不足之感”“求足之愿”，也包括“临危之感”“解危之愿”。需要和兴趣是不同的，“兴趣”是一种自我选择，并不必需，而“需要”不是选择的问题，而是想要去获得的问题。需要越迫切；行为越积极，行为越积极，需要越多，层次越高。需要具有一些典型的特征及层次结构，了解这些将对公共关系具有指导作用。

1. 需要的特征

首先，需要具有反复性。人的需要是反复出现的，并在反复中发展提高。人吃饱了一顿饭不会永远满足，并且人对食物的需要也在不断提高，在吃饱的前提下还会更加在意方便、实惠、营养与环境。

其次，需要具有差异性。人的需要各有不同，并且表现在非常广泛的领域之中。有生理方面的，有心理方面的；有物质上的，有精神上的；有眼前的需要，也有将来的需要；有刚性的需要，也有弹性的需要。因此，对需要的分析是细致而复杂的。以吃海鲜为例，对于部分公众而言，它仅仅满足了最基本吃饱的需要，而对另一些公众而言，它可能满足了尝鲜的需要，那么，对于吃非常讲究的一部分公众而言，海鲜可能是满足了蛋白质摄入的需要。可见，需要是具有差异性的，因人而异。

最后，需要具有竞争性。这种竞争性体现在两个方面：一方面，表现为在同一个体或群体内部产生的多种需要间的竞争，也就是自我层面的优先性满足的竞争，是先吃饭还是先喝水之间的竞争。这种竞争体现在自我抉择上，一时间自身的需要很多，但是在有限的自我资源范围以内，究竟要优先满足哪个需要。另一方面，表现为在不同个体或群体之间产生的对同一需要的竞争，也就是对一种需要获得性的争夺，是我有这个，他人没有这个的竞争。这时的需要可以引发互相感染与互相攀比的情绪，很容易激发需要的盲目性。

2. 需要的层次

关于需要的层次方面的研究很多，但马斯洛的需要五层次理论影响最为广泛。马斯洛认为，人类的需要可以被概括为五个方面：生理需要、安全需要、归属和爱的需要、尊重需要、自我实现的需要。这五个方面的需要很好展现了一种从低到高的等级关系，也就是说，人类的需要从低到高呈现出了不同的层次，满足了低层次的需要后，人类会自动产生更高一层级的需要。

实际上，我们还可以把人的需要分成简单的两个层面，第一个层面是人的基本需要，包括生理需要、安全需要、社交需要；第二个层面是人的提高、发展需要，包括索取与享受的需要、展现自我的需要、创造价值的需要、和谐发展的需要等。

3. 需要倾向对公共关系的指导作用

根据公众“需要”的心理倾向，公共关系应注意以下几个问题。

（1）反复性的需要应一直给予满足。

这种需要可以造就公众的行为惯性，如果公众的这种需要始终由组织来满足，那么一旦发生中断，公众的惯性受到强制性终止，会导致心理上的强烈不安与不满，因为公众已经把如此获取满足的形式当成了依赖。举个例子，有些组织在最初运营时，为了吸引顾客，提出了很多打动顾客的政策，比如美容会馆提出免费的车接车送服务，大型超市开通了免费市内专线巴士，药店的 24 小时免费快送服务等，但是如果组织在稳定运营后，将这些优惠政策附加了条件或直接取消，那么必然会遭到一大波愤怒的投诉，甚至直接被放弃。所以，公共关系工作对于一些反复性的需要必须要慎重满足。

（2）对于差异性需要应认真分析。

公众的需要是非常复杂与广泛的，因此，公共关系工作必须有针对性，要能够切中具体公众的具体需要。另外，分析公众需要时还应开拓思路，不能仅盯住一些刚性需要、眼前需要、物质需要，这些需要的满足虽然可能让组织迅速受益，但是随着市场的效仿与饱和，对于这些需要的满足将不再成为亮点与核心竞争力。因此，组织应大胆创新，积极思考公众的精神需要、未来需要与弹性需要，充分利用还未涉及的点来进行公共关系探索。

（3）善于利用竞争产生需要。

“需要”的竞争性说明公众的需要是可以引导的。首先，不同需要针对同一个体或群体的优先性满足是可以引导的，主要表现在诱引公众对与组织相关的需要优先满足。例如，组织的目标公众正在选择手里的钱是买房还是理财的时候，看到了某房地产的公关标语“一种可以世袭的古典浪漫”后，买房的需要被强化。这就是需要的引导。

另外，同一需要针对不同个体或群体的满足也可以产生竞争，主要表现在公众对同一需要的追求。有人满足了，有人则没有得到满足。在这个过程中，公众的互相感染和互相攀比的情绪会提升需要的强度。因此，公共关系应该善于利用这种竞争来催生并强化公众的需要。如，某房地产的公关标语“人生从来无平等”，暗示了“需要”满足的不均，从而引导公众的心理倾向。

（4）应懂得不断提升组织的满足层面。

人的需要是不断提升的，当一种需要被满足，则会有更高的需要出现。公共关系应了解人类的需要层次，及时分析公众的现有满足层面及下一个需要层面。如，房地产企业首先必须要在基础需要上下功夫，做好工程质量与安全保障，然后再考虑下一层面的需要；如果基础需要都无法满足公众，再好的服务态度也无济于事。接下来，如果安全需要有了保障，那么再进一步考虑物业的服务、社区的氛围等；满足了这些社交需要后，还可继续考虑如何使业主感受到尊贵，感受到主人的礼遇，最后给业主们参与决策的权利，培养主人翁意识，得到自我实现的满足。

阅读 4-2

宜家支持用户的体验行为

2019 年 8 月，网友爆料宜家“消费者躺尸现象”，所谓“躺尸现象”，是指某些消费者坐在挂着价格标签的床或沙发上，脱鞋、盘腿，甚至是怡然自得地睡觉。当月 22 日，宜家中国区总裁对此“躺尸现象”做出回应，表示宜家很高兴看见人们来宜家休息，宜家希望打造一个人们和朋友聚会的地方，给消费者非常愉悦和欢乐的体验。网友对于宜家此次的公关处理大为称赞，认为宜家的此次公关是包容大气之举。宜家能够接受并且乐于满足自己公众的这些需要，并继续提供休息、约会的场所，不仅为自己的公众化解了尴尬，还为自己赢得了更好的舆论环境，非常智慧。

（三）公众的价值观倾向

价值观是指一个人对周围事物的是非、好坏、善恶和重要性的评价。人们对各种事物，如对自由、幸福、荣辱、和平等都有好坏、轻重、主次的评价，这些决定了一个人的态度及所采取的行动。[4] 也就是说，拥有不同价值观的人将会对同一事物产生不同的评价、激发出不同的行为。对于公共关系而言，只有充分了解目标公众的价值观倾向，才能更好地诠释公众意义空间、解释公众的态度与行为，这将成为公关活动的基本依据。

1. 价值观的类型

通过总结归纳，我们可以将价值观划分为六种类型：功名型、安稳性、享乐型、储蓄型、事业型、模糊型。下面简单介绍这六种类型。

（1）功名型。功名型价值取向主要表现为以获取功名为动机和人生哲学。拥有这种价值取向的人，往往热衷于功名利禄，有能力、有经验，但也更加圆滑与功利，他们以对名和利的追求为生活的重心，而家庭、爱情、享乐、健康的需求对他们而言显得不那么重要和迫切。

（2）安稳型。安稳型价值取向主要表现为以维持安稳祥和的生活状态为动机和人生哲学。拥有这类价值观取向的人比较安于现状，情绪稳定、不善于挑战与利用机遇，舒适圈的维稳是他们的生活重心，而挑战、晋升、变化等需求对其吸引不大。

（3）享乐型。享乐型价值取向表现为以物质享受和精神享受为动机和人生哲学。拥有这类价值观取向的人热衷于衣食住行方面的舒适精致与精神层面的安逸享乐，他们往往会把主要精力放在以生活为场景的享受上，很少对事业、学习等产生兴趣，但是由于消费较高，往往容易抱怨工作，有一定铤而走险的概率。

（4）储蓄型。储蓄型价值取向以迷恋和积敛金钱为动机和人生哲学。一般来说，具有这类价值取向的人更加保守与固执，他们追逐金钱的最终目的是积累雄厚的物质基础，并不是用于享受或其他用途，这些人往往胆小、吝啬，克制消费欲望。

（5）事业型。事业型价值取向以献身事业为动机和人生哲学。具有这种价值取向的人一般会一心扑在事业上，事业在他们的世界里成为生活主体和精神支柱，他们较少考虑个人利益、家庭与生活，往往是单位的骨干，品德高尚，不逾规矩，受人尊敬，或者深受领导赏识。

（6）模糊型。模糊型价值取向以综合和多变为特征。具有这类价值观取向的人非常容易受到周围环境和人群的影响，他们没有明确的追求和欲望，不确定自己更需要什么，一般这类人情绪不够稳定，无信仰，无理想。

2. 价值观对公共关系的指导作用

价值观对公共关系的指导作用体现在以下两个方面：一个方面涉及组织自己的价值观，一个方面涉及如何去理解公众的价值观。

（1）组织自身要建立合理而有意义的价值观。一个拥有美好价值观的组织是塑造形象的基础，因为价值观决定了组织的评判标准，决定了公共关系的行为方式，也将最终决定组织在社会运行中的作用与意义。做一个拥有较高“社会愿景”的、有责任心的、善良的组织，将是打动公众的核心力量。如何建构组织文化与价值观，本教材将在第八章中详细阐述。

（2）要善于识别公众的价值取向。公共关系要善于辨别和分析拥有不同价值观的公众群体，要以他们的价值观立场与角度思考问题，公共关系活动才能更加符合他们的期待与行为特征，从而达到更好的公共关系效果。例如，组织要举办赞助活动，那么具体怎样选择呢？这就需要考虑自己的目标公众是谁，他们的价值取向为何，在这种价值取向下，他们最感兴趣的是什么，最能接受的方式是什么。用这样的思路策划赞助活动，势必更加有效。

阅读 4-3

迪奥与大宝的赞助活动

一、迪奥赞助古根海姆艺术节

迪奥于 1946 年创立于巴黎，是世界知名的时尚消费品牌，主要经营服装、珠宝、香水、化妆品等高端消费品。2013 年，迪奥成为“Guggenheim International Art Festival（GIG）”（古根海姆国际艺术节）的主要赞助商。该艺术节在美国纽约的古根海姆博物馆举行，其间将展出著名艺术家 James Turrell 和 Christopher Wool 的作品。古根海姆博物馆是所罗门·R. 古根海姆基金会旗下的一座博物馆，是世界上最著名的私人现代艺术博物馆之一，也是全球连锁经营的艺术场馆。

二、大宝赞助“电影下基层公益放映活动”

2011 年，中国电影家协会与北京大宝化妆品有限公司联合举办“百花放映 大宝有约”“送电影下基层”公益放映活动。市民只要来到指定的城市广场，就可以免费观看两部国产大片。在电影放映结束后，活动组织者还会组织一些有趣的小活动，比如普及夏日防晒知识，邀请群众参与趣味小游戏，发现身边的关爱时刻，寻找“关爱之星”等活动。

拓展阅读

广泛践行社会主义核心价值观

习近平总书记指出：“一个民族、一个国家的核心价值观必须同这个民族、这个国家的历史文化相契合，同这个民族、这个国家的人民正在进行的奋斗相结合，同这个民族、这个国家需要解决的时代问题相适应。”

核心价值观是一个民族赖以维系的精神纽带，是一个国家共同的思想道德基础。如果没有共同的核心价值观，一个民族、一个国家就会魂无定所、行无依归。能否构建具有强大感召力的核心价值观，关系社会和谐稳定，关系国家长治久安。

在当代中国，我们倡导富强、民主、文明、和谐、自由、平等、公正、法治、爱国、敬业、诚信、友善的社会主义核心价值观。它们集中体现了当代中国精神，凝聚着全体人民共同的价值追求，是凝聚人心、汇聚民力的强大力量。[1]

二、公众的心理定势

所谓“心理定势”，也就是心理上的定向趋势，它是由一定的心理活动所形成的一种准备状态，对以后的感知、记忆、思维、情感等心理活动和行为活动起正向或反向的推动作用。心理定势与物理学上的惯性运动很像，它可以使人不自觉地沿着一定的方向去感知事物、记忆事物、思考问题、解决问题。[3]

因此，研究公众的心理定势可以很好地了解公众的思想与行为走向，并利用这些惯性进行公共关系活动，以谋求更好的效果。

（一）首因效应

所谓首因效应，是人们对某一人、事、物留下的较为深刻的第一印象，这种心理定势会影响一个人今后的行为与选择。

1. 首因效应的心理机制

因为第一次与人、事、物打交道，所以人们总是会投入更多的关注，印象也常常特别深刻。假如以后还有机会再次接触，那么之前的第一印象已经先入为主了，总会下意识地将第一次的印象与记忆带入进来，把之后获得的信息当作第一印象的补充。如果第一次关注留下了美好的印象，那么以后的不良信息或许不会让人产生过于反感的错觉；但是，如果第一印象并不好，已经产生了抵触情绪，那么之后即便是有良好的行为，也会变得没有那么令人感动了。这种心理现象是非常普遍的。另外，首因效应还有三个值得注意的地方。

（1）第一印象是有层次的。当人们在商店受到了销售员非常热情的招待与服务后，那么他不仅仅对这个销售员产生第一印象，也会将其看法延伸至这个产品、这个品牌、这个企业身上；相反，如果消费者买到了一件失败的产品，他同样会把对产品的第一印象延伸至这个品牌与企业上，以后不再想尝试这个品牌下的其他任何产品了。所以，第一印象是有层次性的，是有推延性的，因此，人们难免会以偏概全，从而对准确并全面认识事物产生障碍。

（2）第一印象不仅来自直接的、亲身的接触与体验，还可能来源于一些间接介绍。这种间接的介绍可能来自大众传播媒介的宣传，也可能来自人际传播的口碑，新媒体时代，这种间接的接触还可能来源于社交自媒体中意见领袖等的吐槽或推荐。所以，第一印象并不一定是亲身接触后获得的，而应该描述为第一次形成的对某事物的看法与印象。

（3）第一印象强调留下的"深刻印象"，并不强调第一次接触。因为印象的产生与一些要素有关，比如，公众当时的情绪、兴趣、智力状况、注意力，当时的情境、关注时长，等等。所以第一次的接触未必会产生"深刻印象"，可能走马观花，随后就忘记了，因此，这样的第一次接触并不会影响之后的看法。所以，第一印象的产生也可能是第一次接触后的某一次接触所产生的印象。

2. 首因效应对公共关系的启发

通过对首因效应的心理机制分析，我们发现，首因效应对于促进公众建立良好的"第一印象"非常重要。这是塑造自身形象的第一步。

（1）揭示全员公关的必要性。因为第一印象是有推延性的，不要因为某个员工的问题影响整个组织形象的建构。对待公众必须要懂得尊重与倾听。

（2）注重宣传推广与口碑建设。目前社会组织利用大众传播媒介进行推广的力度与手段不必赘述，而口碑传播也是目前公共关系比较重视的环节，但是手段还比较传统，如朋友圈分享推荐可获得福利等，这些手段的目的隐蔽性太弱，极易造成反效应。

（3）公共关系要善于利用首因效应来塑造形象。良好第一印象的建立非常关键，它是指导公众今后行为和选择的重要心理惯性。因此，组织应有能力利用所有与公众接触的机会，运用巧妙的手段赢得公众的注意，并使其产生"深刻印象"。有些组织即使接触了公众，如果没有能力使之产生印象，那么，将错失这个利用首因效应塑造形象的机会。

（4）公共关系人员在观察公众时要避免首因效应的误导。一方面我们强调利用首因效应赢得公众；另一方面，我们又非常害怕首因效应蒙蔽了自己的双眼，使我们误解公众，产生错误的判断。因此，公共关系人员要时刻以清明的思维与"初见"的心态去面对公众。

（二）晕轮效应

所谓晕轮效应，是指从对象的某种特征推及对象的总体特征，从而产生美化或丑化对象的印象。[5]比如，人们走进商店，选购的大多是包装非常精美的物品，因为人们直觉上会认为里面的东西也会像精美的包装一样美好；谈到婚姻，人们愿意寻找学历与自己相匹配的朋友，因为他们假想了学历相同的人，就会和自己有共同的语言、价值观和兴趣爱好。这就是晕轮效应，和首因效应一样，带着强烈的主观色彩。

1. 晕轮效应的心理机制

我们在感知客观事物时，总是会倾向于根据知觉对象的某个部分或某种属性来产生对整体的判断，而不会对个别属性进行孤立的感知，因为事物本身就是各种属性的有机组合体，它是一个复合的刺激物，那么人们也不会将其刻意地分开来进行判断。比如，我们闭上眼睛，只闻到花香，在我们的脑海中就已经呈现出美丽花朵的具象概念，这是因为以往的经验已经为我们弥补了花朵的其他特征。正是由于知觉的这种整体性作用，我们知觉客观事物才能更快，但是未必更准确。

晕轮效应既是无意识的，又是固执的，它是心理定势中更深层次的一种规律，因而更难以克服与纠正。

阅读 4-4

晕轮效应的故事

第一个故事发生在春秋时期，卫国的弥子瑕是一个有名的美男子，因为相貌好，成了卫灵公的宠臣。有一天，母亲病重的消息传来，弥子瑕情急之下居然假传了君令，驾了卫灵公的马车出宫带母亲看病。依据卫国的法律，弥子瑕的行为将会被处以刖刑，但是卫灵公得知后，却没有治他的罪，反而赞赏弥子瑕的孝道。还有一天，弥子瑕和卫灵公在果园散步，弥子瑕吃到了一个非常甜的桃子，于是他非常兴奋把另一半直接给了卫灵公。卫灵公并没有嫌弃这一半的桃子，反而说这是弥子瑕敬我的表现。很多年后，弥子瑕老了，美貌不再，卫灵公对他不再偏爱。当弥子瑕再一次犯错时，卫灵公重新提起旧事，弥子瑕因此获罪。

第二个故事讲的是俄国著名的大文豪普希金。年轻的普希金爱上了“莫斯科第一美人”娜坦丽。然而，婚后普希金发现，妻子虽然美艳动人，但与他志不同、道不合。她不喜欢丈夫的诗，总是捂着耳朵说不要听，她更爱豪华的宴会、舞会，并要求丈夫陪她出席，一心玩乐。而爱着妻子的普希金也放弃了创作，进而债台高筑。最终，为妻子决斗而死。

2. 晕轮效应对公共关系的启发

晕轮效应告诉我们，由于公众对知觉对象的整体性感知特征，公共关系只要着重塑造某一种比较突出的正面形象就可以赢得公众对自己美好的整体想象了。

（1）这种比较突出的正面形象或评价的塑造可以是精美的包装、讲究的门面、规范性的视觉识别系统，等等。这种外在的包装可以使组织呈现出自己的价值观念、文化属性以及产品诉求，使公众通过外在表象感受组织的内在文化，这是公共关系 VI 系统的主要功效。

（2）组织还可以通过公共关系活动或公共关系策划中对某一优秀特征的“突出展现”来获取公众的认可。在公共关系事件中，表现完整的组织文化与品格往往很难。但是根据晕轮效应的启发，组织可以用巧妙的手段，淋漓尽致地表现出“一个”方面的美好特质从而引起公众对整个组织的想象。当然，创新是非常必要的。

阅读 4-5

盒马鲜生的幽默与谦虚

2019 年 4 月，盒马鲜生策划“民国集市”活动，发布主题海报（见图 4-1），海报配

文“穿越历史老集市，让物价回归 1948”。文案原本是想表达本次促销价格之低，低到“一夜春风，梦回民国”。但是真实的历史却是，1948 年是我国近代史上通货膨胀最严重的年份之一。一时间，盒马的海报登上了微博热搜，网友热议，盒马陷入舆论危机。

事件发生后，盒马立即撤掉了问题海报，并在官方微博写道：“高一历史《中国近代现代史》下册（必修）第三章第二节，罚抄 100 遍并背诵全文……在抄书了。”并配图历史书与抄笔记。

盒马用巧妙机智的方式表达了自己幽默、谦虚的特质，不仅化解了这张敏感海报带来的负面危害，还受到了网友的盛赞。不得不说，有时候，一个优秀特质的“突出展现”胜过千言万语，公众很容易被某方面的优秀特质所征服，即便另一些方面做得并不够好。

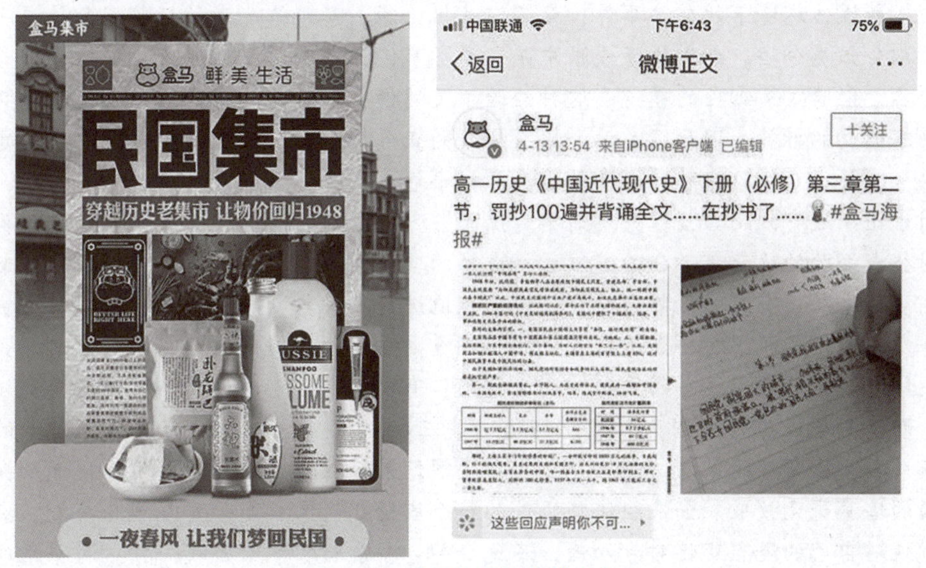

图 4-1　盒马海报及微博内容

（三）经验效应

经验效应指的是公众个体凭借以往的经验进行认识、判断、决策、行动的心理活动方式。也就是说，人们在面对人、事、物时，常常会不自觉地根据自己的以往经验产生一种心理准备状态，并基于这种准备状态做出惯性分析。[5]

1. 经验效应的心理机制

经验效应产生的心理基础是人们认识世界的连续性和心理惯性。[3]具体来说，人们对世界的认识过程像是一个圆圈舞，每一次产生认识，都会为自己积累各种经验，当下一次认知事物时，会在以往的经验基础之上感觉并判断新事物，从而再次修正、完善或产生新的经验；但在这个过程中，人们往往会将不确定的部分用经验来弥补，这就很容易出现所谓的刻板印象。

因此，可以说经验是一种财富，它可以帮助人们快速认知事物；同时，我们又不得不承认，经验也是一种包袱，可能使人们从一开始就产生错误的认知而不自知。对于“经验”而言，不能一概否定或肯定，问题在于不能迷信经验，要充实经验、更新经验、发展经验。

2. 经验效应对公共关系的启发

（1）坚持对公众的经验做调查，将经验考虑到公关效果中去。对公众经验的分析非常重要，因为公众的经验是看问题的起点，公共关系只有充分认识到经验的作用，才能理解公众的经验主义行为，才能更好地规避某些刻板印象，从其他角度入手进行公共关系策划。

（2）用实际行动来消除怀疑，重新获得新经验。经验效应在公共关系领域中最典型的表现就是怀疑。因此，消除怀疑是公共关系，尤其是危机公关的重要职责。

阅读 4-6

注重公众经验培育以遏制标签化的连锁反应[6]

统观新媒体环境下的公共事件，无不以危机论断。新媒体浮躁的标签战，使每一个公共事件都会归类分档。新媒体受众眼中是一类类事件，而不是一件件危机。这种现象的产生，得益于经验主义心理的盛行。这种经验主义的横行，使公共事件被贴上了一个又一个有时并不贴切的标签。因此，关注并培育公众的正确经验，对组织而言显得尤为关键。

第一，使公众体验完整的正面的公共危机事件。

对于组织或官方而言，这并不简单。然而，一次成功的危机公关或一次精彩的舆论引导，对公众经验的改变都十分关键。已经成功的典型案例就是一本教科书，它可以教会公众如何重新看待固有经验，教会公众如何理性地进行思考与判断。因此，对于这些成功案例的普及与宣讲是组织对公众进行教化的一种重要手段。这将是一场正确经验的演讲，要牢牢把握机会，并运用适当的技巧。关于技巧，有以下几点思考。其一，注重舆论过程的体现。即使一个成功的案例，也可能经历一波三折，很多组织往往为了强化自身的正确性，而一再突出事件的结果。然而，公众在了解结果后往往无法产生共鸣，使案例对其理性经验的培育毫无效果。如果组织将事件的整个舆论起伏像故事一样呈现给公众，公众会不自觉地对自己的观点变化对号入座，不免会想："原来很多人和我一样，对事情的看法一再变化，看来很多事情一开始的判断未必都是准确的、客观的。"这种想法一旦产生，理智与理性的判断意识则开始在公众的心中萌发，这将是一个美好的开端。其二，强化舆论转变的原因。原因的强化，使公众更加明确自己一开始的判断为何出错，错在哪里，是何原因使自己没有产生理性判断，这个过程对于公众而言非常重要，是打破以往经验判断的关键阶段。在强化舆论转变的原因时，还应注意不可一味把责任推卸给公众，使公众产生负面情绪。负面情绪一旦产生，则会加固对旧经验的肯定。因此，在叙事过程中尽量用事实说话，并用适当的修辞方式进行说服。其三，不应忽视组织自身的责任。任何一件公共危机事件，组织或官方都无法回避所有责任。在此过程中，组织应找到自身问题，进行反思。而这种反思不仅可以提升组织的形象，还可以将这种反思的意识传递给公众，使他们也进入对自己经验的反思中，以达到经验的修正。

第二，用新的面貌抵抗旧经验。

经验的形成强调重复与不变。也就是说，不变的事实在不断重复的基础上可以使人对类似事件形成条件反射般的判断。那么，如果组织能够突破以往的行事作风与处事方式，表现出新的态度与风貌，公众的旧经验则无法形成条件反射，从而回避旧经验的影响，走向新的判断路线。在公共危机应对中的不断创新也是抵抗旧经验的一剂良药。经验对于公众而言是一种固化的思维与判断，然而打破经验则需要更多的革新与创想。

（四）移情效应

1. 移情效应的心理机制

心理学把那种对特定对象的情感迁移到与该对象相关的人或事物上来的现象称为移情效应。[5]所谓的“爱屋及乌”就是这个道理。当然，这种情感的迁移可以是美好的感情，也可以是憎恨的感情，“株连九族”就是印证。

移情效应首先表现为“人情效应”，即以人为情感对象而迁移到相关事物的效应。比如，人们常说：“朋友的朋友也是我的朋友”，[7]这是把对朋友的情感迁移到相关的人身上。例如，一个女孩为了给自己的小狗治疗眼疾，花费5万元为其做义眼，很多人表示不解，女孩解释说，因为这是已经去世妈妈的狗，妈妈临终前嘱咐要照顾好它，因此，女孩把对妈妈的思念之情寄托在了小动物的身上，这也是典型的“人情效应”。

移情效应还表现为“物情效应”和“事情效应”。中国历史上“以酒会友”“以文会友”都是典型的因为爱酒或诗词而结交朋友，钟情之物或钟情之事成为其中桥梁。这些都是移情效应的体现，而移情效应也被公共关系广泛运用。

2. 移情效应对公共关系的启发

公共关系运用移情效应的案例太多，数不胜数，从明星代言到捐助捐赠，从达人强推到权威认证，实际上都是利用了移情效应的心理倾向。当然，也有很多翻车现场，因为移情效应是将已经拥有美好形象的人、事、物作为建构组织喜爱度的跳板，这也就导致了跳板的形象转变将直接使“爱屋及乌”变成“恨屋及乌”。因此，公共关系还应时刻观察公众的情感倾向和舆论环境，这将成为公共关系运用移情效应的重要依据。

阅读 4-7

奥运冠军的游乐园梦[8]

14岁的中国小将全红婵在东京奥运会强势摘金后，表达了想去游乐园的愿望。“长这么大从来没去过游乐园，比赛结束后最想做的事情就是去游乐园抓娃娃。”这句奶声奶气的大实话，重击了多少人的心。一时间，华侨城、长隆、方特等不少文旅企业纷纷发声，邀请全红婵及家人、队友们来打卡，开启了一场旅游企业“团宠”奥运健儿的大型行动。

欢乐谷更是面向奥运冠军提供终身年卡，并向获得奖牌的选手及教练提供优惠政策。品牌官微发布并创建话题“奥运冠军终身免费玩欢乐谷”，众多机构类大号，以及各领域微博达人纷纷加入话题传播，并带领微博网友热烈讨论，最终登上全国热搜。一张卡+一条官宣微博，撬动了4亿次曝光。

点评专家星亮教授表示：这场社交营销，为游乐界掀起“团宠”热潮，不仅满足了全红婵的心愿，更顺遂了国人的心意。

开卷有益

心理学视角下的公众“对抗”[9]

在公共关系活动中，公众往往会出现“对抗”行为，这些行为使公关信息无法顺利到达公众视野，甚至产生“噪声”，从心理角度解读公众的“对抗”，对公关人员来说是十分必要的。

因素一：塔西佗陷阱被放大。塔西佗陷阱是指在缺乏公信力时，无论是真话还是假话，做了好事还是坏事，都会被认为是说假话，做坏事。新媒体受众的批判性集体性格在逐渐趋强，舆论在信与不信之间强烈激荡，潜移默化中影响着公众的判断趋向。塔西佗陷阱的舆论土壤滋养着越来越多个性、叛逆、怀疑的公众，形成了事实导向传播的对抗屏障，直接影响着公众对事实真相的解码与内化。

因素二：侦探心理的诱惑。公众有一种“伟大解释的乐趣”，“在一个简单的解释和一个复杂的解释之间，人们宁可接受后者”。每个人心里都有一个沉睡的福尔摩斯，喜欢新奇、复杂、逻辑性强的信息内容，因为这样的信息可以给人一种成功“破译”的快感。当一个简单的事实真相和一个复杂离奇而又自圆其说的谣言摆在公众面前时，公众往往选择那些想象力丰富的说法。情况越是错综复杂，沉睡的福尔摩斯便越显得伟大。这是人类无法抑制的一种心理暗示，是一种检验“智慧”的强大诱惑。事实导向的真实信息往往简单明确，却常常败于人们心理上的“最优选择”。

因素三：墨菲定律扩展出的寻暗效应。墨菲定律是一种心理学效应，它启示我们任何事都没有表面看起来那么简单，会出错的事总会出错，使公众的潜意识往往倾向于相信坏的结果，相信事件的背后一定有其阴暗的一面。这种寻暗的心理在网络公众中非常普遍，尤其在一些涉及切身利益或社会失衡的危机事件中更加明显。而这种寻暗心理一旦处于非理性的边缘，则可能引发群体极化现象，出现舆论暴力，对于事实真相具有强大的排斥力。

因素四：破窗效应的无畏。破窗效应是犯罪心理学上的一个重要概念。“指一个房子如果窗户破了，没有人去修补，其他的窗户也会莫名其妙地被人打破”。这种心理效应促使了一种关于价值观念的“狂欢”。由于新媒体的匿名性，总会有人跳出来充当第一个向导向价值扔砖头的人，其他公众将非常容易被这种“颠覆价值观的狂欢”所激起，丢出自己的第二块、第三块砖头。这种破窗的无畏使新媒体中的价值观传播变得艰难，价值导向信息的传播极可能引发一场互联网上的狂欢。

本章小测试

不定项选择

1. 与组织已经发生联系，面临着共同的问题，但是自身尚未意识到的公众，属于（　　）。

A. 非公众　　B. 潜在公众　　C. 知晓公众　　D. 行动公众

2. 组织急需转化的对象是（　　）。

A. 顺意公众　　B. 逆意公众　　C. 独立公众　　D. 中立公众

3. 由对象的某个特征推断其整体特征，产生美化或丑化的印象，这种心理定势叫作（　　）。

A. 首因效应　　B. 晕轮效应　　C. 经验效应　　D. 移情效应

4. 哪种心理倾向决定了公众的喜不喜欢？（　　）

A. 兴趣　　B. 需要　　C. 价值观　　D. 能力

5. 下面哪种公众是组织的不受欢迎公众？（　　）

A. 政府公职人员　　B. 提出无理索赔的消费者

C. 组织的投资者　　D. 来采访的记者

6. 公众的特征包括（　　）。

A. 同质性　　B. 能动性　　C. 多变性　　D. 群体性

7. 公众的多变性体现在（　　）。

A. 性质变化　　B. 形式变化　　C. 数量变化　　D. 核心变化

8. 关于首要公众，下列描述正确的是（　　）。

A. 组织的员工属于首要公众

B. 对组织起到决定性作用的外部公众属于首要公众

C. 根据组织的公共关系状态不同，首要公众的组成也不同

D. 有时边缘公众也会变为某种公共关系状态下的首要公众

9. 媒体属于（　　）。

A. 外部公众　　B. 内部公众　　C. 受欢迎公众　　D. 被追求公众

10. 下列关于“需要”的说法，正确的是（　　）。

A. 需要具有反复性

B. 需要没有差异性

C. 人有基本需要，也有提高和发展的需要

D. 需要是可以引导的

本章重点思考

1. 公众的特征。
2. 公众的五种分类。
3. 公众的三大心理倾向和四大心理定势。
4. 需要倾向对公共关系的指导作用。
5. 首因效应对公共关系的启示。

资料来源

［1］中共中央宣传部. 习近平新时代中国特色社会主义思想学习纲要（2023 年版）［M］. 北京：人民出版社，2023.

［2］党的二十大文件汇编［M］. 北京：党建读物出版社，2022.

［3］张云. 公关心理学［M］. 上海：复旦大学出版社，2010.

［4］陶应虎. 公共关系原理与实务［M］. 3 版. 北京：清华大学出版社，2015.

［5］赵世清，刘玲，汪江. 公共关系实务论纲［M］. 沈阳：辽宁大学出版社，2005.

[6] 宋琳琳. 多元话语视角下新媒体公共舆情的引导策略探讨［J］. 编辑学刊，2019（02）：94-99.
[7] 李勤. 新闻采访的公关交往艺术［J］. 新闻爱好者，2004（04）：48-49.
[8] 金旗奖编委会. 2021最具公众影响力公共关系案例集［M］. 北京：中国财富出版社，2022.
[9] 宋琳琳. 新媒体公共危机中公众的“心理对抗”［J］. 青年记者，2017（02）：6-7.

第五章 公共关系的程序

学习提纲

公共关系的“四步法”
公共关系调查的意义、内容
公共关系策划的意义、步骤
公共关系实施的意义、原则、障碍
公共关系评估的意义、依据、方法

无论哪个时期，无论运用何种方法，公共关系开展的程序基本上是一致的。在公共关系学界，通常将公共关系活动的程序分为调查研究、策划方案、传播实施、效果评估四个步骤。因此，我们将其称为公共关系的“四步法”。

第一节 调查研究

学习视频：公众关系的程序

调查研究是公共关系活动的基础，是公共关系的第一步。有公共关系专家称：“不论人们如何表达公共关系活动的流程，调查研究都是举足轻重的。如果把公共关系活动视为一个车轮，那么，调查研究就是车轮的轴。”[1] 车轴论形象地说明了公共关系调查研究的地位与作用。

本节明确了什么是调查研究，调查研究在公共关系活动中具有怎样的具体意义；明确了调查研究的内容。

一、调查研究的意义

所谓调查研究，是指公共关系人员，运用科学的方法，为了解决组织的公共关系问题而进行的收集情报与各种信息的过程。

随着信息时代的到来，组织对信息的期待与需求不言而喻。组织的公共关系活动离不开精准信息的支持，信息质量直接影响着组织的战略决策与公共关系活动。因此，调查研究对于公共关系而言具有非常重要的意义，主要体现在以下几个方面。

1. 使组织能够准确地进行形象定位

所谓形象定位，是指组织在社会公众心目中的定量化的形象描述。公关活动的主要目标是建构并维护组织的社会形象。那么，了解组织目前现有的形象如何，以及与自我期待形象之间的差距是组织进行形象战略的起点。公共关系调查研究的重要内容之一就是细化、量化组织目前的形象，有了这个精准的信息后，组织才能有针对性地策划公关活动方案，进行准确的形象塑造与定位，加强策划的目的性与针对性。

2. 为组织决策提供科学依据

信息社会强调对信息的掌握程度与把控能力，及时的、有效的、精准的信息可以为组织的决策提供科学的依据；相反，滞待的、无效的、误导性的信息则将使组织决策偏离实际轨道，决策的失败将导致组织走向错误的一面，可能导致组织形象的瞬间崩塌、一蹶不振。因此，信息对于组织决策而言至关重要，具有决定性意义，而公共关系的调查研究，可以有效避免错误，并促使组织做出符合公众要求和愿望的有利决策。

3. 使组织及时把握公众舆论

组织形象对于公共舆论的依赖是强烈的，正向的舆论环境有利于社会组织构建形象，而负向的舆论环境将破坏社会组织构建的形象。因此，对公共舆论环境的监测与分析非常重要。只有公共关系及时利用有利于自己的公共舆论才能乘胜追击，获得事半功倍的效果；同时，也只有及时引导、补救、挽回不利于自己的公共舆论才能最快消解误会、控制风险。因此，公共关系的调查研究一定是公共关系活动的第一步，只有如此，才能把握住公共舆论的走向。

4. 提高组织公共关系活动的成功率

公共关系活动是一个复杂的、融合性极强的工作，需要组织内部各部门以及外部公众的积极配合。那么，组织在开展公关活动之前，就十分有必要对目前的人力、物力、财力等基本条件做全面的调查，有必要考察现场环境与条件，有必要考察民俗习惯与公众的心理倾向。这些完善的、细致的调查，可以有力地保证公关活动有充足的准备和切实可行的计划，并最终取得较好的效果。因此，调查研究是提高公关活动成功率的有力保障。

从以上阐述中，我们发现，公共关系的调查研究具有非常重要的战略地位，是公共关系活动的必要前提，任何形式的公共关系活动都离不开预先的调查研究环节。

二、调查研究的内容

调查研究依据不同目标、不同形式、不同功能的公共关系活动搭配不同的调查内容。比如，在建构组织形象的最初阶段，可能进行非常全面的调查研究，如组织形象差距调查、知名度—美誉度调查、公共舆论调查、宏观社会环境调查等；但是在组织面临舆论环境的突发质疑时，可能主要进行的就是公共舆论调查。以下对公共关系调查研究的主要内容进行详细阐述。

（一）组织形象差距调查

组织形象差距调查旨在对组织的社会形象进行充分了解，调查的基本思路是首先调查组织的自我期望形象，然后调查组织的实际社会形象，最后，从两者中找到目前组织形象的差距，从而进行形象差距的补足公关。该调查可以通过以下几个步骤完成。

1. 形象指标的选择与设定

进行组织形象差距调查，首先要确定想要了解哪些“形象”，确定具体指标。组织形象指标包括主体形象指标、客体形象指标、延伸形象指标。下面简单列举一些指标，以供参考。

首先，主体形象指标，分为组织整体形象指标、员工形象指标与领导形象指标等。

（1）组织整体形象指标，包括组织规模、经营宗旨、管理制度、创新能力、组织氛围等。

（2）员工形象指标，包括职业道德、专业技能、文化素质、精神风貌、言谈举止、仪容仪表等。

（3）领导形象指标，包括思想政治水平、知识结构、工作经验、决策能力、开拓创新精神、风度气质、人格魅力等。

其次，客体形象指标，分为产品形象指标、品牌形象指标与服务形象指标等。

（1）产品形象指标，包括技术工艺、产品质量、产品外观、产品功能、产品实用性、产品使用周期等。

（2）品牌形象指标，包括品牌地位、品牌成熟度、品牌联想度、品牌价格等。

（3）服务形象指标，包括服务意识、服务设施及条件、服务方式、服务态度等。

再次，延伸形象指标，分为信誉形象指标、环境形象指标、文化形象指标、竞争形象指标等。

（1）信誉形象指标，包括遵纪守法、遵守信用、社会贡献等。

（2）环境形象指标，包括美化环境、净化环境、个性化环境设计等。

（3）文化形象指标，包括企业文化、企业精神等。

（4）竞争形象指标，包括竞争道德、合作意识、核心竞争力等。

以上所述的形象指标未必全面，但是包含了绝大部分可以体现形象的重要指标与常用指标。

公共关系人员要在以上代表形象的指标中选择一部分指标作为自己形象调查的重要变量，并制作量表。例如，组织想要选取“经营宗旨、产品质量、服务态度、工作效率、创新能力、管理水平、领导能力、综合实力”这八种形象指标作为主要调查目标，那么可以形成如表 5-1 所示量表。

表 5-1　组织形象要素量表

	非常	相当	稍微	中	稍微	相当	非常	
经营宗旨正确								经营宗旨不正确
产品质量好								产品质量差

续表

	非常	相当	稍微	中	稍微	相当	非常	
服务态度端正								服务态度恶劣
工作效率高								工作效率低
创新能力强								创新能力弱
管理水平高								管理水平低
领导能力强								领导能力弱
综合实力强								综合实力弱

2. 自我期待形象调查

根据上面的量表，在组织内部进行调查研究，调查范围应包括组织的领导与普通员工，请他们就以上问题给出真实评价。这种评价体现了组织对自己的认知，也是自我形象的一种期待。其计算方法与组织实际形象的计算方法相同，将在下面详细阐述。

3. 组织实际形象调查

根据上面的量表，在组织外部进行调查研究，调查范围可以包括组织的各类公众，如消费者公众、社区公众、媒介公众、政府公众、合作伙伴公众，等等，请他们就以上问题给出真实评价。这个调查意在了解组织在外部公众心目中的实际形象。这种评价是相对客观的外部评价，是组织明确形象差距的重要部分。

接下来阐述计算方法。假设，组织共选取100人进行了外部调查，我们将调查结果填在表5-2之中，以便计算。需要注意的是，这种调查一定不只有100人样本，一定会涉及巨大的样本构成，才能获得更加科学、有效的结果。但是为了计算和演示方便，我们采用整数样本，其模拟结果也只用整数表达。

表5-2　组织形象要素外部调查结果

	非常：7	相当：6	稍微：5	中：4	稍微：3	相当：2	非常：1		平均值
经营宗旨正确		60	30	10				经营宗旨不正确	5.5
产品质量好			30	60	10			产品质量差	4.2
服务态度端正				15	20	65		服务态度恶劣	2.5
工作效率高			25	65	10			工作效率低	4.15
创新能力强					20	70	10	创新能力弱	2.1
管理水平高				10	40	50		管理水平低	2.6
领导能力强					10	10	80	领导能力弱	1.3
综合实力强					30	60	10	综合实力弱	2.2

上图数字表示，100人中的60人认为组织的经营宗旨相当正确，有30人认为稍微正确，有10人认为中等。我们将所有人的选择统计到表格中后，还要计算每个题项的评价平均值。首先，将评价程度进行赋值，这是一个7级量表，因此我们可以用1~7作为数值

标尺，例如，经营宗旨非常正确（7）、相当正确（6）、稍微正确（5）、中等（4）、稍微不正确（3）、相当不正确（2）、非常不正确（1）。其次，根据表格中每一项的实际数据计算平均值。计算方法为：每级别的评价人数乘以相应赋值，将该题项各档次级别的总分相加，再除以调查总人数。那么，根据上述方法，我们就得到了每个题项的平均值。如下是第一栏经营宗旨的平均值：

$$\frac{60\text{人}\times 6+30\text{人}\times 5+10\text{人}\times 4}{100\text{人}}=5.5$$

4. 组织形象差距比较

根据上面的计算方法，我们会得到组织实际形象的各项均值，也会得到组织自我评价的各项均值。将各个平均值分别标定在数值尺的相应位置上，连接各点，就形成了组织形象差距曲线图（见图5-1）。其中，虚线为组织的期望形象，实线为组织的实际形象，两条曲线之间的差距就是组织的形象差距。从图5-1可以看出，除了经营宗旨这一项的形象差距比较接近外，其他各项形象均有相当大的距离。尤其在服务态度、创新能力以及领导能力上还要狠下功夫。

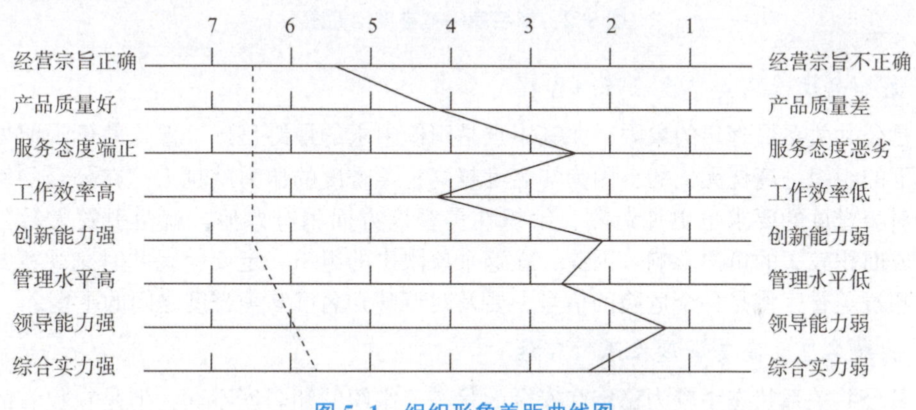

图5-1 组织形象差距曲线图

（二）知名度—美誉度调查

知名度—美誉度调查旨在明确组织在知名度与美誉度两个维度上的公共关系状态。这是公共关系外在评价的重要调查之一。

首先，我们必须了解知名度和美誉度的概念，了解这两个维度的具体含义。所谓知名度是指某对象被公众认识和了解的程度，是定位名气、指涉“广度”的指标。美誉度是指某对象获得公众好感和称赞的程度，是评价声誉好坏、指涉“深度”的指标。知名度和美誉度都反映了社会公众对一个组织的知晓、认可和赞许的程度，两者都是公共关系所追求的目标。

那么，如何进行“知名度—美誉度”调查呢？

具体做法是：选择100为基数的外部公众来进行调查，对其是否知道组织与是否对组织表示好感与赞赏为指标进行提问，最后以百分比来计算该组织所处的公共关系状态。如图5-2所示，不同的象限表明了不同的公共关系状态，也明确了不同的公共关系发展目标，下面进行具体分析。

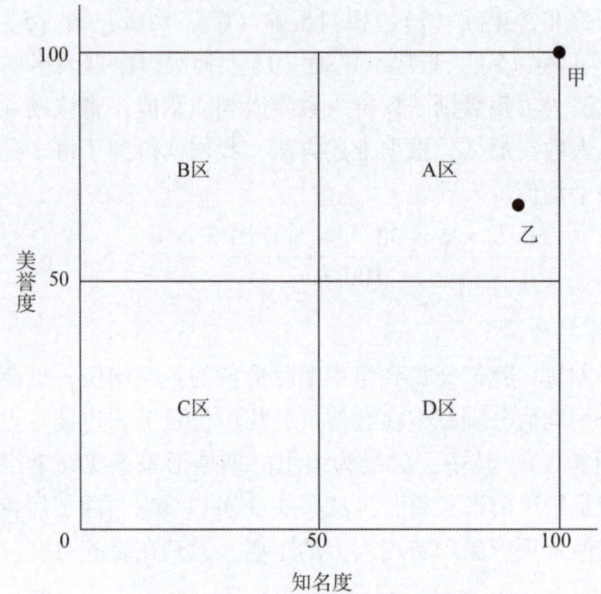

图 5-2　知名度—美誉度坐标图

1. 高知名度、高美誉度象限（A 区）

这是公共关系最理想的象限，尤其甲点是组织追求的最终目标。但这并不说明处于这种状态下的组织是高枕无忧的，因为知名度越高，美誉度的压力就越大。在公众的密切关注下，对美誉度的要求也更加苛刻，组织在美誉度方面稍有差池，就会引发大量公众关注，造成面积较大的负面影响。因此，在这个象限中的组织一定要警惕并时刻观察，注意知名度超过美誉度将是一个危险的信号，要及时调整知名度与美誉度之间的平衡。

2. 低知名度、高美誉度象限（B 区）

这是公共关系状态中较为稳定和安全的状态。组织的知名度不高，但是在仅有的知名度下却拥有较高的美誉度，这是一个组织能够稳定上升的阶段。此时，组织应将工作要点放在知名度的提高上，并时刻关注并保持住美誉度，这个过程实际也就是不断扩大美誉度的社会影响。在 B 区的组织可以努力往 A 区发展，并时刻关注知名度与美誉度之间的平衡。

3. 低知名度、低美誉度象限（C 区）

这是组织的原始状态。一般处在初建时期的组织大多位于这个象限。这时的组织既没有什么知名度，公众的好评度也不高。但是因为其知名度比较低，公众负面评价的社会影响力也不太大。处于这一象限组织的任务是，尽量保持较低姿态，从零做起，不断提升美誉度，美誉度提升之后再去考虑扩大知名度。否则，会陷入恶劣的下一个象限。组织的基本发展路径应该是首先向 B 区发展，再谋求美誉度更高的 A 区位置。

4. 高知名度、低美誉度象限（D 区）

对于组织而言，这是最恶劣的公共关系状态。组织具有较高的知名度，但是评价却很糟。这时的社会组织可能处于危机风险之中，危机预警及危机处理在这时非常关键。此时可以采用比较常用但相对保守的做法。这时不要过于注重知名度，而应该低调行事，有意

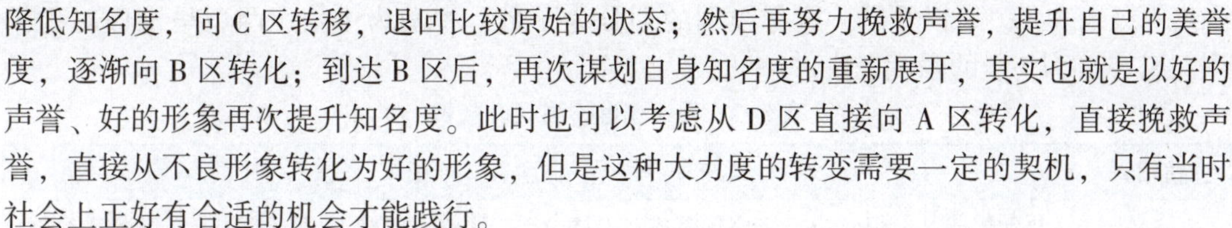

降低知名度，向 C 区转移，退回比较原始的状态；然后再努力挽救声誉，提升自己的美誉度，逐渐向 B 区转化；到达 B 区后，再次谋划自身知名度的重新展开，其实也就是以好的声誉、好的形象再次提升知名度。此时也可以考虑从 D 区直接向 A 区转化，直接挽救声誉，直接从不良形象转化为好的形象，但是这种大力度的转变需要一定的契机，只有当时社会上正好有合适的机会才能践行。

（三）公共舆论调查

公共舆论调查旨在明确知晓公众对社会组织的态度及其舆论环境。公共舆论调查要求公共关系部门时刻关注社会新闻、相关热点与谣言、公众的言论与态度。目前有很多大数据舆情监测软件，组织可以利用它们进行舆论环境的监视，当然，这也离不开公共关系人员的主观判定。

公共舆论的调查，在必要时，应学会建构舆论模型，它可以更加清晰、直观地显示公众对组织的态度及其态度的强烈程度。下面介绍模型的计算与建构方法。

舆论模型的建立主要在两个维度上进行测量，一个是量度指标，一个是强度指标。量度指标显示着持肯定态度或否定态度的人数比例，是对态度的测量；强度指标显示着公众态度的强烈程度，包括肯定态度的强烈程度和否定态度的强烈程度，是对态度强度的测量。

1. 量度指标的测量

量度指标是持肯定态度和持否定态度的人数比例。这里要注意，对某一问题不表示意见的人不予考虑，其数据要被排除在舆论模型之外。量度指标的计算方法如下。

（1）量度的绝对指标。

绝对指标：$L_S = R \times f$（绝对指标数 = 人数 × 分布数与种类数）

持肯定态度的绝对指标：$L_{Sk} = R_k$（肯定人数）$\times f$

持否定态度的绝对指标：$L_{Sf} = R_f$（否定人数）$\times f$

（2）量度的相对指标。

持肯定态度的相对指标：$L_{Zk} = L_{Sk}/L_S \times 100\%$

持否定态度的相对指标：$L_{Zf} = L_{Sf}/L_S \times 100\%$

结果说明：

（1）量度指标的科学性不仅受到样本数量的影响，还受到公众分布数和种类数的影响，因此，f 值越大，调查出来的结果越具有代表性与权威性。

（2）持某种态度的人数比例至少超过 50%，才可以被称为主导舆论，否则被称为次舆论。通过量度指标的数据，可以很清晰地显示出主导舆论是肯定还是否定。

2. 强度指标的测量

强度指标是公众对组织的意见、观点、态度的强烈程度。强度指标对于组织的舆论监控来说是非常关键的。同样持否定意见的公众，稍微否定与非常否定所带来的社会影响是极为不同的，所给予的公共关系回应也有所不同。因此，了解整个舆论的强度是采取相应强度公共关系手段的重要依据。强度指标的计算方法如下。

（1）设置强度的级别。

根据组织对强度细化的要求，将强度进行等级的设置与划分。一般采用 5、7、9 三种强度等级来表示。可以看出，这种级别的划分为单数，中间为中立，两边呈镜像对称排列。表 5-3 为 7 级的强度表格。

表 5-3　舆论模型的强度设置表

级别	D	C	B	A	-B	-C	-D
含义	非常赞成	很赞成	比较赞成	中立	比较不赞成	很不赞成	非常不赞成
人数 R				0			
强度指标							

（2）计算强度指标。

在调查中得到各级强度的人数后，按照如下公式分别计算每级态度强度下的百分比即可。

表示“比较赞成”的强度指标：$q_{zk} = (R_B \times f)/L_S \times 100\%$

表示“比较不赞成”的强度指标：$q_{zf} = (R_{-B} \times f)/L_S \times 100\%$

注意：中立公众永远为 0，不将他们的数量考虑进去，只考虑两端的态度及其强度。

3. 舆论模型的建立

得出上述的数据结论之后，就可以建立舆论模型了。在舆论模型中，可以由坐标来表达舆论的态势，横轴表示舆论强度的级差，而纵轴表示舆论的量度指数，然后将计算好的量度与强度指数标注上去，形成曲线。下面通过完整案例进行舆论模型的绘制。

例：一家企业为了测量潜在用户对该企业的喜爱程度，调查了 1 000 名用户，这 1 000 名用户是从企业所在的 5 个区域中的 6 种不同公众中按比例选定的，调查结果如表 5-4 所示。

表 5-4　舆论调查数据

级别	D	C	B	A	-B	-C	-D
含义	非常赞成	很赞成	比较赞成	中立	比较不赞成	很不赞成	非常不赞成
人数 R	100	270	330	0	17	170	113
强度指标							

（1）绝对量度指标。

$L_S = 1\ 000 \times 5 \times 6 = 30\ 000$

$L_{Sk} = (100 + 270 + 330) \times 5 \times 6 = 21\ 000$

$L_{Sf} = (17 + 170 + 113) \times 5 \times 6 = 9\ 000$

（2）相对量度指标。

$L_{Zk} = 21\ 000/30\ 000 \times 100\% = 70\%$

$L_{Zf} = 9\ 000/30\ 000 \times 100\% = 30\%$

（3）强度指标。

$q_{zk}\mathrm{B} = 330(\mathrm{B}) \times 5 \times 6/30\ 000 \times 100\% = 33\%$

$q_{zk}\mathrm{C} = 270(\mathrm{C}) \times 5 \times 6/30\ 000 \times 100\% = 27\%$

$q_{zk}\mathrm{D} = 100(\mathrm{D}) \times 5 \times 6/30\ 000 \times 100\% = 10\%$

$q_{zf}\mathrm{B} = 17(-\mathrm{B}) \times 5 \times 6/30\ 000 \times 100\% = 1.7\%$

$q_{zf}C = 170(-C) \times 5 \times 6/30\ 000 \times 100\% = 17\%$

$q_{zf}D = 113(-D) \times 5 \times 6/30\ 000 \times 100\% = 11.3\%$

依据上述数值可以建构舆论模型，如图 5-3 所示。

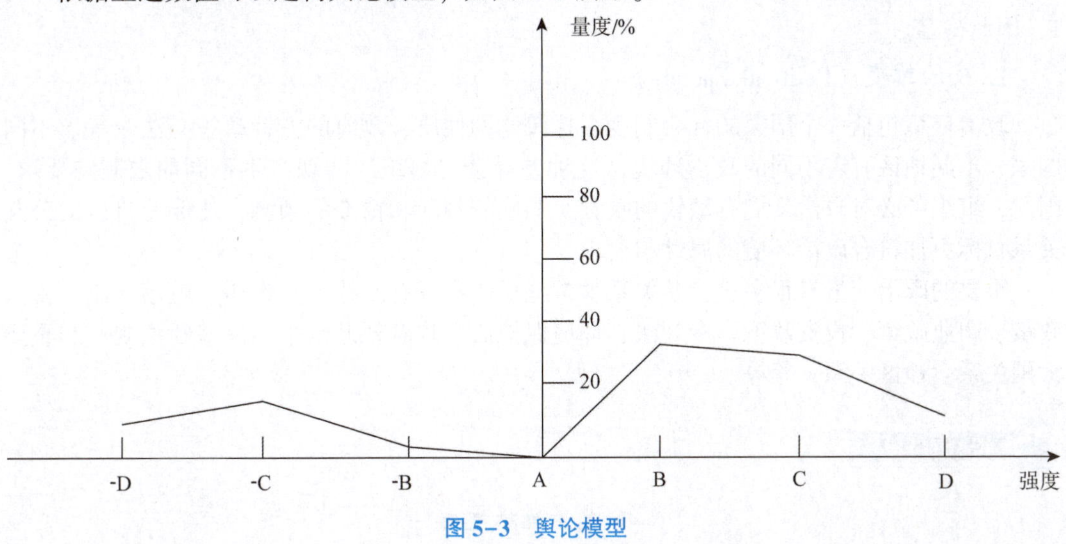

图 5-3　舆论模型

公共舆论模型的结论：

（1）实际样本的人数较多，并且公众种类数也较多，模拟人数达到了 30 000 人。因此，该研究结论具有一定的代表性和权威性。

（2）从总体来看，持有肯定态度的公众人数为 21 000 人，占 70%。因此，肯定舆论为主导舆论，否定舆论为次舆论。

（3）在肯定舆论中，持有比较肯定的公众数最多，占 33%，说明肯定舆论的强度并不高。而在否定舆论中，持有很不赞成和非常不赞成的公众数较多，为 17%和 11.3%，可以看出否定的态度还是很强烈的。这股否定的势力不容小觑，应该给予足够的重视。

阅读 5-1

金鸡百花电影节积极响应舆论获好评

2019 年 8 月 12 日，在第 28 届中国金鸡百花电影节即将举办之际，知名设计美学博主@你丫才美工发起了金鸡奖民间海报大赛，呼吁“救救这只鸡”，邀请设计师们拯救金鸡海报。该电影节往年的宣传海报一直成为网友吐槽的对象，被称为“土鸡”。民间海报大赛发起后，激起了广大网友的创作热情。8 月 13 日，金鸡百花电影节官微表示，“感谢所有支持中国电影金鸡奖和中国金鸡百花电影节的网友们，感谢你们各有千秋的创意和设计！我们会继续努力做好自己的工作，谢谢大家和我们一路同行！”在此回应博文中可以看出，电影节官方并未在意网友对“土鸡”的吐槽，反而感谢网友的创意和设计，借着高话题、高热度顺势也为自己做了宣传，提高了自身的关注度。10 月 22 日，第 28 届中国金鸡百花电影节主视觉海报设计曝光，网友表示审美在线，获得公众认可。

（四）宏观社会环境调查

对宏观社会环境的调查旨在了解组织所处的大社会环境的现状，对于组织各项政策的制定与实施均具有重要的影响。公共关系学常用 PEST 法进行宏观社会环境的调查研究。这个方法能够非常全面地反映组织所处的大环境。

所谓 PEST 法，是对四大指标进行监测与研究的方法，四大指标对应首字母 P，E，S，T，因此得名。

1. 政治维度（Political Factors）

政治环境包括一个国家的社会制度、执政党的性质、政府的方针政策与法令等。不同国家、不同地区有着不同的政治环境，这种差异会对组织的活动产生不同的限制与要求。因此，组织务必对政治环境有敏锐的嗅觉、明确的判断和精准的预测，才能使自己的公共关系目标更加符合政治环境的属性与要求。

重要的政治变量有很多，公共关系学常分析的指标有：执政党性质、政治体制、税法政策、产业政策、投资政策、专利法、环境保护法、政府补贴水平、反垄断法规、与重要大国关系、地区关系，等等。

阅读 5-2

百威为地球充电

近年来，环境保护已经成为中国乃至全世界面临的最大问题，如何保护地球环境是每个人都应该关注的问题。目前，许多环保政策相继出台，我国政府呼吁低碳出行、环保生活。

百威非常关注政府对环保的一系列政策，并在 2019 年 6 月 4 日以世界环境日为契机，与联合国环境规划署共同打造了百威酒瓶充电站公关活动。

该活动以巨大的百威酒瓶为场地（见图 5-4），整个充电站所使用的声音和光源都来自瓶身光伏板所产生的太阳能。另外，百威并没有直接摆出枯燥且晦涩难懂的可再生能源理论来向公众进行宣传与推广，而是将其转变为公众所熟悉的生活场景，将可再生能源与生活相结合，让公众直观感受这种能源所带来的生活新方式。

另外，在百威充电站里还有一个有趣的“不售卖商店”，里面陈列着的百威啤酒是世界环境日的限量款，瓶身有一行特殊的小字“百威承诺到 2025 年 100%使用可再生电力酿造”，这一口号实际上表达了百威的公关诉求，展现了自己的公益形象。此次活动成功吸引了众多公众和媒体的关注，百威酒瓶充电站甚至成为网红打卡地。

图 5-4 百威酒瓶充电站

拓展阅读

积极稳妥推进碳达峰碳中和

党的二十大报告指出：实现碳达峰碳中和是一场广泛而深刻的经济社会系统性变革。立足我国能源资源禀赋，坚持先立后破，有计划分步骤实施碳达峰行动。完善能源消耗总量和强度调控，重点控制化石能源消费，逐步转向碳排放总量和强度“双控”制度。推动能源清洁低碳高效利用，推进工业、建筑、交通等领域清洁低碳转型。深入推进能源革命，加强煤炭清洁高效利用，加大油气资源勘探开发和增储上产力度，加快规划建设新型能源体系，统筹水电开发和生态保护，积极安全有序发展核电，加强能源产供储销体系建设，确保能源安全。完善碳排放统计核算制度，健全碳排放权市场交易制度。提升生态系统碳汇能力。积极参与应对气候变化全球治理。[2]

2. 经济维度（Economic Factors）

经济环境包括宏观与微观两个层面。宏观经济环境主要指一个国家的人口数量、增长趋势、国民收入、国民生产总值等指标反映出的国民经济发展水平和发展速度。微观经济环境主要指组织所在地区的消费水平、消费偏好、储蓄情况、就业程度等因素。我们发现，这些因素直接决定着组织目前及未来的规模。因此，将这些问题搞清楚、弄明白，是进行战略目标制定和公共关系活动策划的重要依据。

重要的经济变量有很多，公共关系学常分析的指标有：GDP及其增长率、劳动生产率水平、居民消费倾向、消费模式、失业趋势、不同地区和消费群体的收入差别、利率、通货膨胀率、汇率、证券市场状况、贷款可得性、外国经济状况、进出口因素、货币与财政政策，等等。

3. 社会文化维度（Sociocultural Factors）

社会文化环境是一个国家或地区的居民教育程度、文化水平、宗教信仰、风俗习惯、价值观念、审美观点等的总和。其中，文化水平可能会影响居民的需求层次；宗教信仰和风俗习惯会使该地区的居民更加偏爱一些活动，或抵制一些活动；价值观则会影响公众对组织目标、组织活动以及组织存在本身的认可与否定；而审美观点会影响人们对组织活动内容、活动方式以及活动成果的态度。因此，组织必须明确自身所处的社会文化环境，才能更加适应并以此为据变得更好。

重要的社会文化变量有很多，公共关系学常分析的指标有：人口结构比例、出生死亡率、结婚离婚率、人口移进移出率、人口预期寿命、人均收入、生活方式、平均可支配收入、宗教信仰、文化水平、风俗习惯、对政府的态度、对道德的关切、对种族的态度、对质量的态度、对服务的态度、对权威的态度、对娱乐的态度、对污染的态度、对外国人的态度、对社会责任的态度，等等。

阅读5-3

可口可乐的公益电话亭

有很多南亚的劳动力到迪拜寻求工作机会，但是他们收入并不多，平均一天只有6美元的收入，这些钱相较于给家里打国际长途的费用来讲，还是太少了，因为在这里打电话回家每分钟要花 0.91 美元。为了节省日常开销，这些外来务工人员常年不打电话回家，这使他们面临着严重的情感缺失。

迪拜可口可乐公司了解到这个现实问题，立即决定与迪拜某广告公司联合打造一款特殊的电话亭（见图 5-5），在这个电话亭里，可口可乐的瓶盖可以当作钱来使用，每个可口可乐的瓶盖可以充当 3 分钟国际长途的费用，并将这种电话亭安放在了外来务工人员比较密集的生活区。

这一公益活动，受到了当地工人们的好评，可口可乐销量上涨，同时也巩固了企业自身关注公益、重视社会责任的良好形象。[3]

图 5-5 可口可乐的公益电话亭

4. 技术维度（Technological Factors）

技术环境是一个组织所处的科研、技术、信息、平台等相关环境的总和。信息技术的发展使公共关系舆论场发生变化，使公共关系活动的形式面临挑战，而一些与组织相关的新技术、新成果的发明与发展则对组织更新产品、提升效率、参与竞争等具有重要作用。因此，组织还必须对技术维度进行严谨的、展望性的分析与调查。

重要的技术变量有很多，公共关系学常分析的指标有：国家对技术开发的投资和支持重点、本领域技术发展的动态和研究开发费用总额、技术转移和技术商品化速度、专利及其保护情况，等等。

第二节 策划方案

学习视频：策划方案

在阐述策划方案之前，我们先来看看荣耀 30 系列年度公关策划案。一般来看，手机类产品的年度公关不外乎限定版、伴手礼、热门话题、热搜榜等。而荣耀 30 系列的年度公关则聚焦影像技术，期待能从一众同类产品中脱颖而出，突出影像技术硬实力的差距。

本次年度公关策划有两大主题：其一，“用长焦守望地球的朋友”（见图 5-6）。荣耀 30 推出了一组“神奇动物镜头”的照片，希望能够借势“两会”生物安全法的热点，传达保护生物多样性的理念，以践行社会责任。其二，“逐日之旅”。荣耀 30 联合中国国家天文台进行跨界营销，这时正值十年一遇的“超级日环食”。荣耀 30 合作新浪拍摄团队提前去往最佳日环食观测地西藏阿里，并剧透观测地环境及直播搭建场景等，吊足了用户的胃口，并由专业摄影师制作如何用荣耀 30 拍摄日环食的教程，发布在新浪科学探索微博中。日环食当天，工作人员用荣耀 30 拍摄了金环日食照片，并借助“2020 超级日环食”话题，全网扩散。可以看到，荣耀 30 的年度公关将自身卖点全面结合到了时代的宏观叙事之中，既有公益层面的情感关照，又有融入大自然的情感关怀，让人耳目一新。[4] 可见，有创意的策划方案是公共关系活动的核心，直接决定着公共关系的成败。

图 5-6　荣耀 30 公关策划主题海报

一、策划方案的意义

策划也称为筹划、谋划，是指在一定目标指引下系统的思维活动。公共关系的策划是指为了达成某种公关目标，借助科学的方法进行构思、设计、制作方案的过程。

所谓运筹帷幄，决胜千里。只有优秀的筹谋才能使公众眼前一亮。因此，策划方案对于公共关系而言具有重要的意义。

1. 推动目标管理，实现组织目标

公共关系人员之所以要进行公关策划，是因为公关策划有利于一个组织合理地、有计划地在公共关系工作的各个阶段，按照一定数量的资源，包括时间、资金、人力、物力等要素，将公共关系目标的方案具体化。

公共关系策划有利于组织在各个阶段进行合理的、有计划的公关工作。由于预先已经规划并统筹预算了时间、金钱、人力、物力等因素，因此可以使公关目标的达成更加有保障，实现对各阶段目标的整体推进与管理，确保公关工作的成效。

2. 提高信息传播的科学性

有系统、有目的的公共关系策划，可以整合分散的传播资源，比如人际传播、群体传

播、大众传播等形式的各类传播资源，使其改变之前盲目的传递，变成能够围绕组织的传播目标而进行的有效传播体系。并且，优秀的公共关系策划，可以使这些传播渠道变得更加完善，改变单向的传播，使之成为有完整反馈机制的传播，从而有效构建组织与公众之间的交流网络。

3. 集中显现公共关系价值

许多重大的组织公关活动都是以事先的策划为基础的。策划过程实际是一个非常具有创造性的过程，它需要凭借公关从业人员优秀的创造性意识和创新性素质，能够充分并有效地利用各种因素进行分析、选择、组合，从而产生能够解决问题的最优方案。不仅提高工作效率，还会在最大程度上达成树立组织形象的最终目标。优秀的公关策划方案是组织成功的基础，也是公关价值最显著的体现。

二、策划方案的步骤

公关策划方案的制定是一个动态且复杂的过程，它依赖于调查研究的结果，包括制定目标、确定公众、选择时机、选择公关形式、设计主题、选择媒介、预算经费、审定方案与撰写策划书等九个步骤。

（一）制定目标

公共关系目标就是公共关系想要达成的最终结果。每个阶段的公共关系活动都应具有不同的目标，这个目标不应该是模糊的、宏观的，而应该是具体的、有针对性的。公共关系策划首先就要制定目标，要明确通过本次公共关系活动，组织能够并想要达成怎样的目的，最终拥有怎样的传播效果。这是公共关系策划的第一步，策划的其他环节都要紧紧围绕这个目标来进行。

1. 目标的分类

公共关系目标按其作用不同可以分为三类：信息目标、态度目标、行为目标，如表5-5所示。组织要根据自身的情况来确定自己的目标。

（1）信息目标。这类目标致力于传递公共关系信息，是最基础的公共关系目标。它涉及不同的层次，目标可以只强调信息的传播，传出去就是目的；或者强调信息的接受度，有多少受众在认知上接受了我的信息；或者强调信息的记忆度，接收到信息的公众是否记住了这个信息。

信息目标举例：

在5月份，提高组织内各部门员工对晋升制度的了解。

在3个月的青年教师课程素养教学竞赛活动中，提高教师与学生对课程素养的了解。

通过对8月份篮球赛事的赞助，增强社会大众对本品牌的知晓率和提及度。

（2）态度目标。这类目标关注公众的看法与态度。一般也有三个层次，它可以强调公共关系活动促进新态度的形成，也就是通过这次活动使部分公众对组织产生了全新的看法与认识；还可以强调强化公众的已有态度，当公众对组织的态度是正向的、积极的，组织需要他们的已有看法更加坚固；还可以强调改变或颠覆已有态度，当公众对组织的态度是负面的、消极的，组织期待能够引导他们的态度进行转变。

态度目标举例：

通过开幕庆典，使32%的顾客对本组织产生深刻且良好的第一印象。

在5月份，通过对灾区的捐赠活动，强化公众对本品牌正面形象的印象。

通过社区开放组织的活动，使80%的质疑公众改变态度与看法。

（3）行为目标。这类目标关注公众的最终行为。同样具有三个层次，它可以强调公众通过公关活动产生新的行为，如购买行为、协同行为等；还可以强调通过公关活动强化公众已有的积极行为，如成为忠诚消费者或公众号粉丝等；另外，还可以强调改变公众的消极行为，这是公共关系的最终目标，也是最难的目标。

行为目标举例：

在未来两年内，说服65%的50岁以上公众做定期的身体检查。

在今年内，使更多的开车者使用安全带，人数提高40%。

在6个月时间内，减少30%工业企业的随意排污行为。

表5-5　目标分类

目标类型	目的	阶段
信息目标	提高知名度	信息的传播—接受—记忆
态度目标	提高美誉度	形成新态度—强化已有态度—改变或颠覆已有态度
行为目标	提高行动力	产生新行为—强化积极行为—改变消极行为

2. 制定目标的原则

组织要根据自身需求制定目标，应遵循以下几点原则。

（1）目标的制定必须要有客观依据。公共关系的调查研究已经为此做好了准备，目标的制定要根据组织的现状、公共关系状态、未来发展趋势、外在舆论环境、宏观社会环境等进行综合考量，制定适合当前组织发展的具体目标，只有这样才能提升公共关系活动的成功率。

（2）目标的制定必须具有可操作性。目标的含义要清晰具体，要通过简单的描述就能表明通过公共关系活动能够达成怎样的目的，不要模棱两可地提出“改善公众的态度”这样的目标，它没有规定时间范围，没有规定预期的程度，因此，我们无法知道通过公关活动是否完成了预期目标。我们应该采用更加具体、更加具有可操作性的表述方式，如“在公关活动结束后的1个月内，使25%的质疑公众改变态度”。

（3）目标的制定必须具有可行性。当然，公共关系期待通过策划能够达成更多、更完美的目标，但是现实条件的限制、公众心理接受能力的限制、活动实施完美度的限制等，使公共关系活动必然带有局限性，不可能实现100%的效用。因此，在设置公共关系目标时要考虑到所有因素，客观地计算出公共关系活动有可能达成的最佳效果，以这个效果为努力的方向，这是具有可行性的，也是最能激发工作积极性的。如果无脑画饼，只会使公共关系人员深感无力，并失去工作的兴趣。

（二）确定公众

组织的公关目标决定了公关活动的对象是具体的、有针对性的。因此，在进行公关策划时，必须根据现实目标的需要，确认哪些公众是该项公关活动必须关注、交流、施加影响的目标公众。只有把问题相对应的公众准确找到、找全，才能更好地和他们沟通，并没有遗漏。

1. 锁定目标公众的方法

锁定目标公众可以通过建构“公众情境模型”的方法来操作。公众情境模型法，实际上就是将公共关系的情景引入进来，回答以下四个问题的过程。在回答问题的过程中，重要的目标公众就可以比较完整、全面地找出来了。

（1）谁被卷入这一问题？这个问题主要回答哪些公众受到了组织牵连。

（2）谁会影响这一问题？这个问题主要回答哪些公众会成为重要的影响要素或施压因素。

（3）谁受这一问题的影响？这个问题主要回答哪些公众已经因为组织受到了影响。

（4）谁将受到这一问题的影响？这个问题主要回答哪些公众将会受到组织的影响。

举例来说，如果一个制药公司发生了药品安全问题，一部分患者因服用药品中毒，已经入院治疗。这将是一次危机公关。在这个危机情境之下，哪些公众是公共关系必须要重视、交流与实施影响的目标公众呢？我们试回答以下问题。

（1）谁被卷入这一问题？制药公司生产药品，但是一般需要通过医院或药店来销售。因此，药店、医院、医生将会作为被动一方卷入这个危机情境之中，受到制药厂的牵连。

（2）谁会影响这一问题？在这个情境之中，危机舆论将会迅速蔓延，其中，媒介公众、政府公众将起到重要的舆论引导作用，甚至影响着组织的生死存亡。

（3）谁受这一问题的影响？因服用药品已经中毒住院的患者和吃过这批药品还未住院的患者是直接受到影响的公众。

（4）谁将受到这一问题的影响？如果此次中毒反应比较严重，发生死亡案例，那么死亡者家属将会面临情感崩溃以及未来的经济困境；另外，如果本次中毒事件过于恶劣，政府相关部门可能要求停产整顿，那么组织内部员工将可能面临失业，股东公众也将面临重大损失。他们在这一危机情境中都将会受到影响。

综上，根据“公众情境模型”，公共关系人员确定了本次事件中的目标公众，包括受到牵连的医院、药店、医生，受到严重影响的患者与其家属，对组织起到了决定作用的政府及媒介，还有组织内部的员工与股东。面对这些公众，公共关系人员必须给予足够的重视，制订具有针对性的应对计划。

2. 分析目标公众

锁定重要的目标公众之后，公共关系还要分析这些公众，只有了解他们的心理倾向与需求才能更好地提出解决方案。那么，我们需要分析什么呢？下面简单进行阐述，因为情况不同，分析的内容也将大不相同，不能作为条条框框加以规范。

首先，了解目标公众的社会属性。分析他们的规模、年龄、职业、文化程度、经济状况、社会影响力，等等。这是对公众最基本的了解，也是针对他们制定公关策略的基本依据。

其次，分析目标公众的需求。只有充分认识到他们的需求与基本的心理预期，才能策划出能够令他们满意的公共关系活动。

以上述的危机情境为例，医院、药店、医生等，他们被中毒事件卷入危机，但实际上他们责任不大，因此，其最主要诉求就是希望制药厂迅速查明原因，帮助他们脱离攻击性的舆论中心，使责任分明。而受到药品影响的患者与家属，这时的心理诉求是谁来承担责任，如何解决他们的实际问题。政府公众与媒介则期望制药厂公开信息，客观接受采访，并协助检查与化验，体现其应有的社会责任感。组织内部的员工与股东则需要安抚与鼓励，因此，内部的信息公开与情感抚慰也至关重要。

（三）选择时机

公共关系活动的时机是非常重要的。时机，简而言之，就是时间的变化所带来的机会。从传播学角度而言，时机是影响传播效果的重要因素之一。

1. 善于审时、借时

时机的选择讲究审时和借时。审时，顾名思义，是指认真审视、细致分析社会上某些时间、时机的特征，并监测这些时间、时机的发展变化；所谓借时，是指借助对己有利的时间或时机进行公关活动。那么，公共关系应该如何审时、借时呢？

（1）争先。

所谓争先，是指公共关系要有捷足先登的意识，在大趋势来临前进行公共关系活动，使自己置身主动的境地，获得先手优势。

比如，在上述危机情境之中，在公共关系分析公众需求之后，我们发现，中毒住院的患者最希望尽快有人帮助他们解决突发的现实问题，包括医疗问题与经济问题，那么这时组织就应在第一时间，帮助他们请最权威的专家诊疗并承担医药费用。这是先机，如果等到患者家属极度不满后诉诸媒介，那么，负面舆情的扩散将使组织面临更大的危机。

（2）乘机。

时机或机遇具有时效性，往往转瞬即逝，因此，要非常善于把握住最好的时间点，这些时间点可能存在着与公共关系活动相关的社会大趋势、大环境、大舆论等，一定是公关的最佳机遇，它可以使公共关系信息的传播达到最佳峰值，在最大程度上体现出其价值与效用。一般而言，乘机可以乘以下三种时机。

首先，乘周期循环之机。周期循环之机是固定的时机，比如节日、纪念日、规律性的赛事等。对于策划者来说，这些时机是非常明显的时机，如果利用得当、策划得法，就可以设计出非常成功的公关活动。但是周期循环之机也因为其固定性与可预见性，成为各个组织公关竞争的焦点，因此，创新十分重要。

其次，乘可预料之机。可预料之机是指那些并不呈现周期性，并非循环往复，但是可以根据各种信息推测出来的时机，比如，工程竣工或开业之日、新产品问世或取得重要成果之时都是可以预料的发布公关信息的好时机。这类时机具有不固定的特征，因此，需要公共关系人员认真分析，找到自己与之相契合的点，利用这样的时机进行公共关系信息的输出。

比如，上述危机情境中，如果制药厂的中毒事件导致了患者肝脏的永久性损伤，可预料的，组织必然会举办新闻发布会，公开致歉与赔偿。这就是可预料之机，组织可以利用这次公开致歉，宣布将建立肝脏保护基金，为社会上同样患有该类疾病的困难患者提供援助。如此，组织不仅在语言上表达了致歉，更在行动上体现了社会责任感，更容易得到社会公众的谅解。

最后，乘突如其来之机。很多优秀的公共关系策划都是利用这类机遇成功的，这类机遇难以预料、无规律可循，但是这些突如其来的状况，往往可以给公共关系带来意想不到的好效果。

阅读 5-4

乘高考之机，众多品牌发图公关

品牌公关海报如图 5-7 所示。

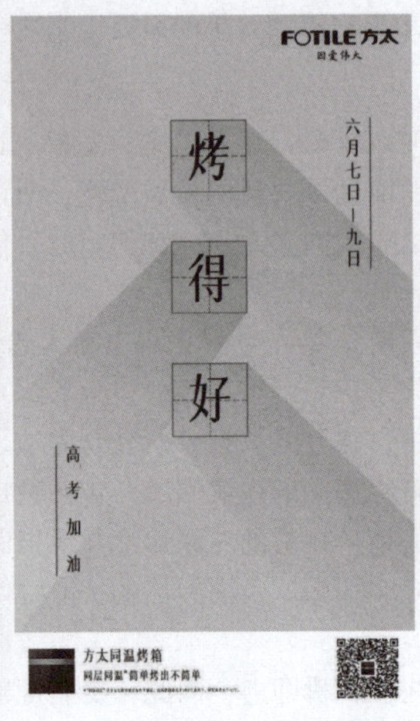

图 5-7　品牌公关海报

阅读 5-5

“迪迪事件”：事故变故事

2019 年 11 月 13 日奥迪在微信朋友圈投放奥迪 Q8 广告，但是视频广告中却意外嵌入了英菲尼迪 QX50 的画面。这次广告投放的乌龙事件迅速引起了汽车圈的集体狂欢，沃尔沃率先利用官微@奥迪，“朋友也帮我投一个呗”，随后，吉利、广汽三菱、东风风光等汽车品牌纷纷发微博调侃。16:09，腾讯广告官微发布致歉信，致歉信中表明这则视频广告确为奥迪在宁波地区投放的信息流广告，但是由于汽车行业服务商的疏忽造成视频错播，腾讯广告将和服务商共同承担广告费用和损失，并且提出要强化自身规范与管理。17:41 和 18:25，奥迪和英菲尼迪也先后做出了“今日，宜包容”“懂你，兄弟”的表态。11 月 30 日，在事件逐渐平息之后，奥迪官方也给出了正式声明，表示以宽容平常心对待。这本是一次乌龙事件，却在两家企业的公关活动下变成了联合营销的范本。[5]

（3）后发。

后发是后发制人的意思。在公共关系的时机选择之中，后发是指在社会上大多数相似信息或活动已经出现之后，在严谨分析与判断这些信息与社会反响之后，策划出更加成熟的公共关系活动，以达到后来居上的效果。后发制人的最大好处在于，能在开始时巧妙地隐藏自己的意图，并在对竞争对手和社会信息做全面准确的分析认识后，推出更有针对性、更为成熟的策划方案，其成功率也更大。

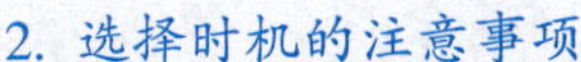

2. 选择时机的注意事项

时机，稍纵即逝，但也不是所有时机都要利用，选择时机要讲究“相关”。

（1）尽量选择那些既能够引起目标公众的兴趣与关注，又具有较强新闻价值的时机。

（2）要善于利用节日，但也要学会避开节日。利用还是避开，要看这一节日是否与组织相关，如果相关则相得益彰，如果不相关，则容易被节日气氛所冲淡。

（3）要善于利用社会上的重大事件，但也要学会避开社会上的重大事件。理由与上述一致，要看这一时机是否与组织相关，如果与组织相关，可以积极参与，如果与组织不相关，则重大事件必然掩盖公关活动的效果。

（4）不要同时展开两项以上的重大公共关系活动，以免分散社会公众的注意力，削弱或抵消自身应有的效果。

（四）选择公关形式

公共关系的策划还要确认到底采取哪种或哪几种公关活动的形式。形式的选择与确定要根据不同的公关目标、不同的公众、不同的时机，因此，它是策划的第四个环节。公关活动的形式主要有以下几种。

1. 宣传型公共关系

宣传型公共关系是运用大众传播媒介或内部沟通的方法，展开公关活动的形式，目的是通过对内或对外的信息传播与沟通，让公众了解组织、相信组织、支持组织、称赞组织，从而获得更好的社会舆论环境。宣传型公共关系的主要特点是主体意识与观点的主导性强、传播时效性强、传播范围广泛、传播效果相对较好。

这种宣传型公共关系既包括内部宣传，也包括外部宣传。

内部宣传的主要目的是信息的公开、凝聚力的培养。常用的方法有：企业刊物的发行、企业黑板报与墙报、内部讨论会、演讲会等。

外部宣传的主要目的是培育积极的舆论环境，表达组织的社会愿景。常用的方法有：新闻发布会、公开演讲、公共关系广告、制造新闻事件以及一系列公共关系专题活动等。

2. 交际型公共关系

交际型公共关系是在人际交往中开展的公共关系活动，目的是通过人与人之间的直接接触，实现感情上的联络，建立广泛的社会关系资源网络，形成有利于组织发展的人际环境。这种公关形式的重心是创造或增进直接接触的机会，加强感情的交流。其特点主要表现在针对性强、人情味浓、灵活性强、反馈直接迅速、传播效果好。

根据交往对象不同，这种公关形式既包括团体交际，也包括个人交际。

团体交际比较容易操作，其对象可以是各种利益相关者，其目的是进一步加强和深化双方的感情或解决问题。常用的方法有：招待会、茶话会、酒会、舞会、联谊会、参观游览、答疑会等。

个体交际是一种最普遍的公关形式，其对象可以是投诉者、出色的内部员工、舆论界名流等。其目的是排除矛盾、解除疑虑、获得支持。常用的方法有：交谈、接待、专访、祝贺、信件往来、慰问等。

3. 服务型公共关系

服务型公共关系是一种以提供优质服务为主要手段的公共关系活动，其目的是以提供实在、优惠的服务来获取社会公众的了解与好评，从而树立组织形象。

这种公共关系不仅仅局限于服务行业，任何一类社会组织都可以向社会公众提供必要的服务。当然，服务型公关并非谋求初级的基本服务，而应该是一种更高层次的服务，应该是能够区别于竞争者的一些扩展服务、超值服务、特色服务，只有这样才能凸显自身的品牌个性。因此，同样需要公共关系人员的精心策划与创新。

阅读 5-6

末班地铁的问候

“这座城市的风很大，孤独的人总是晚回家。”然而，在北京却有这样一条地铁，它努力温暖着这些都市夜归人。京港地铁秉持“以客为先”的理念，发起了“末班地铁·温暖都市夜归人”公关项目，希望在夜间地铁运营时段，利用地铁内的媒体空间，给予都市夜归人以温暖和激励。

具体措施：

（1）京港地铁打造了一个专属的“地铁电台”。电台的开场白直接表达主题：“生活在北京，你会发现，这城市很大，大到相熟的朋友一年都见不了几次面；这城市又很小，小到总有人和你在同一节车厢默默赶路。这座城市的风很大，孤独的人总是晚回家。我不知道此刻的你是否感到孤独，但请你一定相信，总有人在你看不见的地方偷偷爱着你。”

（2）地铁空间中的沉浸式鸡汤。在 4 号线车站的墙壁、柱体或灯箱上安排了很多温暖人的金句海报：

“有两样东西永远不要错过：深爱的 TA 和回家的末班车”

“甲方爸爸远了，亲妈近了”

“PPT、Excel、KPI 你们还追啊，我，到家了”……

（3）推出了 H5 互动页面及微博、微信互动话题。

（4）在车站和车厢中不断滚动的温馨视频。

“以客为先”服务理念的落实是永无止境的，准点、安全到达是基本的，而这种心灵上的服务则更能有效打动目标公众，无形之间将企业的品牌和服务理念深深植入消费者心中。[6]

4. 社会型公共关系

社会型公共关系是组织通过举办各种社会性、公益性、赞助性活动开展公共关系工作的形式，其目的是通过积极的社会活动，塑造组织关心社会、关爱他人的良好形象，以扩大组织的社会影响，提高社会效益。其特征是公益性、文化性、社会性。

社会型公共关系主要有两种活动形式。

其一，是以组织自身的重要社会活动为中心而展开的公关活动，如组织开业、周年庆典、工程竣工等。

其二，是以赞助公益性事业为中心开展的公关活动，如赞助教育、希望工程、捐款赈灾、赞助体育盛事、冠名综艺节目、赞助大奖赛等。

5. 征询型公共关系

征询型公共关系以采集社会信息为主，旨在通过信息采集、舆论调查、民意测验等工作，加强双向沟通，使组织了解社会舆论、民意民情、消费趋势等，为组织的经营管理决策提供背景信息等服务，使组织行为尽可能与国家的总体利益、市场的发展趋势以及民情民意一致。征询型公共关系的工作重心应放在操作的科学性以及过程的真诚性上。

征询型公共关系的工作方式主要有：产品试销调查、产品销售调查、市场调查、访问重要用户、访问供应商或经销商、征询使用意见、鼓励提出合理化建议等。

阅读 5-7

“亚都”智取津门

20 世纪 90 年代初，“亚都”牌超声波加湿器曾在北京等地大热，市场占有率高达 93%。但是奇怪的是，它只在天津市场受到冷遇，连续三年总销售量仅 400 台。亚都品牌方非常不解，于是开始了大量的调查与研究。

他们为了了解天津人的生活习惯，借阅了很多描写天津人生活的大众读物；到天津各大商场了解天津的消费特点；还咨询了天津的新闻记者以了解天津市民的阅读习惯和口味；最后他们还借阅了天津发行量前 10 的报纸，比较其发行范围、价格、周期、风格，等等，最终形成了“亚都加湿器向天津市民有偿请教”的公关活动方案。

1991 年 11 月 15 日和 16 日，连续两天，《天津日报》《今晚报》《广播节目报》都刊登了“亚都有偿请教”的公关广告。

广告内容如下：

尽管亚都加湿器的特殊功能满足了现代完美生活的新需求，尽管亚都加湿器在与洋货竞争中市场占有率高达 93%，尽管亚都加湿器销售已突破小家电市场零售总额的 38%，尽管亚都加湿器的热销被称作亚都现象，并引起国内各大新闻媒介数次重点报道，但奇怪的是，天津的购销情况却不尽理想。

是天津市的室内气候不干燥吗？不，不是！

是天津市的老年人不了解湿度对益寿延年的重要性吗？不，不是！

是天津市的女士不懂得湿度是美容驻颜的第一要素吗？不，不是！

是天津市的婴幼儿不需要更接近母体湿度的环境吗？不，更不是！

是天津市民情愿自家乐器、家具、字画等名贵物品在冬季干裂变形吗？不，也不是！

面对上述困惑，国内规模最大、专业性最强的人工环境科研开发机构——亚都在百思不得其解后，特决定向聪慧的天津市民虚心请教，请热情的天津市民为我们指点迷津。来函赐教，或宏论，或短论，均请注明详细通信地址，亚都人将以礼相谢。

选在这两个日子推出公关广告，也是有原因的。11 月 15 日是天津市统一供暖的日子，在这一天提出干燥、湿度两个概念，容易得到共鸣；11 月 16 日是周六，一家人可以一起讨论。

接下来在 11 月 17 日，星期日。40 名公关人员，又出现在天津各大商场，他们向顾客散发“有偿请教”的各类宣传品，并回答顾客提出的相关问题。连续 4 个星期日，共散发宣传品 14 万件，直接接触天津市民 60 万人次，亚都一下子成为天津市民的话题。

从 11 月 16 日到 26 日的 10 天时间里，1 200 多封天津消费者的来信寄到了亚都，他们在信中提出建设性意见 4 000 余条。

12 月 3 日，亚都在此基础上又开展了新的公关活动，向这 1 200 多名消费者回复了感谢函与感谢卡，凭感谢卡可以特价购买亚都加湿器一台，并于 12 月 6 日，在天津《今晚报》刊出了 1 200 多市民的名字以表感谢。

公关结束后，截至 1992 年 1 月 15 日，亚都超声波加湿器在天津市场的销量高达 4 000 台，两个月的销量相当于过去三年销量总和的 10 倍。[7]

上述五种公共关系的形式基本囊括了公关的主要模式，在公共关系策划过程中，组织要根据需要选择最适合的公共关系形式，或选择几种形式搭配公关，并在此基础上，进行创新策划。那么，回到上述的危机情境下，如果你是制药厂的公共关系人员，会选择哪些公关形式进行危机公关呢？

（五）设计主题

在选择了公关形式之后，就要为自己的公关进行主题的拟定了。主题统括了公共关系活动的整体思想与创意思路，实际上是内在创意的外化过程。公共关系的主题要能够吸引公众、抓住人心。因此，对于主题的反复揣摩、推敲、提炼都是非常必要和值得的。拟定主题需要有创意，更要遵循以下原则。

1. 一致性

拟定主题是为了更好地凸显公共关系的目标，因此主题必须与公共关系活动的总目标保持一致，要服务于总目标。偏离目标的主题会给公众造成错觉，使其产生误解。要坚持一个声音，围绕一个主题。

2. 实效性

公共关系的主题不在于华丽的辞藻，而在于是否能够真正地感染公众，产生实际效用。这种实效性主要表现在三个方面。其一，是否符合客观实际，要实事求是，不能把做不到的事体现在主题之中；其二，要能够真正感染公众，打开公众心扉，使其产生共鸣；其三，要兼顾社会效果，不要哗众取宠，也不要迎合低级趣味。

3. 客观性

公共关系的主题要能够体现公共关系的精神，体现时代气息，要真实、朴实、诚恳。如果商业味过浓、宣传味过重，主观性过强，可能会引起反作用，引发公众的反感。这一点公关与广告是不同的，不要过于张扬，应走亲切、平易的路线。

4. 新颖独特

公共关系的主题先行于公关活动，公关活动是否能成功吸引公众，在很大程度上，都受主题因素的影响。因此，具有创意、新颖、独特的主题是公共关系策划追求的重点，要让公众眼前一亮，觉得有意思，这样观众才会继续了解这个活动的具体内容。

5. 通俗简练，易于记忆和传播

心理学研究表明，人对语言的记忆不超过 16 个音节，否则，可能产生排斥心理。因此，主题的表达应该尽量通俗易懂、简单凝练。这样的主题朗朗上口，也更加有利于媒体传播与公众的记忆。

公共关系活动主题的表达形式多种多样，公共关系人员要充分发挥想象力，设计最适

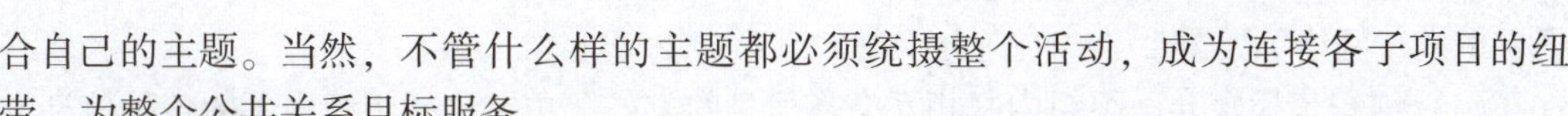

合自己的主题。当然，不管什么样的主题都必须统摄整个活动，成为连接各子项目的纽带，为整个公共关系目标服务。

阅读 5-8

同一个世界　同一个梦想

2005 年 6 月 26 日，北京奥组委发布了“同一个世界 同一个梦想”（One World One Dream）的 2008 年北京奥运会主题口号。这个主题是一个关于和谐、共同经历和世界团结的口号，它反映了奥林匹克运动通过体育运动团结世界的目标，表达了中国人民愿以友谊拥抱世界的愿望，描绘了奥林匹克运动会带给人们一种共同经历，传达了人们共同的心声和对美好未来的向往，表现了团结、和谐、友谊、分享和梦想的价值。

“同一个世界 同一个梦想”，言简意赅，却深刻反映了北京奥运会的核心理念，其英文口号“One World One Dream”句法结构具有鲜明特色。两个“One”形成优美的排比，“World”和“Dream”前后呼应，整句口号简洁、响亮、寓意深远，既易记上口又便于传播。[8]

阅读 5-9

“来益”“关机一小时”公关活动

自 2015 年以来，“来益”已连续五年在春节期间开展以“关机一小时”为主题的大型公益项目。通过各种传播介质，不断扩大其影响力，呼吁人们减少对电子产品的过度依赖，从而达到远离蓝光、回归亲情的目的。

2015—2017 年，依次用了“抬头看看 TA”“不再错过 TA”“用心陪伴 TA”作为系列主题。Slogan 简单直接，有情境代入感，贴近生活，易激发大众共鸣。2018 年，进入“关机一小时”IP 升级期，该项目以“让陪伴更有温度”为主题再次出现在受众的视野。2019 年，“关机一小时”内容方向进一步提升，以“关 EYE 全天候”为主题，进入品牌情感、专业度强关联阶段。[9]

（六）选择媒介

媒介，是公共关系传播的载体。公共关系人员要善于利用各种媒介进行合理的公共关系信息传播，因此，在确定公关的形式与主题之后，要选择最好、最适合的渠道进行宣传或推广活动。

1. 传播媒介的类型

公共关系人员要善用媒介，首先需要了解能够承载公共关系信息的媒介有哪些，下面对传播媒介进行简单的分类。

（1）人际传播媒介。人与人之间相互交换信息的方式，主要包括面对面交谈、书信往来、电话联系或利用电子媒介的沟通。这种传播媒介主要依赖语言与非语言因素的配合。

（2）群体传播媒介。一群人之间相互交换信息的方式，主要包括会议、新闻发布会、联谊会等。

（3）大众传播媒介。借助大众传播媒介互换信息的方式，主要包括报纸、杂志、广播、电视、网络等渠道。

（4）组织传播媒介。组织内部相互交换信息的方式，主要包括组织内部的各种信息沟通方式，既包含人际传播的方式，也包含群体传播的方式，甚至还有大众传播的方式。

公共关系人员要善于将自己策划的主题活动通过不同的媒介进行传播与推介，或者综合利用多个媒体进行立体化、全方位的宣传，不同的活动，选择适合的媒介非常重要。

比如，上述危机情境中，公开致歉并宣布基金会的成立，最好的方式就是利用大众传播，通过召开新闻发布会的方式将信息传递出去，信息的传播峰值必然达到最大化；而对于组织内部员工的安抚与凝聚，就要利用组织传播媒介，而不能通过大众传播媒介去宣传，也没有必要；对于中毒患者及其家属的慰问，适合采用人际传播媒介，只有在获得同意或者确定不会有突发状况时才去考虑利用大众传播媒介。

2. 传播媒介选择的原则

只有选择了最恰当的媒介，组织才可能与公众进行顺利的沟通。在这个过程中应该遵循以下三个原则。

（1）适应对象原则。公共关系人员要考虑目标公众对于这个媒介的使用习惯，要考虑目标公众是否能够顺利接收到这个媒介的信息。使用目标公众最有效的信息接收渠道，才能获得宣传效果。因此，公共关系人员需要考虑这几个问题：信息接收者是谁？他们习惯于利用哪些媒介接收信息？他们对什么形式的信息感兴趣？他们对各种形式的信息的理解能力如何？他们接收信息的条件如何？

（2）区别内容原则。组织要传递的信息内容与信息形式千差万别，应该选择相应的媒介去承载才能得到更好的接收效果。首先，不同的信息内容适合不同的媒体或不同的领域。比如，赞助体育盛事，可以着重选择体育频道、体育版面、体育论坛进行传播；“双十一”提前预热活动，要选择娱乐频道、民生版面、商业化网站进行传播。另外，不同的信息形式也应寻找相应的承载媒介。比如，“双十一”的 H5 互动页面投放在其官方主页或在微信微博都是很好的渠道，而一定要在电视中播放就失去意义了；如果信息是以图表或大数据可视化的方式构建的，那么投放在纸质媒介上或网络媒介上是较好的，因为广播、电视无法给公众太多的时间去研读上面的有用信息。因此，公共关系人员要反复斟酌自己的信息内容与方式，去寻找最佳的媒介。

（3）合乎经济原则。公共关系传播需要一定的经济投入和其他资源的投入，组织在进行媒介信息投放时还应关注自身的实力问题，在自己能够承受的范围以内去追求信息传播的最佳峰值，不能一味贪大。

阅读 5-10

腾讯+人民网国庆节 H5《我的年代照》

在中华人民共和国成立 70 周年之际，人民群众的爱国热情和民族自豪感空前高涨，借此舆论氛围，引发全民参与，是传播品牌正能量的绝佳契机。腾讯与人民网合作策划，为国庆献礼，创造了一次击破圈层的全民刷屏现象。

《我的年代照》以一个短视频切入，讲述了 7 位不同年代名为“建国”的普通人的故事，引发情绪，7 个年代、15 个场景、8 位演员打造最具年代感和代入感的体验，使不同年代的人自我代入，然后以腾讯云技术和人脸融合技术为支撑，通过让用户上传照片生成自己的年代照，让用户共同回望70年的峥嵘岁月。该H5上线之后获得强烈反响，引发了一场从“怀旧”到“自豪”的集体情感共鸣。

新闻稿报道共计45篇，其中自主投放20篇，转载25篇；获得环球网、央广网、人民日报网等8家网媒推荐，以及今日头条、网易、腾讯、凤凰网4家客户端推荐；其中客户端总阅读量63.8万次；推荐量463.5万次；微博话题“我是亲历者”阅读量1.6亿次，讨论2.4万次，在国庆期间荣登话题总榜第一名；次话题“我的年代照”阅读量7 034.9万次，讨论1.4万次。[10]

（七）预算经费

公共关系策划是一项经营管理职能，更是一种市场行为，需要考虑投入与产出的关系，只有建立在一定的物质条件上，公共关系方案才能成为现实。所以，编制公共关系预算是必须重视的一个环节。它可以保证公关策划方案切实可行，并为评估提供依据。一般而言，预算由以下几个方面构成。

（1）劳务工时报酬。

（2）行政办公经费，包括办公用品费、电话费、房租费、水电费、保险费等各项费用。

（3）专业器材和成品制作费，包括采购宣传品、纪念品、摄影设备、工艺美术器材、视听器材、展览设施、展品、通信设备等各项费用。

（4）宣传费，包括公关广告费、媒介宣传费等费用。

（5）实际活动费，包括公关活动费、接待费、培训费、调研费、公关人员差旅费、交际费等费用。

（6）赞助费，也就是组织赞助社会文化、教育、体育和各种福利事业或慈善事业的费用。

（八）审定方案

审定方案是对公关策划再次进行分析，也就是方案优化的过程，是再次提高方案合理程度的过程。对于公共关系而言，是最后一道把关过程。审定方案的过程，应主要考虑以下四个方面的核查。

1. 目标的合理性

目标是公共关系方案的最基本前提，目标的正确与否直接影响着公关活动的成败与成效的高低。审定方案时一定要检查所给出的公关目标是否明确，是否具有针对性，是否符合整体的公关战略思想。

2. 方案的可行性

公关方案的制定是为了能够顺利实施，如果方案不具备可行性，则下一步根本无法实施，那么就失去了公关策划的意义。审定方案时要关注活动的时间、地点是否可行；各种资源是否可以提供足够的保障；更重要的是，还要审定公关策划是否有创意，是否能很好地吸引公众的兴趣与目光。这些都是影响公关方案可行性的重要因素。

3. 费用的合理性

公共关系的费用一般来说与公关效果成正比，但并不是越高的公关费用越好，还必须要核定投入与产出的平衡，要估算组织是否有足够的实力去承受。因此，对于方案的审核还要严谨地计算公关费用，以达到最优的投入与产出比。

4. 潜在问题的预测和防范

任何一个公共关系策划方案都不可能完美无缺，在实际的操作过程中，总会遇到这样或那样的突发问题与状况。为了减少这些突发情况对活动效果的影响，在制定方案时就应该仔细考虑容易遇到的问题，并准备好应急方案。当然，并非所有突发状况都能被预见，因此，公共关系人员要善于多角度分析，并在变化性最大的环节上下功夫，同时，也要拥有随机应变的能力。

（九）撰写策划书

撰写策划书是公共关系策划的最后一步，是将以上步骤汇总为纸面报告的过程。一份清晰、明确、详细的公关策划书是公共关系活动实施的重要指南，是策划者思维水准的具体体现，也是评估公关活动的依据和标准。因此，策划书的撰写也非常重要。

一般而言，一份规范的策划书包括标题、正文、署名三个部分。标题可以直接写为“××公司××公关活动策划书”，也可以将公关主题作为副标题写进来。最后的署名，可以是组织名称，也可以是公关部或具体成员的名字。标题与署名这里不做详述。

正文部分是整个策划书的核心，一般包括以下几个部分，可以根据具体活动、具体情况调整顺序或整体删减，并非所有策划书都必须一致。

1. 前言

前言，或叫活动背景、项目背景、企业分析等。这部分主要介绍公关活动的背景、原因、意图，或相关的理论依据、事实依据，或企业背景与现状。总之，前言部分是整个正文的引言或铺垫。

2. 项目调查

项目调查，或叫公关调查、调查研究等。这部分体现了公共关系调查研究的工作，要明确组织的产品形象、管理形象、知名度与美誉度、市场环境、市场需求、公众心理倾向、经济条件、文化需求，等等。根据不同的情况，进行不同层面或领域的资料搜集与数据分析。这部分是引出后面具体策划内容、策划意义与针对性、策划迫切性的基础。

3. 项目目标

项目目标，或叫公关目标、活动目标等。这部分要根据调查的结果，制定公关项目的目标设想，可以包括公关的总目标、阶段性目标、具体宣传目标等。但要注意目标应符合其制定原则。

4. 项目策划

项目策划，或叫公关策划、活动策划等。这部分要将具体的公共关系策划各项内容写清楚，包括创意说明（制定怎样的主题，策划怎样的活动）、媒介的选择、时机的选择等。

5. 项目预算

项目预算，或叫经费预算、综合预算等。这部分可以包括三个部分的预算：人员预算、经费预算、时间预算。当然，有时只写经费预算。

6. 项目评估

项目评估，或叫效果评估、公关效果评估等。这部分应该是对公关活动的预评估。当然，有时也会在公共关系活动结束之后，进行完善与修改。

第三节 传播实施

学习视频：传播实施

传播实施是公共关系的第三步，是根据已经制定的公关方案进行具体实施的关键环节。本节主要介绍传播实施的意义、原则以及在传播实施过程中遇到的主要障碍，明确这些问题可以有效提升公关活动的效率。

一、传播实施的意义

公共关系传播实施是在公关策划案被采纳后，将公关策划所确定的内容变为现实的过程。这个过程是公关方案变现的重要环节，也是公共关系实际操作的复杂过程，在这个实施过程中，是否能将优秀的策划案完美地付诸现实非常关键。

1. 它是解决问题的中心环节

公共关系的目的不是调查现状，不是创意策划，而其最实质的目的是解决问题、达成目标。因此，只有一份精致的公关策划案是不够的，必须要将其变成真实的活动，才能真正、直接、具体地解决问题，产生到效果，否则都是纸上谈兵。

2. 它决定着公关策划案实现的程度和范围

公共关系的策划案是静态的，是理想化的；而现实是动态的、繁杂的，是多种因素交织在一起的结果。因此，在公关策划案的实施过程中，常常会遇到各种突发状况与现实问题。而公共关系人员在实际操作过程中的灵活性、创造性、能动性则在很大程度上影响着策划案实施的程度与范围，是否能在最大程度与范围上将策划案现实化也是衡量公关活动的重要标准。

3. 实施结果是后续方案制定的基础和重要依据

公关活动实施之后，无论成败，无论目标的完成度如何，都会在社会上产生一定的效果与影响，可好可坏，可大可小，这都将成为下一次公关的起点。也就是说，下一次公关活动是建立在本次公关活动实施的基础之上的，注意，不是公关策划案的基础之上。因此，传播实施是一个纽带，它的经验教训、影响程度都是下一次公共关系调查研究的重要内容，都是下一次公关策划的基础和重要依据。

二、传播实施的原则

公共关系传播实施是一个复杂、科学且能动性很强的过程，在执行的过程中可能需要公关人员灵活处理一些现实问题，也应遵守一定的原则。只有在遵循原则的基础上，创造性地开展工作，才能获得成功。下面是传播实施的四大原则。

1. 目标导向原则

目标导向原则，又叫作目标控制原则，是指在公关策划案的执行过程中，要保证各种行动不能偏离策划案中的大目标。在实际的传播实施中，由于环境、公众、舆论等不断发生着变化，可能会需要公关策划案在某些问题上做适当的调整，但是这些调整也都应围绕原来的大目标进行。如果改变目标，则需要重新制定策划案，不应草率变动，因为目标的制定是要建立在科学的调查研究基础之上的，是建立公关形象的战略步骤。因此，传播实施要紧紧围绕策划案的目标，进行具有目标导向性的实践。

2. 控制进度原则

控制进度原则，是指公关活动的执行必须按照策划案中各项行动的时间进度要求来完成，避免发生某部分的滞后或超前。如果新闻发布会马上就要开始了，但是展示品或纪念品还未制作完成，那么将极大影响组织公关活动的效果，甚至闹出笑话。因此，在公关实施的过程中，一定要做好调度工作，使各项工作能够均衡展开，并确保按时完成。组织可以制作进度控制表，直观地将任务与时间对应起来，每天监控。在这个过程中，公共关系人员还要做好预测，及时发现可能影响实施的各种因素，并针对这些因素采取有效的预防和应急措施。

3. 整体协调原则

整体协调原则，是指在公关策划方案的执行过程中，各项工作之间应该达成一种和谐、稳定、互补的状态，应该是一个整体协调的体系，只有各个环节有力配合与协调互动，才能在整体上呈现出最佳效果。相反，如果各个活动各自为战，或者是相互矛盾，那么极有可能导致公信力下降，或是整体公共关系活动的失败。

4. 反馈调整原则

反馈调整原则，是指公共关系策划案与实际传播实施过程中的互相调整与纠正。方案永远只是方案，当它与实际相结合之后，一定会呈现出部分问题，这就需要公共关系从业人员认真思考现实状况，及时根据现实环境调整原有方案，不能死守计划，要懂得灵活变通。在公共关系策划案的实施阶段，这种反馈调整应始终不断地进行，直至实现方案目标。

三、传播实施中的障碍

在公关策划案传播实施的过程中，一定存在着各种各样的阻碍因素。因此，认识与总结传播实施中的障碍非常必要。下面将传播实施中复杂、繁多的障碍大致分为三类。

（一）实施主体障碍

实施主体障碍是主要来自组织自身的影响因素，主要有四种。

（1）实施人员障碍：主要来自公关人员的素质因素或工作积极性因素所造成的障碍。

（2）目标障碍：主要源于公关策划过程中对目标的制定存在缺陷所造成的障碍，比如缺乏可操作性、没有可行性等。

（3）预算障碍：主要源于在传播实施过程中没有充足的物力、财力支撑所造成的障碍。

（4）机构障碍：主要源于组织自身结构的层级臃肿或结构松散导致信息传递失真或速度减慢等所造成的障碍。

这些障碍来自组织内部，是应该积极避免的阻碍因素，应该在公关的策划环节就充分考虑进去，并在实际操作过程中极力避免。

（二）沟通障碍

沟通障碍是组织与公众之间进行互动、交流的过程中所产生的阻碍因素，主要有四种。

（1）语言障碍。这种障碍有三种情况：其一，由于语音混淆、语义不明、语法不通、用词不当所造成的障碍；其二，不同国家、地区、民族也会产生文字语义上的误解；其三，由于沟通对象的文化水平不同所造成的误解。

（2）习俗障碍。习俗是在一定文化背景下形成的具有固定特点的道德、礼仪、审美等。这是人们在长期生活中约定俗成的习惯，是很难改变的。如果公关人员没有关注到这些习俗的特征，很可能在传播实施中遇到问题。

（3）观念障碍。观念是由一定的知识和经验沉淀而形成的，经过长时间的积累逐步被人们内化与信奉，并用以指导自我行动。有些公众的观念能够支持公共关系的顺利进行，而有些观念将成为阻碍公共关系进展的重要因素。因此，公共关系人员要明确目标公众的一些固有观念障碍，如保守观念、封建观念、自私观念、极端观念、片面观念等。只有了解了这些观念上的障碍，才能在本质上找到影响活动进展的问题所在，才能用适合这些观念的沟通方式或行为做法与其进行恰当、巧妙的互动。

（4）心理障碍。心理障碍是指人的认识、情感、态度等心理因素对沟通过程所产生的障碍。常见的心理障碍有胆怯心理、自尊心理等。

另外，遇事不冷静，态度欠佳或者情感失控也会导致沟通障碍。

阅读 5-11

免费“购物中心”

看到那么多人因为贫穷而流浪街头，原奥美广告人想出了一个主意，这既能够让这些人有衣服穿，还不伤害他们的自尊。

他把活动海报设计成衣架和鞋盒的形式，用来陈列衣服和鞋子，摆在街头，就像一个免费的购物中心，让那些无家可归的人可以自由选择自己喜欢的物品。“为什么捐赠一定是被动接受和承受异样的眼光，他们也应该同样有选择的权利。”很多流浪者在他的摊位前开心地挑选着衣物，没有尴尬、没有强迫。这种暖心的做法吸引了越来越多的志愿者，捐赠的衣物越来越多，而且又开始出现了一些其他免费服务，如理发、图书等。

为了让这个暖心的活动继续下去，活动发起人又在官方网站上传了活动海报供大家下载，在短短 10 个月时间里，世界各地已经建立起了 121 个这样的“摊位”，有 270 万志愿者加入其中。

狂欢过后的流浪者会始终记得，生命中曾有一家街边商店，给了他们尊重和美的感受，还有作为一个人的姿态。“施舍不能改变什么，但尊重可以！”[11]

拓展阅读

社会主义核心价值观：友善

“友善”这个词，应该拆分成两部分来看：“友”是友好，表现友好，这是行为要求、是表面现象；而“善”是善良，心怀善意，这是心理要求、是内心态度。如果只强调表层的友好而不顾内心真情实感，就容易沦为伪善；而如果只强调内部的善心而不谈如何外化于行，就容易产生隔阂误解。所以，“出于善意的友好”，这才是“友善”这个词对于人际关系的完整诠释。[12]

（三）突发事件障碍

突发事件也会使传播实施受到阻碍，这类事件主要有两种形式。

（1）人为造成的突发事件，如公众的集体投诉事件、新闻媒介出乎意料的批评、公众对公关活动不买账等。这些突发事件严重阻碍着传播实施的进行。公共关系人员必须进行深入的研究，为什么会出现这类意料之外的人为事件，如果是公关策划案的失误，要及时停止或调整。

（2）不以人的意志为转移的灾害性事件，如地震、火灾、水灾、疫情、金融危机等。这些突发事件对公共关系实施的影响非常大，而且很难继续按原计划实施，需要组织迅速反应，并重新制订计划应对突发状况。

第四节　效果评估

学习视频：效果评估

效果评估是公共关系的最后一步，是组织通过专家或机构依据科学的标准和方法，对公共关系整体策划、准备过程、实施过程以及实施效果进行测量、检查、评价和判断的一项工作。效果评估的目的是取得关于公共关系整体工作效果的结论与经验。

一、效果评估的意义

公共关系评估要从公共关系的整体工作中发现问题、判断优劣，及时修订计划，进一步调整和完善组织形象。它虽然是公共关系的最后一步，但也具有重要的意义。

1. 评估是改进公共关系工作的重要环节

公共关系工作的成功并不代表每一个细节都是完美的、无憾的；有些缺点可以当下立断，而有时只有在全部工作完成后，才能回过头发现不足。那么，通过公共关系评估，可以得到大量的数据资料信息，通过对这些信息的分析便可以总结经验教训，为进一步改进以后的公共关系工作提供重要的依据。公共关系是一个长期的工作，只有在不断地总结经验和教训的前提下，才能获得长足的进步。

2. 评估是后续公共关系工作的必要前提

从公共关系活动的连续性来看，任何一项新的公共关系活动的制定与实施，都不是孤立存在的，它总是以原来的公共关系活动及其效果为基础和背景。因此，对前一项公共关系活动进行效果评估，可以为下一次公共关系活动方案的制定与实施提供决策依据、经验和教训。这也是公共关系活动连续性的着重体现。

3. 评估是鼓舞士气、激励内部公众的重要形式

公共关系实施之后，组织的领导和员工很难对公共关系的效果产生深刻、全面、完整、系统的认知，因为这种效果的产生不仅体现在经济收益上，还体现在社会生活以及公众心理的方方面面，而效果评估就是一项总结这些收获的工作。当组织公关的效果非常好，尤其受到了充分的社会认可后，对组织成员来说，这种总结工作便可以大大鼓舞士气，增强全体员工的公关意识以及组织的凝聚力。

4. 评估是有效提高公共关系部门效率的手段

加强公共关系部门的管理工作，可以使公共关系机构正常运转，可以使各项工作都处于不断改进的优化状态，可以使每个公共关系人员都有高度的积极性与自觉性。那么，要做到对公共关系部门的管理，就离不开公共关系效果的评估。效果的评估可以明确每个公共关系人员的职责与完成度，可以在此基础上进行考核与奖罚，有效促进工作效率的提升。

二、效果评估的依据

评估公共关系工作要有一定的依据，也就是根据哪些标准来判断公共关系的好坏。一般而言，评估的依据有以下三类。

1. 根据大众媒介传播的情况

（1）报道的数量。报纸、杂志、广播、电视、网络等大众传媒报道的次数越多，频率越高，越能引起公众的注意，越能扩大组织的社会影响。

（2）报道的质量。大众传媒对组织或本次公关活动的正向报道越多，正面态度越强烈，所起到的效果也应越好。

（3）媒介的影响力。发行量大、覆盖面广、权威性高、影响力大的媒介的报道数量与质量也是影响传播效果的重要因素。

2. 根据组织内部采集的资料

（1）调查组织领导层、重要管理人员以及营利性组织的股东对整个公共关系活动的完成度、达成目标以及社会效果的评价。

（2）调查组织内部全体员工从不同角度对本次公关活动成效的评价。

（3）从组织内部的重要数据资料入手评估公共关系的成效，如资金平衡表、统计报表、财务活动分析、意见来信等。

3. 根据组织外部采集的资料

对组织外部的公众进行信息采集，了解他们对公共关系信息内容的接收程度、记忆程

度、理解程度；了解他们的好感程度、好感的强化程度、负面态度的改变程度；了解他们发生期望行为与重复期望行为的程度；等等。

对外部公众的信息采集可以包括消费者与用户的信息反馈、相关合作伙伴的信息反馈、社区公众的反馈、政府公众的反馈，等等。

三、效果评估的方法

对于不同的公共关系活动会采取不同的评估方式，不同的组织也会有自己的评估习惯，因此，下面只简单介绍四种比较常用的公共关系效果评估方法。

1. 自我评估

自我评估是由主持和参与公共关系活动的人员凭借自我感觉来评估工作效果，依据当事人在工作中的亲身体验和自我心得来进行。这种评估的结果往往带有一定的主观性，有些外面看起来并没有问题的地方，自我评估可能感觉不良，而外人看起来有问题的地方，自我评估可能相当欣赏。不得不说，自我评估的确带有很强的主观意识，但基本上是所有公共关系活动之后都应该去做的一种评估。自我经验的总结非常重要，再结合外部的评价，可以给公共关系人员更强烈的认知。

2. 组织评估

组织评估是由本组织出面对公共关系工作进行效果的评价。一般由组织的主要负责人主持，由组织的各部门负责人或有关人员参加，但是本次公共关系的主持者和实施人员应回避，以免影响评估效果。这种评估方式可以很好地从组织层面、从各部门角度来进行综合评价，但有时可能会由于其他部门的非专业性，导致其无法完全理解公共关系活动过程中的精妙或难处而产生错误的评判。组织评价的好处在于相对客观，并且成本较低。

3. 公众评估

公众评估是依据公众的反应得出评估结论的方法，一般要通过公众的调研获得数据。这种评估方法也具有较强的客观性，是一种最重要的评估方法。可以在此过程中充分地了解公共关系实施之后，目标公众的认知、态度、行为等是否产生了预期的效果。但是其成本较高，工作量较大。

4. 专家评估

专家评估是聘请组织外部的公共关系专家对组织的公共关系工作进行评价。外部专家通过调查访问和分析，可以对组织的公共关系工作效果做出较为客观的评价，并对组织今后的公共关系工作提出更加有价值的意见和建议。因此，这种评估方法值得重视，但成本较高。

在评估公共关系工作时，应该根据实际情况来确定对上述几种方法的综合利用，可能全部使用，也可能有选择性地使用。一般来说，如果是对多目标的中长期公共关系的评估，最好几种方法同时使用；如果是对单目标的短期计划的效果进行评估，选择 1~2 种方法即可。

社会学意涵下的公共舆论多元话语[13]

公共关系的整个策划流程都在公共舆论的依据之下，明确公共舆论多元话语的本质与内涵，对于公共关系的战略策划具有一定的意义。

一、实证主义眼中的公共舆论多元话语

首先，早期实证主义的代表人物孔德等人提出了给定实在论。给定实在论认为，作为我们感知、意识和言说对象的各种"事物"，都是独立于我们的主观意识及话语系统之外、不依赖于我们的主观意识及话语系统而存在的一种纯粹自主的、给定性的实在。根据给定实在论的观点推断，公共舆论中的多方话语应是以客观存在的"给定实在"为基础与蓝本，多元话语之间的讨论是紧紧围绕客观事实进行的，为了能够对客观事实进行对称的交流，他们对这个客观事实应具有相同的解码能力与认知能力。然而，如果多元话语主体各自怀揣不同的理念与价值标准，那么，他们之间讨论的"事实"则不再是那个客观的"给定实在"，而是各自理念和价值标准中的"主观实在"，而多元话语之间的互动与博弈也就变成了不同价值标准之间的争辩，而不再是"事实"的对话。如此看来，如果公共舆论之间的对话并非是"给定实在"之间的对话，是否会是一种"主观意识"之间的对话呢？

二、诠释社会学立场下的公共舆论多元话语

韦伯、舒茨、布鲁默等所提倡的诠释主义认为，各种社会现象本质上都不过是人们意向行动的产物而已。那么，根据诠释主义社会学的理论，有关对公共事件的观察、解读与评价实则是多元话语主体的意向产物，它依赖于人们的主观理解，取决于人们自身价值观与意义范畴的主观认定。在这样的理论体系下，公共舆论空间中的对话，不过是话语方"主观意识"之间的交流。话语方根据自身的主观经验、情绪、目的等构建起自己的"意义世界"，并在公共舆论空间中与他人的"意义世界"进行交融与碰撞。那么，公共舆论空间应该被描述为一种"意义空间"，是不同价值观、不同意义的集合，多元话语背后没有客观事实，多元话语只是多元的价值观与多元的认知方式。然而，我们发现，彻底抛开"意义世界"谈"给定实在"，或是不谈"给定实在"只谈"意义世界"，对于公共舆论多元话语的研究而言都具有一定缺陷。因此，要研究公共舆论多元话语还需要探寻其他理论模式作为其研究的理论基础。

三、后现代思潮中的公共舆论多元话语分析

后现代社会学思潮的到来，似乎为公共舆论多元话语的研究提供了更加贴切的释义。后现代主义者们普遍认为，作为我们感觉、意识和言说对象的那些事物，并非是"纯粹、自然、给定"的实在，而是一种"符号、话语、文本性"的实在，是由我们所采用的语言符号建构起来的。也就是说，不论是外部的纯粹的"给定实在"，还是内部的人类的"主观意识"，其实都是由一定的话语系统建构起来的。不再有独立于意识之外的"给定实在"，也没有独立于客观事物的"主观意识"。话语分析把两者统一在一起，用"话语"作为其本质，它是人们结合了客观实在与主观意识之后，建构起来的符号化形式。"能被理解的东西只是语言"而已，我们社会世界中的任何信息都是一种"语言的构成物"。的确，我们的客观世界只有经过特定的语言符号的构造作用才能成为我们感觉、意识和言说的对象。

在这种理论基础上，分析公共舆论多元话语具有了更加实际的借鉴意义。根据话语分析模式的社会学意涵，公共舆论空间中的多方话语乃是依赖自身实际（包括经验、情绪、目的等），运用特定的概念、陈述、修辞和文本形成的语言段落，从而构建出的一种事实或观点。这个事实或观点并非“给定实在”，而是多元话语方在自身复杂的主观系统作用下所产生的一种“话语实在”，是话语方在客观事实的基础上，依据主观意识与表达目的所构建的一种“事实”。可以说，公共舆论空间中的对话是众多“话语文本”之间的对话，是众多“修辞”之间的对话，是多种“叙事结构”之间的对话。

本章小测试

不定项选择

1. 公共关系程序的第一步是（　　）。

A. 调查研究　　B. 策划方案　　C. 传播实施　　D. 效果评估

2. “在6个月时间内，减少30%工业企业的随意排污行为。”关于这个公关目标说法正确的是（　　）。

A. 属于态度影响目标　　B. 属于信息影响目标

C. 属于行为影响目标　　D. 属于舆论影响目标

3. 公共关系活动主题的设计要易于记忆与传播，字数不应超过（　　）个字。

A. 14　　B. 15　　C. 16　　D. 17

4. 举办新闻发布会属于哪类公共关系？（　　）

A. 宣传型　　B. 人际型　　C. 征询型　　D. 公益型

5. 如何选择最佳的公共关系时机？（　　）

A. 考虑是否相关　　B. 考虑是否正确　　C. 考虑是否有用　　D. 考虑是否真实

6. 公共关系调查研究的内容包括（　　）。

A. 知名度—美誉度调查　　B. 公众舆论调查

C. 宏观社会环境调查　　D. 组织公共关系效果评估

7. 关于“知名度—美誉度”象限表，下列说法正确的是（　　）。

A. 高知名度、高美誉度是高枕无忧的公关状态

B. 高美誉度、低知名度是较为稳定安全的状态

C. 低美誉度、低知名度是最恶劣的状态

D. 低美誉度、高知名度是“臭名远扬”的状态

8. PEST分析法，包括（　　）。

A. 政治分析　　B. 技术分析　　C. 竞争分析　　D. 经济分析

9. “乘机”可以乘哪些时机？（　　）

A. 周期循环之机　　B. 可预料之机　　C. 突如其来之机　　D. 后发

10. 沟通障碍包括（　　）。

A. 语言障碍　　B. 习俗障碍　　C. 心理障碍　　D. 组织障碍

本章重点思考

1. 公共关系的程序。
2. 公共关系调查研究的重要意义。
3. 公共关系调查研究的内容。
4. 知名度—美誉度坐标图中各象限的公共关系状态。
5. PEST 调查法中的四个维度。
6. 公共关系目标制定的类型与原则。
7. 公众情境模型。
8. 公共关系策划应如何审时、借时。
9. 选择公关时机的四个注意事项。
10. 策划方案中可以选择的公关形式。
11. 公共关系主题设计的原则。
12. 公关活动选择传播媒介的原则。
13. 公共关系方案的审定应包含的内容。
14. 公共关系传播实施的原则。
15. 传播实施中的障碍。

资料来源

[1] 徐白. 公共关系教程 [M]. 上海：同济大学出版社，2013.
[2] 党的二十大文件汇编 [M]. 北京：党建读物出版社，2022.
[3] 可口可乐的前世今生[EB/OL].(2016-12-06)[2024-05-01].https://www.163.com/news/article/C7JS5BTH00014JB5.html.
[4] 金旗奖编委会. 2021 最具公众影响力公共关系案例集 [M]. 北京：中国财富出版社，2022.
[5] 奥迪广告被“换车”，腾讯致歉，多家车企排队蹭热点[EB/OL].(2019-11-17)[2024-05-01].https://zhuanlan.zhihu.com/p/91677514.
[6] 金旗奖编委会. 2018 最具公众影响力公共关系案例集 [M]. 北京：中国财富出版社，2019.
[7] 黄田英.“亚都”智取津门 [J]. 销售与市场，1994 (07)：44-45.
[8] 熊欣. 对外宣传翻译中的“实”与“表”[J]. 湖南第一师范学院学报，2011 (06)：120-124.
[9] 金旗奖编委会. 2019 最具公众影响力公共关系案例集 [M]. 北京：中国财富出版社，2020.
[10] 金旗奖编委会. 2020 最具公众影响力公共关系案例集 [M]. 北京：中国财富出版社，2021.

[11] 他从奥美辞职，温暖半个地球[EB/OL].(2015-12-22)[2024-05-01].https://www.digitaling.com/articles/21272.html.

[12] 曹雅欣. 国学与社会主义核心价值观——友善[EB/OL].(2014-09-12)[2024-05-01].[http://edu.people.com.cn/n/2014/0912/c1053-25650223.html.

[13] 宋琳琳. 社会学意涵下公共舆论的多元话语 [J]. 青年记者，2020 (06)：24-25.

实务篇

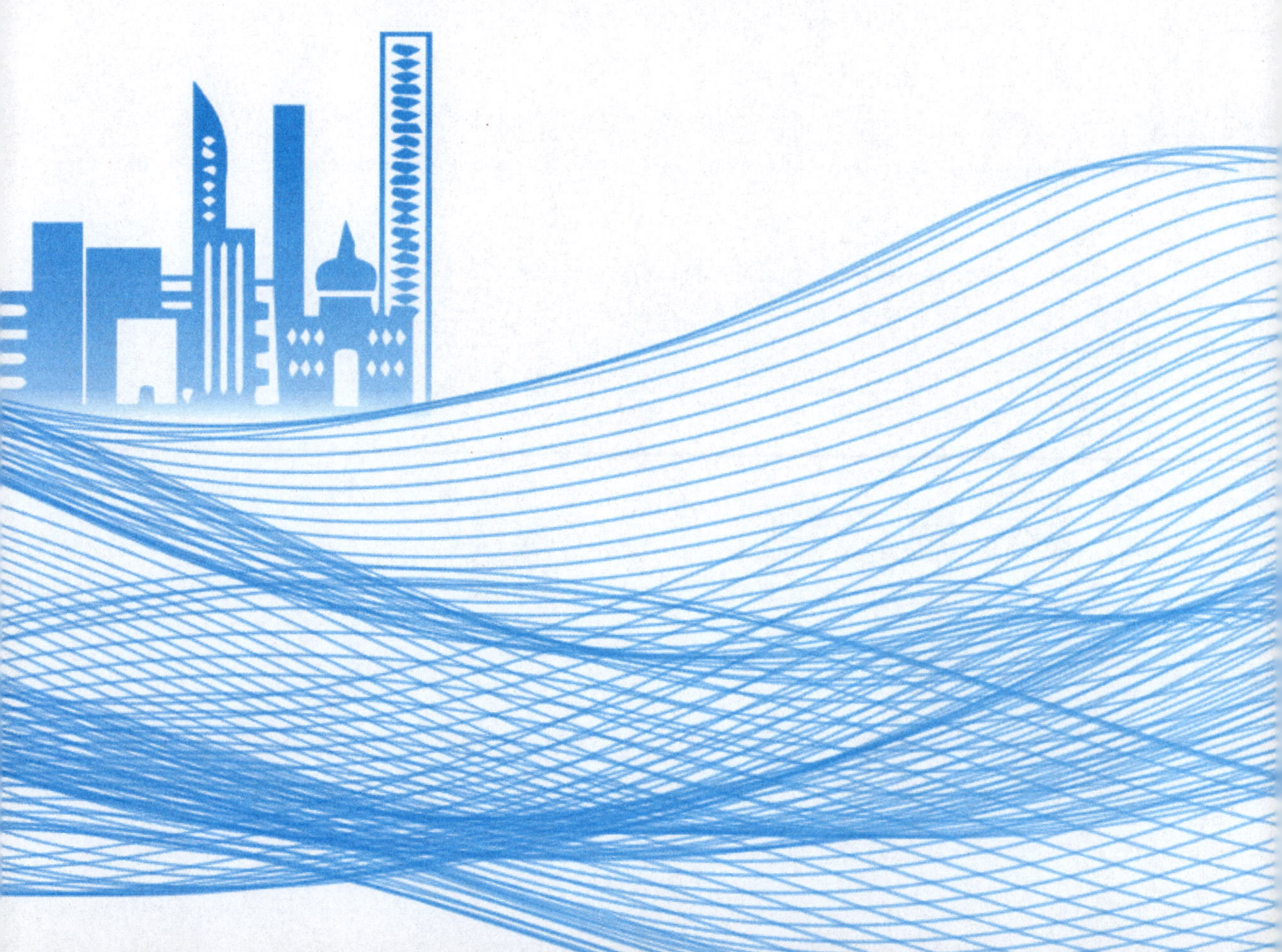

第六章　公共关系专题活动战略管理

学习提纲

新闻发布会的含义、特点与实施
展览会的含义、分类、特点与实施
开放参观的含义、分类、意义与实施
庆典活动的含义、分类与实施
赞助活动的含义、目的、分类、原则与实施

公共关系专题活动是指社会组织为了某一明确目的、围绕某一特定主题而精心策划的公共关系活动。[1]一般而言，专题活动目的明确、传播广泛、操作严密，但成本较高，是公共关系管理中较为常用的策略型公关手段。

专题活动可以根据不同的外部环境与公众特点，采用不同的手段，进行形式多样的直接交流，给组织带来直接利益与间接效益。主要的专题活动包括新闻发布会、展览会、开放参观、庆典活动、赞助活动等。

第一节　新闻发布会

学习视频：公共关系专题活动战略管理

一、新闻发布会概述

（一）新闻发布会的含义

如果想要高效、快捷、广泛地传递某一信息，最好的信息发布形式就是新闻发布会。

新闻发布会，也叫记者招待会，是社会组织为了发布新闻或传递信息而邀请新闻记者参加听会并采访的一种公关专题活动。

近年来，随着信息公开意识的不断深入与组织维护良好形象的需要，新闻发布会成为一种最直接、最有效的公关手段，在我们的生活中发挥着越来越重要的作用。

一般而言，新闻发布会发布三类内容。其一，组织的重大新闻，如政策、决议、方针、新产品、新服务等，旨在提高公众对自己的认知度。其二，传递组织整体营销或宣传活动的一些特定信息，旨在提升组织中这些活动信息的传播效率与传播质量。其三，用于组织发布危机应对措施与危机修复信息等，旨在弥合分歧，恢复形象。

新闻发布会是一种二级传播的模式，组织首先通过召开新闻发布会，以群体传播的方式将信息传递给记者，记者再次通过大众传播进一步打开信息的扩散面，告知给各个层面的社会公众。在这种二级传播的模式下，最终实现社会组织与公众之间的沟通与互动。

新闻发布会的使用者非常广泛，可以是国家、政府、各级部门，也可以是各类社会组织，同时，一些具有较高社会知名度的个人也经常通过新闻发布会的形式进行个人形象的宣传或修复。

（二）新闻发布会的特点

其一，以新闻发布会形式发布出来的信息，其形式一般而言会比较隆重、比较正规，极易引起社会的广泛重视与信任。

其二，在新闻发布会上，记者来自不同媒体、不同领域，他们会针对自己感兴趣的话题以及自己所侧重的角度来对组织发布的信息进行深入的提问与拆解，这使信息可以得到更多元化的呈现。因此，在这样的形式下，信息的沟通在深度和广度上，都比其他新闻更加精彩与深刻。

其三，有时为了增强新闻发布会的效果，组织可能还会安排后续的一系列活动，如组织记者进行实地采访、内部参观、茶话会、工作冷餐会等。这些沟通活动配合新闻发布的主题可以更好展现信息，但往往组织可能需要付出更多的精力与财力，成本有时会比较高。

其四，新闻发布会由于规格高、关注度高、现场发布等特点，因此对组织的发言人和会议主持人的素质和能力要求较高，要求他们能够灵活应对、敏锐反应、幽默从容。[2]

二、新闻发布会的实施

新闻发布会是媒体关注的焦点，因此，各方面的准备工作应该周到、严谨、细致、充分，只有这样才能留给记者较好的印象，才能赢得公众的赞美。新闻发布会的实施与安排应该做好会前、会中、会后三个阶段的工作。

（一）会前准备工作

1. 把握时机

新闻发布会是非常郑重的公共关系活动，不能随便、随时召开，因此，需要注意召开的时机。一般而言，召开新闻发布会有以下几个方面的原因：发生了严重灾害；出现了突发状况；研发了新产品；开发了新服务；运用了新技术；出台了新政策；对社会做出了重要贡献；等等。但需要注意的是，新闻发布会要尽量避开重大节日或其他重要社会活动，以免被冲淡。

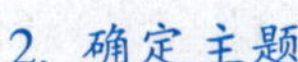

2. 确定主题

新闻发布会主题的确定非常关键，因为这个主题可能会出现在一系列的新闻发布会宣传品或环境场景之中，包括发布会现场、邀请函、会议资料袋、纪念品等，甚至会直接出现在记者报道的标题或重要段落之中。因此，这个主题既应该清晰表达公共关系信息，更应该吸引媒介的兴趣。大体来说，应注意以下三个方面。

第一，明确说明发布会的主旨。这可以使媒体与公众快速捕捉新闻发布会的目的与最重要的信息点。

第二，明确标出主办单位、举办时间、地点等信息。这可以明确新闻的出处，避免不必要的噪声污染。

第三，有时为了达到更好的传播效果，可以选择更加具有感染力的标题，采取“主标题+副标题”的方式来表达核心内容。

例如，在2008年北京奥运会火炬传递期间，由联想赞助的三亚站举办了新闻发布会，并用“一起奥运 一起联想——北京奥运会火炬接力境内传递三亚站”为新闻发布会的主题，这个主题既表达了奥运火炬传递的信息，又很好地提高了品牌的曝光度，提升了品牌认知度与联想度。

3. 确定发言人与主持人

新闻发布会是一种专业性很强的信息发布场景，因此，需要相当水平的新闻发言人和主持人各司其职，相互配合进行信息传达。

（1）会议主持人的选择。主持人的职责是宣布开始与结束，简述会议宗旨，会中通过插话、补充、反问来引导会议流程，有时还会负责安排记者提问的顺序等。一般而言，会议主持人由具有较高公共关系能力的人来担任，对其也有一些原则性的要求：其一，应具有较强的控场能力，控制整个会议的时长、控制记者提问与新闻发言人阐述的时长。其二，应对与会记者与新闻单位有相当程度的了解，与记者应有较好的工作关系或个人关系。其三，应有较好的公关技巧与礼仪。台上人的一个动作、一个眼神、一个微笑都透露出无限信息，因此，要懂得控制自己的一言一行。

（2）新闻发言人的选择。新闻发言人的职责是对重要的信息进行发布，并负责回答记者提问，一般由组织的高层领导或专职新闻发言人来担任。对新闻发言人有一些原则性的要求：其一，新闻发言人必须对所要发布的信息有非常深刻的认识与精准的把握，对相关的社会舆论等非常了解与熟悉。其二，新闻发言人应具有权威性，应被赋予组织信息传播的权力，这将使其发言具有更强的说服力。其三，新闻发言人还应有灵活应变的能力，因为记者的提问可能超出拟答提纲，需要发言人有机敏的应变能力和高超的外交辞令。其四，新闻发言人最好还应拥有较好的外形、个人魅力或语言风格，这将在很大程度上帮助其树立形象与威信。

4. 准备宣传材料

宣传材料是围绕所要发布的信息来准备的一系列材料，主要有以下几种。

（1）发言稿与拟答稿。这是新闻发言人和主持人必须准备的稿件，这可以帮助他们厘清思路、严谨措辞、提前准备。

（2）幻灯片或实物。如果新闻发布会需要，还应制作相应的幻灯片或准备具体实物，对必要的细节或流程加以展示，强化发言效果。

（3）新闻资料袋。这是为与会的每一位记者准备的新闻材料，包括新闻通稿、新闻背景材料、相关图片与影像、技术说明书等。准备新闻资料袋是提升新闻质量的重要手段。

（4）纪念品或宣传手册。这种辅助性的宣传材料可以有效提升记者的好感与记忆度。

5. 选择时间与地点

在时间的选择上，新闻发布会应注意以下几点。

（1）新闻发布会应尽量避开重大节日和重大事件，以免降低记者的到会率。这里提出“新闻清淡期”的概念，要懂得抓住新闻清淡期，也就是在社会比较平静、重大新闻较少的时候召开新闻发布会，这样可以有效提高自己的信息价值。

（2）要考虑多数平面媒体出刊的时间差，尽量安排在周一到周三来举办新闻发布会。

（3）从具体时间来看，应选择在10:00或15:00，为记者提供比较充裕的吃饭、赶路及准备时间。

（4）会议时长一般在1小时左右，并留出记者提问时间。

（5）需要说明的是，如果遇到重大突发事件，可以不必遵循以上的时间原则。

在地点的选择上，新闻发布会要注意以下几点。

（1）设备齐全。新闻发布会与其他活动不同，需要考虑各种采访与记录设备的问题，包括采光、电源、Wi-Fi、语言类辅助工具、幻灯与视频的播放设备等，这些室内设备要一应俱全，还应有相对较为宽敞的空间，以便记者放置各种设备。

（2）交通便利。新闻发布会是一种集会，需要有比较便利的交通、停车区域才能方便记者参会。

（3）舒适与安静。如果会场不被外界干扰，记者的注意力会更加集中，对传播效果有辅助作用。

6. 发出邀请

在确定好主题、时间、地点之后，主办方要开始联系媒体，进行邀请。发出邀请需要注意以下几点。

（1）要选择与自己所发布的新闻性质、内容或地域相关的媒体。首先，不相关则影响参会率，很多与该领域无关的记者是不感兴趣的。其次，不相关则影响报道质量，与该领域不相关的记者可能并不会花大力气去报道这个内容，甚至根本不发稿，那么就失去了召开新闻发布会的意义。

（2）要提前3~5天对相关记者发起邀请，并且提前一天请记者们提供回执或主动电话询问，组织需要确定到底会有哪些媒体肯定到场。新闻发布会的媒体密度不是越大越好，要适中。

（3）邀请的方式。可以直接打电话邀请，如果新闻发布会的内容比较隆重，也可以制作邀请函。如果是重大突发事件的新闻发布会，可在当天直接打电话邀请记者。

（4）邀请时还要注意一点，不能过多透露将要发布的新闻内容。因为适当地制造悬念，可以吸引并维持记者对发布会的兴趣。如果会前就把要宣布的信息透露出去，那么新闻资源已经被破坏；当记者意识到已经抢不到最新的消息了，他们对新闻发布会的热情就会减弱。

7. 布置会场

会场的布置也是公共关系人员应注意的重要细节，会场布置的妥帖、方便、舒适可以

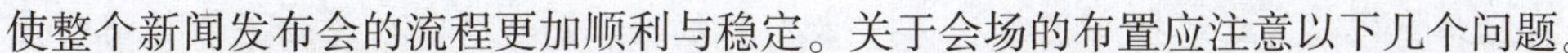

使整个新闻发布会的流程更加顺利与稳定。关于会场的布置应注意以下几个问题。

(1) 整个会场的装饰风格、颜色选择、纸质海报等应该与发布会主题相吻合，使记者进入会场后产生融入感，避免情感或心理惯性的对抗。

(2) 应设置签到处，并明确标识，以便准确了解哪些媒体在场，哪些媒体不在场。

(3) 会场内的座位设置要进行明确、科学的分区。比如分别设置文字记者区、摄影摄像区、网络设备接入区等。

(4) 新闻发布会有时还会制作记者名牌、桌牌等，需要提前准备并放置在相应的位置上，如果有重要贵宾到场，还需要提前安排好位置。

(二) 会中注意事项

新闻发布会在举办的过程中，应注意以下几个问题。

(1) 新闻发言人所发布的信息与措辞一定是经过琢磨，并且准确无误的，如果发现发出去的信息有错误或遗漏，必须迅速发表更正声明。

(2) 整个会议的议程安排与执行应紧凑、有序，不能出现冷场的现象，要注意每个环节的衔接要严谨，要比较精确地计算好每个环节的时间。

(3) 新闻发布会的主持人还要善于控制场面，要有足够的技巧与外交辞令以活跃整个会议气氛，既要善于引导记者积极提问，也要善于巧妙地将话题引回主题；既要随时调节会场的紧张气氛，也要控制好会议的时长，不要随意拖延预定的会议时间。

(4) 新闻发言人还要注意语言措辞与信息发布的程度，要非常善于随机应变，注意不要与记者发生争执，不要回避问题，不说无可奉告。

(5) 对新闻发布会的整个流程应做详细的记录、录音或录像，以便作为日后评估效果或自查问题时的重要依据。

(三) 会后总结工作

为了总结新闻发布会是否取得了预期的效果，会议结束后，组织还要做好会后的总结工作。

(1) 整理会议记录，对新闻发布会整体流程的各个环节进行经验与教训的总结。

(2) 研究舆论的反应，观察公众认知、态度、行为的变化，评估新闻发布会的效果。

(3) 收集与会记者发表的新闻报道或视频影像，并对照签到，对已经发出报道的记者要快速联络致谢，对未发报道的记者也要致电询问原因；另外，还要分析稿件，要明确哪些稿件是正向报道，要对记者或媒体表示感谢；还要查明哪些稿件是负向报道，要及时与相关媒体联络，制定危机公关策略；最后，还要弄清楚哪些稿件是歪曲事实的报道，应主动采取行动，说明真相或澄清事实，并要求其更正消息。

阅读 6-1

玉龙雪山上的新闻发布会[3]

为了适应越来越年轻的消费者的特点和需求，广汽讴歌在 2018 年提出了新的品牌世界观“I'm Different 异行者”。期待用“异行者”一词刻绘讴歌品牌敢于发现新价值、打破陈规的精神风貌与气质形象。因此，其品牌选择在海拔 3 000 米的玉龙雪山上，以全地貌户外置景呈现首例雪山发布会。

由于丽江物资短缺，需要远程调度。为了满足2万平方米的场地用电需求，主办方从广州调来了3辆发电机车。这是电车第一次行驶到海拔3 000米以上的地方，很难起动，甚至一度出现了喷火的状况，经过两天的现场调试，才正式投入使用。此外，为了在活动现场展示冰晶元素的创意，主办方又从北京运了100吨冰块到丽江，并在现场建造了两个冰库，以确保冰块的状态。为了突出讴歌奢侈品牌的基调和定位，主办方还考虑到观众所面临的低温问题。因此，除了羽绒服外，主办方还在每位嘉宾的座位上安排了自动加热垫和暖手器。可以说，在这次活动中，他们将野外服务做到了极致。

整个新闻发布会也取得了非常好的效果。共邀请媒体430家，共470人，形成报道7 463篇，广告价值14 517万元，视频直播影响316万人次。

第二节　展览会

学习视频：展览会

一、展览会概述

（一）展览会的含义

展览会也是一种十分常见的公关专题活动，它通过实物的展示和示范，显示组织的成果与风貌。展览会形象、直观，往往可以很直接地给公众留下比较深刻的印象，是组织广泛使用的一种非常有效的公关工具。

（二）展览会的类型

从不同的角度，展览会可以划分为不同的类型。充分了解展览会的类型，可以比较全面地认知公共关系到底可以实施怎样的展览。

1. 按照展览的性质划分

（1）贸易展览会。贸易展览会展出的是商品的实物或新技术、新服务等，其最大的特点是将商品或服务的展览与订购合二为一。因此，举办贸易展览会的目的就是促进交易、完成订购。例如，中国进出口商品交易会、边境贸易交易会等都是此类展览会。

（2）宣传展览会。宣传展览会展出的是组织的相关图像、影像、表格、商品、实物、文字等，旨在宣传组织的成绩、贡献、价值观念、企业文化等。它的目的是扩大组织的影响，提升知名度、美誉度，以树立组织的社会形象。因此，这类展览重在宣传，不能强化其商业色彩，而更加注重公益性。例如，中华人民共和国成立70周年成就展等。

2. 按照展览的地点划分

（1）室内展览会。大多数的展览会都是在室内举办的，因为在室内举办往往可以有更多装饰与灯光的陪衬，显得较为隆重与精致。而且室内展览不容易受到天气变化的影响，时长也不受限制，往往可以根据需要延长展览时间。另外，室内展览还可以展出较为珍贵或价值极高的展品。例如，中国丝绸服饰展、景德镇名瓷艺术展等。但室内展览的布置较为复杂，所需要的费用也相对较高。

（2）露天展览会。在室外举办展览会，最大的特点是规模可以很大，不受室内面积的控制；布置与装饰工作可以较为简单，因此花费也相对较少。但是露天展览会很容易受到天气的影响，对季节的要求很苛刻，展出时间也不宜过长，有些展出也不宜过夜。因此，时间相对较长的露天展览会一般要选择适合户外环境的产品来展出，如全国农副产品展、洛阳牡丹展、世界园艺博览会等。

3. 按照展览的项目划分

（1）综合展览会。综合展览也叫作横向展览会，旨在展示一个国家、一个地区、一个行业、一个组织的全面成就，既有整体概括，又有具体形象，具有一定的广度。观众参观后会对所展出的内容有比较完整的印象与感受，如上海世界博览会等。

（2）专项展览会。专项展览会也叫作纵向展览会，是围绕一个专业或特别的专题举办的，内容比较集中，主题也十分鲜明，具有一定的深度，如车展、钟表展、婚博会等。

4. 按照展览的规模划分

（1）大型展览会。大型展览会一般由专门的单位主办，由数个相关的组织联合起来集体参展。这种展览会一般规模较大，参展项目较多，涉及面也更加广泛。因此，主办方需要有较高的专业技术水平、较好的组织协调能力才能办好。例如，中国进出口商品交易会，世界园艺博览会等就属于这种类型。

（2）小型展览会。一般而言，这类展览会只有组织自己一个参展方，展出的项目比较单一，规模比较小，仅是为宣传自己的产品、作品、服务或自我贡献而办的展览，如某公司领带展、个人画展等。

（三）展览会的特点

1. 直观性

展览会是将实物直接展出的活动方式，实物与公众零距离，这种非常直观、形象的感受，是具有较强冲击力的。

2. 双向性

除了实物直接展出外，组织的公关人员也可以和公众直接交流与沟通，这就使反馈机制变得顺畅，公关人员可以直接了解公众在看展后的表情变化、态度变化、行为变化等；另外，公众的直接质疑与询问也能得到及时的答复与回馈，是非常有效的双向互动过程。

3. 复合性

展览会中的传播媒介是十分多元的，不仅有文字、图片、声音、影像等，还可能有更多新技术辅助展览，如 VR 技术、全息投影技术、机器人技术等，可以给公众极强的吸引力。

4. 高效性

展览会一次性既可以展出一个组织的多项服务或产品，也可以同时展出多个组织的一类服务或产品；既可以满足一个组织的全面展示，也可以满足一个行业的全面展示，使公众在最短时间内接触到最多、最广泛的服务或产品。如婚博会、车展等，都可以使公众在一个展览中获得自己需要的更多信息，提高认知与购买效率。

5. 新闻性

展览会本身就具有新闻价值，一定是新闻媒介报道宣传的对象，因此，展览会必然拥有大众传播媒介免费宣传的机会。

鉴于以上特征，展览会已经成为公共关系中最频繁出现的专题活动之一。

二、展览会的实施

（一）分析可行性

在举办展览会之前，应认真分析是否有举办展览的必要，还要考虑预想的方式是否可行。因为展览会的举办需要投入较多的人力、物力、财力，如果不进行科学的分析与论证，武断行事，很可能得不到预想的收获与结果。例如，组织很可能因为费用开支过大而入不敷出，还可能因为选错展览会的类型而达不到预期的公关目标。特别是一些大型的展览会，其投入将会更多，就更要首先论证可行性和必要性，要谨慎周密地计划与调研。当然，需要注意的是，不仅仅是展览会的发起单位，其参展单位也应对此进行充分调研与论证。

（二）确定主题

展览会作为公共关系重要的专题活动，应该紧紧围绕公关目标与主题来策划。要根据目标与主题来决定是展出组织的产品或服务，还是展出组织的成就、贡献、各类公益活动成果；是展出组织的新技术，还是展出组织处理排放的流程。另外，为了使展览会的各类展品、文字说明、图片影像等有机结合在一起，形成整体效应，还必须为展览会构思一个主题口号，这个口号既要统括公共关系的目标，又要充分表达具体展出的内容，这样才能产生具有冲击力的效果，而不会让人找不到头绪。当然有时还可以创作主题歌曲或单独设置分会场主题等。

（三）确定参展结构

并非所有产品、服务、内容都应该参展，而是要根据公关目标与主题确定到底展出哪些项目、哪些品牌、哪些产品，怎样搭配，参展结构是公关人员接下来需要考虑的问题。

不管是综合展览会，还是专项展览会，参展的都应该是在市场上具有竞争力的优秀组织，参展项目应与整个展览会的大主题相契合，参展的具体产品应该选择质量较高、独具风格的。同时，确定参展结构要考虑到一定的广度，即参展内容要力求齐全；也应考虑一定的深度，即参展内容的档次、内涵与价值。

例如，婚博会要为即将结婚的青年人提供服务，因此在确定参展结构时，要考虑到婚庆相关的一系列衍生服务与产品，参展单位可能包括婚庆公司、租车公司、礼服馆、鲜花馆、婚纱摄影工作室等，还可能包括装修公司、装饰材料公司、房地产公司等，有些还可能涉及妇幼体检中心、月子会所等。参展的项目要紧紧围绕婚庆主题，而其他的产品和项目就不应出现在参展的结构名录之下。另外，参展单位一定要精挑细选，要符合展览会的格调与层次。

（四）准备宣传资料

展览会的宣传资料较多，需要准备的包括展览会的会标、会徽、宣传册、展品名录、参展单位名录、展览会平面图、纪念品、宣传单、幻灯片、宣传类短视频，等等。有时，可能还需要设计 H5 互动页面、VR 或全息影像等宣传影片。

（五）选择时间与地点

在时间的选择上，展览会需要注意以下几点。

（1）展览会召开的时间尽量避开社会上的重大活动，以免影响到场率。

（2）尽量选择与展览会相关的季节或时间。例如，婚博会适合选在 3—5 月或 8—10 月，因为“五一”和“十一”是一年中结婚最多的两个时间段。

（3）室外展览会多选择春秋两季，气候适宜。

（4）展览会时间不宜过长，否则会降低公众到会的紧迫感，且花费较大，拖延时日可能入不敷出。

在地点的选择上，展览会需要注意以下几点。

（1）交通便利，在经费允许的条件下，可以设置专线巴士或免费接送巴士。

（2）展馆设备应该齐全，包括灯光照明、音响系统、安全设施、卫生系统等，都应健全完善。

（六）培训工作人员

展览会的相关工作人员，包括解说人员、接待人员、服务人员、业务洽谈人员等，他们的形象、素质、专业技能等，将会影响整个展览会的效果与收益。因此，主办方还必须对展览会的所有工作人员进行相关的培训与实际演练。这种培训可能包括公共关系的相应技能、展览的一些专业知识、营销的技巧与方法、社交礼仪等。

（七）布置会场

关于会场的布置，不同类型、不同内容、不同目标的展览会布置各有不同，下面介绍一些关于会场布置的常用知识。

（1）国际标准化展位规格。一般而言，不同规模的参展单位可能被规划为不同的展位规格。小型企业或单项产品的展位规格大致为 3×3 平方米；中型企业的展位规格在其基础上增加 4~6 倍，大型企业则增加 8~10 倍。当然，具体情况具体规划。

（2）展位的优劣。在展览会中由于区域的限制，必然有更容易被公众注意到的展位，也会有容易被忽视的展位。因此，展位的竞标价格也会有所不同。如果是组织自己搞小型展览，那么也要根据展位的优劣来安排展出的内容。

在此提示，以下展位的优越性依次递减：开幕式主席台对面或两侧、入口正门口或两侧、出口正门口或两侧、主要人行干道的两首或十字干道中心的四角、上述四个地方的相邻处、知名大企业或有影响的团体附近。

（3）建立临时新闻中心。为了保证展览会在大众传播媒介中的宣传效应，一般而言，都会在展览会中筹划出一块专门为媒体和记者服务的区域，搭建展览会主题背景或建立临时直播间。这不仅为媒体的报道提供了方便，有时也会成为吸引公众的焦点。

阅读 6-2

“失效的定义”沉浸艺术展[3]

在第 20 届中国青岛国际时装周的参展单位中，鲁尔创意作为其中为数寥寥的广告创意品牌，用沉浸艺术展的形式和表达方式展现其作为新锐力量的风格特质和独立主张。

作为广告创意品牌，如何布展才能展现自我特质？鲁尔用“失效的定义”引发了观者的思考（见图 6-1）。什么是“失效”呢？在许多时候，那些人们认同或习以为常的定义和规则，都可能会由于时间、环境或视角的变化而“失效”。然而，每一场进化和迭代，无一不是因为有人怀疑和挑战那些确定的、常规的、习惯的事物，尝试突破固化和局限的制约。在艺术展中，鲁尔就呈现了一个充满“非常规现象”的沉浸式空间，引导观众共同开启这场有关“失效的定义”的思索。

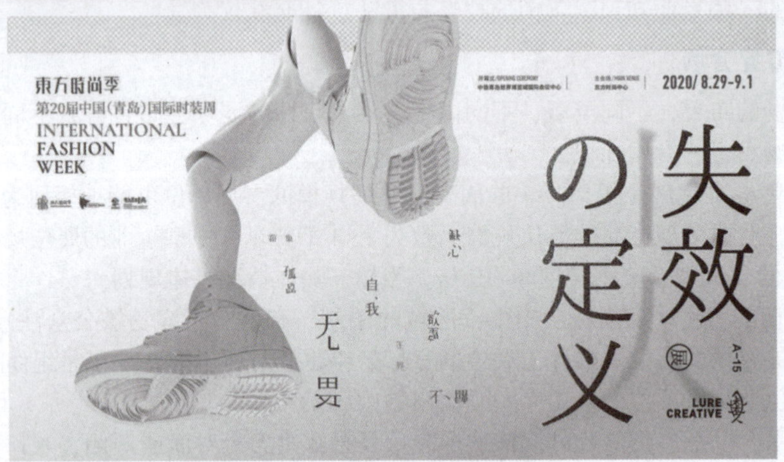

图 6-1　鲁尔参展作品及海报

《边界》：视界所见，还是视野所“困”。这组雕像作品用一组人物呈现了一个让人产生怀疑的空间，来传达这则暗示——你看到的真相也许恰恰是假象。视线的边界究竟来自空间的隔阻，还是思维的局限？人们是否能够突破局限，将视野延长到边界之外？

在为期四天的展出中，鲁尔的艺术展荣获第 20 届中国（青岛）国际时装周创意先锋奖，成为现场人气最高的“创意打卡地”。线下人流量日均超过千人，同时在观看量超过

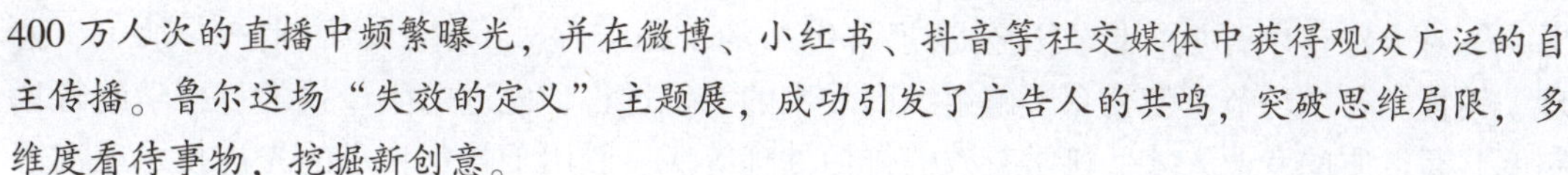

400 万人次的直播中频繁曝光，并在微博、小红书、抖音等社交媒体中获得观众广泛的自主传播。鲁尔这场“失效的定义”主题展，成功引发了广告人的共鸣，突破思维局限，多维度看待事物，挖掘新创意。

第三节 开放参观

学习视频：开放参观

组织为了更好地让公众了解自己，通常会组织一些对外开放的活动，利用这些机会向公众进行自我宣传，旨在宣扬本组织的社会价值、社会功能与社会贡献，以此获得社会大众的认可和支持。

一、开放参观概述

（一）开放参观的含义与类型

1. 开放参观的含义

开放参观活动是指将组织内部有关场所或工作程序对外开放的过程。它可以让公众亲眼看到组织整洁的环境、先进的工艺、现代化的厂房设备、科学的管理制度、高素质的员工，以及对社区和社会所做的贡献，还可以通过文字、影像等资料，向公众立体、全面、系统地展示组织的过去、现在和未来的前景。开放参观是一种旨在谋求社会公众好感与信任的有效手段之一。[4]

2. 开放参观的类型

（1）根据目标公众的范围划分，可以将其分为对全社会开放与对特定公众开放两种形式。

①对全社会开放，是指组织面对全社会公众都是开放的，任何身份的公众都可以自由来组织参观。比如，鞍钢集团将参观创设为一条旅游路线，另外，临街全透明玻璃面包房也是一种开放参观的形式。

②对特定公众开放，是指组织只对部分特定的目标公众开放，而并非完全开放。例如，学校组织家长进行参观，让家长更加了解孩子的生活和学习情况；电视台组织员工家属参观，让其家属了解电视台员工的复杂工作和压力，使家属更加体谅员工。

（2）根据开放的内容划分，可以分为对工作场所开放与对工作程序开放两种形式。

①对工作场所开放，是指组织的工作环境对公众开放，使公众亲眼看到组织整洁美观的工作环境、现代化的精良设备、别具风格的组织文化等，从而对组织产生好感与信赖；还可以通过与产品、技术相关的文字与影像的展出或厂史、校史等场馆的开放，使公众了解组织的过去、现在与未来，对组织产生更加深刻的理解与认知。例如，花园式厂区的游客接待、厂史馆的开放日活动等都属于这类开放形式。

②对工作程序开放，旨在让公众了解组织的工作流程，了解产品的生产、加工、处理、销售等各个环节，使公众了解组织高效率的工作过程、先进的生产技术、科学的管理制度、高素质的专业人才、科学有效的排污处理等。一般用于强化自身的先进技术或消解疑虑。例如，股东参观、排污参观、学校公开课等都是这一类型的开放组织活动。

（二）开放参观的意义

开放参观是组织为直接解决某项公关目标而举办的公共关系专题活动。因此，目的性很强，具有直接的针对性意义。

1. 有助于公众近距离了解组织

开放参观使公众真正走进组织内部，通过直观地看、听、触碰，去感受组织的文化，观察组织工作的流程，了解组织的各项方针政策，是一次真正的近距离接触。这种接触不仅使组织和公众之间加强了平等的交流与互动，更使公众觉得组织非常亲近，因为并不是所有公众都有机会进入组织内部，组织对于大多数公众而言是非常神秘和高冷的。

解放军驻港部队的开放日

截至2019年，解放军驻港部队已连续22年举办了共31场开放日活动，并且已经成为深受香港市民喜爱的“品牌活动”，这22年来，解放军驻港部队已经累计接待约78.1万名市民入营参观。

2019年6月，又一次开放日活动在军营拉开帷幕。开放日活动期间，官兵们准备了多种军事表演，包括格斗技能、陆空联合表演、运输车辆综合技能驾驶表演等。此外，市民还可以近距离地接触轻武器、侦察车辆、装甲车等装备，孩子们甚至可以上车“试驾”。此外，市民还可以去连队生活区，参观兵营，与官兵聊天等，近距离了解他们的日常生活。

香港市民通过开放日活动对解放军驻港部队产生了非常深刻的印象。

第一次参加开放日活动的邹女士说：“解放军训练有素、纪律严明，沿途参观都有官兵引导，他们还会讲一点粤语，态度很友善，很有礼貌。”另一位陈先生表示：“人民解放军的服务非常周到、贴心，他们还为我们准备了免费的饭菜，带孩子参观兵营就是为了熏陶他们的爱国情怀。”

香港夏季炎热潮湿，不时有雨，但这并没有影响市民们的参观热情。一些市民不顾自己淋雨，举着雨伞为站岗的士兵撑伞，还有的人拿出纸巾，帮助站岗的士兵擦拭雨水和汗水，心疼地表示：“你们辛苦了！”场面温馨感人。[5]

拓展阅读

党在新时代的强军目标

建设强大的人民军队是我们党的不懈追求。习近平总书记指出：“党在新时代的强军目标是建设一支听党指挥、能打胜仗、作风优良的人民军队，把人民军队建设成为世界一流军队。”听党指挥是灵魂，决定军队建设的政治方向；能打胜仗是核心，反映军队的根本职能和军队建设的根本指向；作风优良是保证，关系军队的性质、宗

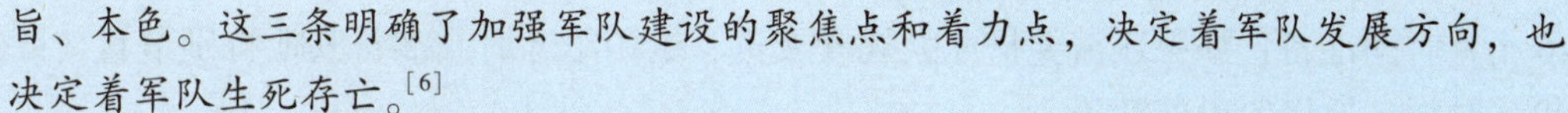

旨、本色。这三条明确了加强军队建设的聚焦点和着力点，决定着军队发展方向，也决定着军队生死存亡。[6]

党的二十大报告也指出：人民军队始终是党和人民完全可以信赖的英雄军队，有信心、有能力维护国家主权、统一和领土完整，有信心、有能力为实现中华民族伟大复兴提供战略支撑，有信心、有能力为世界和平与发展作出更大贡献！[7]

2. 增加企业透明度，排除疑虑

因为组织开放使公众真切来到组织内部，可以使公众“眼见为实”，这在很大程度上可以排除公众之前的疑虑或误解。因此，开放组织是一种以实事求是的方式进行说服的有效手段，它可能比任何强大的宣传手段都有用。

3. 提高企业经济效益，订购与参观的一体化流程

很多组织的开放参观路线与自己的生产线相一致，其目的就是通过参观活动，使公众更加了解其产品与工艺，实现参观与订购的结合，这已经成为目前很流行的一种营销手段，各类“工厂直通车”活动此起彼伏。

二、开放参观的实施

任何一个组织想要办好开放组织活动，必须细致思考以下几个方面的问题。

（一）确定参观内容

组织的任何活动都具有明确的目的，组织开放参观同样如此。要根据组织的公关目标来确定到底要开放哪些内容：是对相关场所开放，还是对工作程序开放。

如果是对工作场所开放，就要思考开放哪些场所，如厂史展览室、公司荣誉室、职工书画展室等，要思考这些内容是否对实现公关目标有用。

如果是对工作程序开放，就要思考开放哪些程序：是原料处理的程序、加工生产的程序，还是排污处理的程序，或是销售的程序，或是全部开放。

这些参观内容的确定，一定要与公关目标相一致，不能为目标服务的参观内容不需要开放，以免引发注意力的分散或产生其他不必要的问题。

（二）确定时间

确定开放组织的时间要考虑以下几个问题。

（1）根据开放内容的不同，开放组织的时间也有所区别。如果是对组织的相关场所进行开放，则可以选择休息日或与组织相关的节假日，这些日子可以提高公众的兴趣，他们也有时间来参观。如果是对组织的工作程序进行开放，则尽量不要选择重要节假日，因为工作程序的开放必然要求大部分内部员工到岗工作，如果在重大节日要求加班，会影响组织内部员工休息，带来内部的不稳定与抱怨情绪，得不偿失。因此，要尽量安排在日常工作日。当然，这种规定并不绝对，还需要根据特殊的情况、特殊的时机、特殊的人群具体做出决定。

（2）开放组织还要尽量避开酷暑严寒，要考虑到气候的适宜度，安排在晚春或早秋效果最好。

（3）开放组织需要充足的时间来进行准备工作。如果举办规模较大的开放活动需要3~6个月时间准备；如果还需要搭配大规模展览、编印纪念册或准备其他特别节目，则需要更多时间，所以要提前准备。

（三）成立专门机构

开放组织不仅需要公共关系部的策划，还需要各个部门的全力配合。例如，生产部的产品介绍、流程介绍、排污管理中的专业技术名词的讲解与演示等，这些都不是公关人员的专长，必须有相关部门专家或技术人员的配合。那么，为了保障组织内部正常的工作秩序和工作氛围，开放组织活动要成立专门的机构，将部分人员从组织各个部门中抽调出来，参与到整个开放参观的筹备与策划工作之中。

（四）做好宣传工作

宣传工作主要有以下几个方面。

（1）邀请媒体进行报道。组织的开放参观只能容纳少数公众亲临，而绝大部分受众并未参与进来。为了扩大开放参观的传播力度，让更多公众通过媒介来感受、观察组织，必须邀请媒体前来采访报道或现场直播。

（2）编写通俗易懂且精彩的解说词。整个参观过程中，组织需要为公众进行导游与解说，这样才能把想要传达的核心信息传递给公众，避免公众仅是看个热闹。因此，解说词的撰写非常重要，应紧紧围绕公关目标，并且要用公众能听懂的说法去解释复杂的专业内容。

（3）设计与制作精美的说明书、组织画册、宣传海报，等等。这些物品可以在一定程度上延长公众的记忆时间，并有助于公众的个人传播。

（4）准备小礼品赠送给参观者，以拉近与公众的情感距离。要注意，礼品应与组织相关，现代企业非常重视礼品，很多相应的礼品设计公司也相继崛起。

（5）做好组织的环境卫生和装饰美化工作。

（五）安排参观路线

开放组织要有计划地参观，不能让公众随意地看，以免核心信息传达不到位。因此，安排合适的参观路线是非常重要的，还要注意以下五个方面的问题。

（1）路线应该是公众感兴趣的。公众来组织参观一定会带着某种期待，比如想一睹花园式厂区的美景、想了解排污系统的效用、想了解产品是如何从原料变成成品的，等等。这些公众的兴趣点，实际上在很大程度上也是组织的公关目标。所以，要把这些内容划入参观的范畴。如果公众看不到想看的东西，参观后也不会产生组织想要的好感、信赖等目标情绪。

（2）路线应该确保安全。如果有些路线必须要经过相对危险的区域时，要准备足够的安全设施，比如安全锁、安全帽等。

（3）保障组织正常的工作。如果要对组织的工作程序进行开放，一定要注意进行参观区和工作区的隔离，这样才能在保障组织正常运转的前提下有序进行参观。一般而言，很多经常举办开放参观的组织会设置玻璃甬道，还可以采用过道式悬梯来参观车间，或者利用警戒线来进行区隔。

（4）保密区域要进行保护。如果有涉及商业机密的部分，组织应提前设限或封闭，提

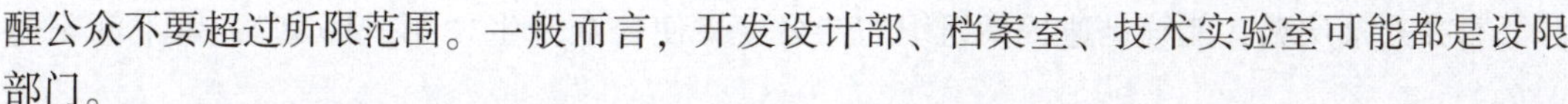

醒公众不要超过所限范围。一般而言，开发设计部、档案室、技术实验室可能都是设限部门。

（5）参观路线中应该设定休息娱乐区。可以为参观者准备必要的食物、饮品或者舒服的座椅、连廊，有时还可以设置一些娱乐设施。这些内容的准备可以帮助公众获得更愉快、更舒适的参观体验。

（六）做好服务工作

组织的服务工作也十分必要，应注意以下问题。

（1）对于专门的访问代表团，应有专门的交通工具进行接送，方便代表团统一行动。

（2）应有解说员带领参观，并进行解说。

（3）应有服务人员陪同左右，及时回答并解决各类问题。

（4）服务与接待工作要热情、周到、诚恳，不论参观者地位高低，均应一视同仁。

第四节　庆典活动

学习视频：庆典活动

庆典活动也是公共关系专题活动中的一个常用方法，社会组织总是期待利用各种庆典活动来增加组织的曝光度。

一、庆典活动概述

（一）庆典活动的含义

庆典活动是指组织在其内部发生值得庆祝的重要事件时，或围绕重要节日而举行的庆祝活动，一般将其作为一种制度和礼仪。庆典活动的目的在于通过热烈的庆祝活动，沟通公众、扩大影响、展示形象。在庆典活动中还往往体现着领导者的组织能力、社交能力以及文化涵养。因此，庆典活动是社会组织非常愿意为之付出的重要专题活动。

（二）庆典活动的类型

按照庆典活动的内容差异，可以将庆典活动分为开幕庆典、闭幕庆典、周年庆典、特别庆典、节庆活动五个类型。

1. 开幕庆典

开幕庆典也就是开幕的仪式，这里的“开幕”也可以指开张、开业等。开幕庆典往往是在第一次与公众见面时所开展的庆祝活动。

开幕庆典有很多，包括：各种展览会、运动会、开放组织等的开幕仪式；组织的开业典礼；重要工程的开工典礼、奠基典礼；新产品、新技术面世的庆祝典礼；重要设备首次运行或运营的庆祝典礼。比如，通邮、通车、通航等典礼活动，学校的开学典礼，部队的迎新典礼等都属于开幕庆典。它强调第一次与公众见面时的庆祝。

举办开幕庆典，能够迅速提高组织的知名度，使公众产生“第一印象”，留下深刻的记忆。

2. 闭幕庆典

闭幕庆典是组织重要的闭幕仪式或者活动结束时的庆典仪式。它往往强调了各种活动的尾声。

闭幕庆典有很多，包括：各种展览会、运动会、开放组织等的闭幕仪式；重要工程竣工或落成典礼；学生的毕业典礼；组织重要活动的总结表彰典礼等。

相对于开幕典礼来说，闭幕庆典的重要程度与隆重程度相对较弱，闭幕庆典更多的是强调活动的有始有终与圆满结束。因此，举办闭幕典礼的目的是向社会公众宣告组织或活动的成功，为提升美誉度提供基础。

3. 周年庆典

周年庆典是指组织的各种周年纪念活动。它往往突出表现组织的历史、贡献与功绩。

周年庆典可以包括组织的生日纪念，如厂庆、店庆、馆庆、校庆、刊庆、台庆等；还包括组织之间友好关系的周年纪念、某项技术发明或某种产品的问世周年纪念等。

组织利用举办周年庆典，可以很好地制造新闻轰动效应，趁机诉说组织文化、组织精神，表白组织贡献与社会责任。对内可以振奋员工精神，提升凝聚力，对外可以扩大宣传效应，巩固良好形象。

4. 特别庆典

特别庆典是指利用某些具有特殊纪念意义的事件或者为了某种特定目的而策划的庆典活动。它强调向组织的公众传递一些特定的公关信息。

比如，酒店宾馆可策划迎来 10 万名宾客的庆典活动，邮政部门可策划 500 日无错邮纪念活动，采矿企业可举办安全采煤 800 天纪念活动，学校可以为年满 18 周岁的学生举办成人礼，企业可以为婚龄男女员工举办集体婚礼，企业根据其特点策划世界环境日纪念活动等，这些都是特别庆典。

特别庆典要求公关人员能够抓准时机，策划出具有特殊意义的新闻话题。

5. 节庆活动

节庆活动是指组织在社会公众重要节日时举行或参与的共庆活动。这里的重要节日可以是传统的节日，如春节、国庆节、元宵节、端午节、中秋节等，还可以是引进西方国家的一些节日，如圣诞节、情人节、母亲节等。

节庆活动一般可以分为两种，一种是组织利用节日，为社会公众举办各种娱乐、联谊活动，免费或优惠提供服务，目的在于联络感情、协调关系。另一种是组织积极参与或支持当地社区举办的集体庆祝或联欢活动，如准备锣鼓、花灯、彩车等节目参加演出，其目的在于塑造组织积极参与社会活动的形象。

二、庆典活动的实施

（一）抓住时机

当前文化的多元融合，使组织可以利用的庆祝活动逐渐增多，但组织决策者不能对这些庆祝活动同一而论、逢节必庆，要懂得选择一些对组织和社会都有利的时机来开展活动，一般每年办2~3次就够了。因此，组织要将庆典活动纳入组织的战略规划之中，要进行整体和系统的考虑，不要遇到一节庆一节。另外，组织要选择与自身相关的时机来搞庆典活动，这样可以有效提升新闻价值，使媒介更愿意报道该庆典，以达到宣传目标。

例如，甜品店可以在情人节、中秋节搞节庆活动；炼油厂、玻璃厂可以在环保日搞特别庆典；大型商场可以在“五一”“十一”搞店庆活动等。

（二）确定来宾

庆典活动可以邀请与组织相关的政府公众与社会名流，还可以邀请自己的社区公众与消费者公众，另外，同行的代表也可以纳入邀请名单之中，当然，组织内部的员工和新闻记者是一定要邀请到场的。

当公共关系人员已经选择好了邀请对象，就可以提前准备并发出邀请了，一些非常重要的邀请对象，组织还可以登门邀请，以表尊重，从而提高邀请的成功率。

最后，在活动开始前，还应主动与这些来宾联络，确认他们准确的到场信息，以保证接待工作的顺利完成。

（三）合理安排程序

一般而言，庆典活动的主要流程包括：签到；主持人宣布庆典开始；宣布重要来宾名单；致贺词或讲话；剪彩、揭牌、奠基、题字等仪式；而后可能还有各种有新意的节目或活动等。

当然，并不是所有庆典活动都有这样的流程，主办方应尽量将活动流程与整体风格搭配起来，做到科学性与艺术性相结合，常规性与创新性相结合，要符合审美观念。

另外，庆典活动各个环节的安排也要尽量制造新闻，使活动内容具有新闻价值，以便媒介宣传。例如，在庆典活动上宣布重要的公益决定、邀请重要嘉宾演讲、结束后安排参观，等等，要有新意，要有与众不同的亮点。

（四）明确人员安排

庆典活动是一台“直播晚会”，因此，需要做好各类人员的安排工作。

（1）致辞或讲话的人选要安排好，并提前通知，在庆典前要落实到位，如果有需要还应帮助致辞或讲话的人员写好稿件以供参考。

（2）剪彩、揭牌等仪式的参与人员要确定好，并提前通知，因为这些人一般是社会地位较高、比较有声望的群体，所以还要思量好他们的位置与顺序。

（3）庆典活动的主持人、演员要落实好，应事先彩排与演练。

（4）工作人员的分工、保安人员的职责、服务人员的礼仪与服装都应事先安排妥帖。

阅读 6-4

三亚联手《和平精英》两周年庆典狂欢节[8]

2021年5月，大型竞技类游戏《和平精英》上线两周年之际，为激发亿万玩家的梦想与热情，《和平精英》准备筹备两周年特别庆典活动，最终决定与三亚市联手，共同打造狂欢节。三亚市也期待与《和平精英》的年轻用户群体进行互动与情感交流，该项目为三亚带来了五大“新青年”，即章鱼青年（美食爱好者）、海豹青年（旅拍爱好者）、松鼠青年（人文热衷者）、鲨鱼青年（户外极限爱好者）、考拉青年（酒店享受爱好者）。

特别庆典的活动策划：

（1）沉浸式互动之旅。

现场设置大型风洞装置，游客可以在风洞装置中模拟跳伞降落，超人气的互动形式迎来了年轻人的集章打卡。同时，还原了“光子鸡”“空投箱”“三级头儿”等经典IP元素。项目组还为五大青年打造了深度互动场景：“海豹抢镜城”“松鼠知识研究所”“考拉灵感M城”“章鱼精英商店”“鲨鱼冲浪G港”五大互动区，他们可以在这里拍照打卡，进行互动体验。值得一提的是，这些互动体验区还原了游戏内的建筑，给予游客更多意想不到的惊喜。本次活动中还惊现了一个巨大的生日蛋糕装置，走进其内部是“和平之旅展览”，再现了13个赛季的经典瞬间，深刻触动玩家心弦。同时，每天四场《和平精英》皮肤真人秀不限次巡街表演，引发现场游客的围观合影。

（2）电竞比赛与空投大吉大利。

为了给予现场游戏玩家更多展示的平台，舞台区设置《和平精英》比赛，邀请十位超级玩家到场与现场水友组队比赛。每天四到五场电竞比赛座无虚席，更引发群众围观。每天整点空投红包大礼，礼物汇集三亚吃喝玩乐等内容，带动三亚周边消费。

这是一场别开生面的周年庆典，在带给《和平精英》玩家与潜在玩家惊喜与集体记忆的同时，也给三亚这座城市带来了激情与年轻的标签。

第五节　赞助活动

学习视频：赞助活动

一、赞助活动概述

（一）赞助活动的含义与目的

1. 赞助活动的含义

赞助活动是指社会组织以不计报酬的捐赠方式，出资或出力支持某项社会活动或某种社会事业[4]。赞助活动是一种对社会的贡献行为，是一种信誉投资和感情投资。

目前来看，现代社会开展赞助活动的主体主要是营利性组织，因为它们财力雄厚，并且想要通过支持公益的方式淡化自身的商业气息。

2. 赞助活动的目的

（1）追求新闻效应。通过赞助活动，组织的媒介曝光率增加，知名度得以提高。

（2）增强广告效果。社会影响的扩大，自然是一种广告的效应，可以增加销售量。

（3）联络公众感情。用经济投入换取情感回报，是增强美誉度的重要方法。

(4) 提高社会效益。企业提倡经济效益和社会效益平衡发展，而赞助活动是提高企业社会效益的重要形式。

(二) 赞助活动的类型和原则

1. 赞助活动的类型

赞助活动按照赞助对象不同，可以划分为四种类型。

(1) 赞助体育事业。

对体育事业的赞助不仅可以带动人民体质的增强，还可以最大限度地提升组织的知名度，因为体育不分年龄、不分地域、不分种族，是全世界人民的共同爱好，借助体育事业的强大传播力可以有效扩大自身的知名度。

阅读 6-5

安踏赞助东京奥运会[8]

2021 年东京奥运会开幕，安踏体育用品集团有限公司赞助了本次中国代表队并为代表队设计了领奖装备。在整个赞助活动中，安踏品牌以绝对 C 位形象，实现了在消费者心中“代表中国”的心智站位。同时，也传播了其核心价值：爱运动，中国有安踏、安踏在中国与奥运相关的每个角落与时刻、在每个热爱运动的中国人身边。

在整个赞助活动中，安踏获得了巨大的关注。其中领奖装备发布会获得了多方媒体的关注及报道，其中包括新华社、新闻联播等主流媒体。奥运装备科技主线传播曝光量破 19.9 亿次。安踏奥运装备科技 1.0、2.0 系列短片，借助安踏赞助运动员热点比赛释出，曝光 5.2 亿次，互动超过 53.8 万次。B 站、抖音大号原创视频解读安踏奥运科技装备，成功揽获超过 5 481 万次曝光、256.7 万次互动。内容引发广泛自主传播，主流媒体争相转载，喜提热搜，全网粉丝热议，收获如潮好评，带来了超出预期的传播效果。

(2) 赞助文化事业。

对文化事业的赞助不仅可以培养公众的文化素养与艺术情操，还可以有效增强社会组织的美誉度，获得相应的社会效益。与此同时，组织还可以在文化事业中寻找商机。

阅读 6-6

光明乳业冠名赞助《典籍里的中国》[8]

近年来，文化类综艺持续火爆，中华传统文化逐渐成为关注焦点，吸引着大量年轻受众。光明乳业意在借此机遇，独家冠名大型文化类综艺节目《典籍里的中国》，让书写在典籍里的文字“活”起来，与观众一起解读经典背后的时代精神，重温每一个鲜活时刻。

光明乳业的冠名口号是：每天鲜活多一“典”。一句口号将光明乳业致力于弘扬典籍文化的初心与其鲜活价值观结合。看典籍、喝光明，让传统典籍融入当下文化，让营养健康惠及每一位中国消费者。在这场声势浩大的声浪中，光明乳业实现了其传播效果。

(1) 鲜活价值破圈化。光明乳业洞察经典典籍文化与当下生活的连接点，巧妙融入品牌鲜活价值观，让消费者与典籍文化玩儿在一起。打造了“游典籍、云返乡”(2021 年春节，光明乳业将典籍中的大好河山、故乡家园，线上还原，创新打造了春节返乡的新方式）以及“孔子加入鸡娃群”“二次元黑科技”等充满创意的文化传播活动，成功将光明乳业送上热搜，刷足了存在感。

（2）品牌传播年轻化。光明乳业品牌经过一轮传统文化的营销，成功塑造了一个有文化、懂二次元、会炒话题、能造爆品的全新形象，收获了更广泛的年轻受众。

拓展阅读

增强中华文明传播力影响力

党的二十大报告指出：坚守中华文化立场，提炼展示中华文明的精神标识和文化精髓，加快构建中国话语和中国叙事体系，讲好中国故事、传播好中国声音，展现可信、可爱、可敬的中国形象。加强国际传播能力建设，全面提升国际传播效能，形成同我国综合国力和国际地位相匹配的国际话语权。深化文明交流互鉴，推动中华文化更好走向世界。[7]

（3）赞助教育事业。

赞助教育事业不仅体现了企业对社会的责任，而且可以为企业提供长期发展的后备力量。赞助教育事业的主要形式有：提供奖学金、建立研究基金、投资教育基础建设或教学设施等。

阅读 6-7

茶企助力茶山特教

2019 年，“爱烛行动”启动仪式在广州举行，这是广州市某食品有限公司为帮助云南省凤庆县特殊教育学校教师而设立的公益项目。从 2018 年 9 月启动项目开始，专项资金用于优化教育资源、师资进修等，通过设立绩效奖金，鼓励教师积极参与特殊教育科研和学术研究，自主开展专业培训，不断提高教学水平，为大山深处的特殊儿童提供更多优质教育资源。

该食品有限公司及爱心基金表示，“我们的茶叶来自大山，来自这些世代相传的茶农，所以我们应该回馈和帮助他们。”

（4）赞助社会福利和慈善事业。

赞助社会福利和慈善事业是组织谋求公众认同的最佳方案。形式很多，如捐款救灾、捐助福利院、捐款铺设公路、各类医疗基金或捐赠市政设施等。

阅读 6-8

民政部：我国已成为全球网络慈善引领者[9]

“2018 年，网民点击、关注和参与慈善超过 84.6 亿人次，一些基金会的网络募捐已经占到捐赠总收入的 80%以上，可以说我国已经成为全球网络慈善的引领者。”民政部慈善事业促进和社会工作司副司长孟志强介绍说。

党的十八大以来，特别是《中华人民共和国慈善法》实施以来，我国慈善事业借助“互联网+”迅速发展，互联网慈善在营造共建共治共享的社会治理格局中发挥了重要作用。

在民政部指定的20家互联网募捐信息平台上，2018年全年累计有84.6亿人次点击、关注和参与慈善。孟志强介绍，其中，2018年腾讯公益慈善基金会组织开展的“99公益日”活动，超过2 800万人捐款共8.3亿元，加上腾讯等企业的配捐，共募款14.14亿元，支持了5 498个公益慈善项目。

拓展阅读

构建人类命运共同体

当今世界百年变局加速演进，人类又一次站在了历史的十字路口。世界向何处去？和平还是战争？发展还是衰退？开放还是封闭？合作还是对抗？如何回答这些问题，关乎各国利益，关乎人类前途命运。

习近平总书记指出：“没有哪个国家能够独自应对人类面临的各种挑战，也没有哪个国家能够退回到自我封闭的孤岛。”世界各国要顺应时代发展潮流，作出正确选择，齐心协力应对挑战，开展全球性协作，构建人类命运共同体。

人类命运共同体，顾名思义，就是每个民族、每个国家的前途命运都紧紧联系在一起，应该风雨同舟，荣辱与共，努力把我们生于斯、长于斯的这个星球建成一个和睦的大家庭，把世界各国人民对美好生活的向往变成现实。

这一倡议已被多次写入联合国文件，正在从理念转化为行动，产生日益广泛而深远的国际影响，成为中国引领时代潮流和人类文明进步方向的鲜明旗帜。[6]

2. 赞助活动的原则

上述案例中，赞助活动的成功并非偶然，他们都遵循了赞助活动的基本原则。弄清赞助活动的原则，可以提高活动的成功率与有效性。一般而言，赞助活动有以下几大原则。

（1）抓住赞助时机。组织要懂得在适当的时机进行恰当的赞助。在社会中出现重大事件或重大事故时，社会、媒体、民众对整个事件的关注度将非常高，如果组织在非常时期主动赞助，那么，必能引来更多的关注与好感。

（2）注重公关策划。公益赞助必须策略先行，要懂得有计划、有目的地安排整个赞助活动，要懂得借助赞助活动达成公关目标。这样才能有效避免企业成为“无名英雄”。

（3）强调两者的契合性。被赞助对象应符合本组织的形象特征，这样才有利于公众记忆与媒介宣传。例如，一个以熊猫为标志的企业，可以赞助保护大熊猫，进而通过开展野生动物的保护来塑造形象；儿童用品企业，可以赞助儿童教育事业、儿童医疗事业、儿童问题的研究等。

二、赞助活动的实施

（一）调查研究

赞助活动是需要投入较多财力的一项活动，因此，需要进行更加严谨的调查才能实施。一般而言，组织要调查以下几个方面的内容。

（1）组织自身的公共关系状态。只有充分了解本组织在社会上的知名度、美誉度等公关形象的现状，才能确定组织应该针对哪个方面进行提升，才能确定是否可以通过赞助活动得到改善或加强，通过赞助哪一类对象才能达到公关目标。因此，对自身的了解是实施赞助的基础。

（2）赞助活动的影响力。赞助的对象不同、时机不同、方式方法不同，所带来的影响力必然不同。组织要确定自己预选的赞助对象、时机、方法到底能产生多大的影响力，组织力求的一定是以最少的投入获得最大的影响力。

（3）被赞助者的公共关系状况。赞助活动所利用的公众心理往往是移情效应，也就是借助被赞助对象的知名度、美誉度来提升自我的社会形象。因此，选择好被赞助对象非常重要，在确认被赞助对象之前，一定要调查被赞助对象的舆论形象、社会知名度与公众的情感倾向。

（4）公众的意愿。赞助活动的主要目的就是沟通与公众的感情，塑造自己的社会形象。如果被赞助对象也是公众的意愿，那么将为组织营造更好的舆论环境，并增加关注时长。

（5）组织的经济状况。就如之前所说，赞助活动是一项投入较大的活动，组织要做好预算，明确自身是否有足够的财力来支撑整个赞助活动的花销。一定要根据自身情况来支付赞助费用，不要强求。

（二）制订计划

经过调查研究之后，组织要确认被赞助对象、赞助时机、赞助活动的各种公关策略。要做到有意义、有创新、有吸引力。

另外，计划实施之前，还要进行审核评定，要得到股东大会的支持，要得到政府相关部门的认可。还有最重要的一点，就是计划一定要具有可行性。

（三）具体实施

具体的赞助实施过程要紧紧围绕计划执行，这里仅阐述三个在实施过程中应该注意的问题。

（1）资金要落到实处，避免流入黑洞。赞助的投入较大，切忌将赞助的资金挪为他用，允诺的赞助金额要分批分期或一次性付清，不能后期的资金不再支付，或阶段性资金延期交付。有些组织没有考虑到赞助活动过程中的公关费用，将赞助资金的一部分用于公关支出，这是非常危险的行为，可能使组织的赞助活动功亏一篑。

（2）建立信息公开的渠道。资金的动向、用途、成效等，要有一个对外传输的渠道，既避免信任危机的产生，又在每一次信息发布后产生公关效应。

（3）争取活动中的一切宣传机会，争取赞助活动的影响力达到最佳峰值。这需要公共关系人员具有敏锐的直觉，利用一切可以利用的点，来表白自己的社会愿景。

开卷有益

符号学视角下的“中国气派”[10]

2021 年 7 月 1 日上午 8 点，中国共产党建党 100 周年大会在北京天安门广场举行。中央广播电视总台、新华网进行了现场直播。在这场盛会中，多元的象征符号，充分展现了“中国气派”。

(1) 大会中，“党徽”“年号”这类人工制造的、可触摸的物质形态的物化象征符号，主题突出，意涵丰富，凸显出“百年政党”首次庆典的政治形象隐喻。

(2) 国旗护卫队严整有力的刚劲动作、礼炮兵发射 100 响礼炮的齐整画风，这些行为象征符号呈现国家最高仪式礼仪在建党百年庆典仪式中的视觉震撼。

(3) 直播的航拍镜头让人们看到，庆祝大会现场，整个天安门广场中轴线两侧设置的观众席，整体上构成一艘巨轮模样，天安门城楼正是“舵手”位置。“船头”位置在人民英雄纪念碑附近，立着巨大的金色党徽和 1921、2021 大字。“船型”座席象征着浙江嘉兴南湖的“红船”，寓意着建党起点的历史事件，它回溯的是中国共产党的精神之源。象征着 100 年前，中国共产党从小小红船出发，成为领航中国的巨轮，也象征这艘巨轮向着新的百年再次启航。

(4) 自 1949 年开国大典始，北京天安门广场即成为中国政治的中心，祖国的心脏所在；这里的一切自然物都与国家政治认知和国家情感认同紧密联系在一起。

(5) 庆典直播中，由 222 人组成的国旗护卫队向全世界展示出了“中国排面”，15 架歼-20 战机组成的空中梯队代表着中国空军武装设备和驾驶技术的最高实力，向全世界展现出“中国技术”，体现出捍卫国家主权的强大能力。

(6) 3 000 名首都高校和中学学生齐唱《唱支山歌给党听》以及庆典献词领诵员从形体到朗读技巧，从站姿到手臂摆动幅度，令人惊艳的动作细节话语，传递出饱满的情感和坚定的信念。

(7)“请党放心，强国有我”，精准表达出我国青少年群体忠诚于党、忠实传承党的事业的积极寓意。

这些在庆典上引起强烈共情的“高燃”时刻，也成为庆典结束后让人回味无穷的经典画面，传递出“中国声音”。这些庆典空间的视觉话语意义呈现，在外媒报道中超越了语言，自然而然间产生意义的联想，如路透社报道评价此次大会“盛大而壮观”，表现出对中国强大组织能力的赞叹。

本章小测试

不定项选择

1. 关于新闻发布会，下列说法正确的是（　　）。

A. 新闻发布会比较隆重，易引起社会的关注与信任

B. 在信息发布的深度和广度方面，新闻发布会比其他形式更胜一筹

C. 新闻发布会的成本较低
D. 对新闻发言人和主持人的要求较高

2. 关于新闻发言人，下列说法正确的是（　　）。
A. 一般由公关部部长担任　　B. 要对所发布的信息有精准的把握
C. 要有随机应变的能力　　D. 应有高超的外交辞令

3. 上海世博会属于（　　）。
A. 贸易展览会　　B. 宣传展览会　　C. 综合展览会　　D. 小型展览会

4. 关于展览会的时间选择，下列说法正确的是（　　）。
A. 尽量避开社会上的重大活动　　B. 尽量选择春夏季
C. 展览会的时间不宜过长　　D. 室外展览要注意气候的适宜性

5. 开放参观的意义包括（　　）。
A. 有助于公众近距离了解组织　　B. 有助于增加企业透明度
C. 有助于排除疑虑　　D. 有助于提高企业经济效益

6. 关于开放参观的路线，应注意（　　）。
A. 确保安全　　B. 公众感兴趣
C. 保证正常工作　　D. 注意保密区域的保护

7. 企业为青年员工举办集体婚礼，属于（　　）。
A. 开幕庆典　　B. 周年庆典　　C. 节庆活动　　D. 特别庆典

8. 关于庆典活动的程序，下列说法正确的是（　　）。
A. 必须有剪彩、揭牌等仪式　　B. 做到科学性与艺术性相结合
C. 做到常规性与创新性相结合　　D. 要尽量制造新闻

9. 关于赞助活动的原则，下列说法错误的是（　　）。
A. 注重公关策划　　B. 抓住赞助时机　　C. 无须契合　　D. 做“无名英雄”

10. 赞助活动的事前调查应注意哪些内容？（　　）
A. 组织自身的公共关系状态　　B. 被赞助者的公共关系状态
C. 公众的意愿　　D. 组织的经济实力

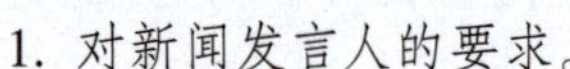

本章重点思考

1. 对新闻发言人的要求。
2. 展览会的特点。
3. 开放参观的意义。
4. 开放组织活动中安排参观路线的原则。
5. 庆典活动的类型。
6. 赞助活动前应调查的内容。
7. 赞助活动的原则。
8. 公关赞助活动的类型。

资料来源

[1] 陶应虎. 公共关系原理与实务 [M]. 3 版. 北京：清华大学出版社，2015.

[2] 缪启军，詹秀娟. 公共关系实务 [M]. 上海：立信会计出版社，2008.

[3] 金旗奖编委会. 2019 最具公众影响力公共关系案例集 [M]. 北京：中国财富出版社，2020.

[4] 周华安. 公共关系理论、实务与技巧 [M]. 6 版. 北京：中国人民大学出版社，2019.

[5] “祖国好，军队强，香港才能好！” [EB/OL].(2019-07-03) [2024-05-01].https://baijiahao.baidu.com/s?id=1637981875603129681&wfr=spider&for=pc.

[6] 中共中央宣传部. 习近平新时代中国特色社会主义思想学习纲要（2023 年版）[M]. 北京：人民出版社，2023.

[7] 党的二十大文件汇编 [M]. 北京：党建读物出版社，2022.

[8] 金旗奖编委会. 2021 最具公众影响力公共关系案例集 [M]. 北京：中国财富出版社，2022. 8.

[9] 耿学清. 民政部：我国已成为全球网络慈善引领者 [N]. 中国青年报，2019-07-29.

[10] 金梦雨，谢姝. 再塑认同：建党百年庆典直播的空间文本视觉修辞分析 [J]. 传媒观察，2021（10）：56-62.

第七章　公共关系大众传播战略管理

学习提纲

> 公共关系新闻的概念、特征与形式
> 成稿投放应遵循的新闻价值与写作技巧
> 新闻事件策划的含义、特点与方法
> 公共关系广告的特点、类型与创意原则
> 新媒体公关的优势与遇到的挑战
> 新媒体公关的实践

本章将对公共关系主要的大众传媒应用进行整理与讲解，主要涉及公共关系新闻、公共关系广告和新媒体公共关系三个小节，这是目前最主要的对大众传播渠道的应用，也是公共关系的常用手段。

第一节　公共关系新闻

学习视频：公共关系大众传播战略管理

一、公共关系新闻概述

（一）公共关系新闻的定义

公共关系新闻是指由组织发布的消息及其他形式的新闻性信息的总称。与一般新闻的不同在于它是直接为一个组织的目标而服务的。

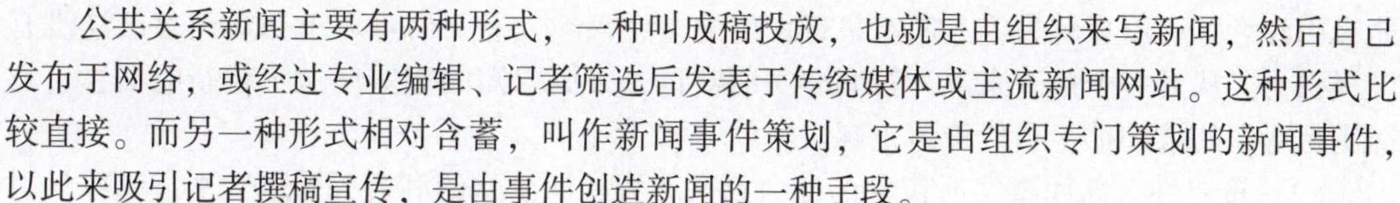

公共关系新闻主要有两种形式，一种叫成稿投放，也就是由组织来写新闻，然后自己发布于网络，或经过专业编辑、记者筛选后发表于传统媒体或主流新闻网站。这种形式比较直接。而另一种形式相对含蓄，叫作新闻事件策划，它是由组织专门策划的新闻事件，以此来吸引记者撰稿宣传，是由事件创造新闻的一种手段。

（二）公共关系新闻的特征

从含义与形式可以看出，公共关系新闻具有以下典型的特征。

（1）公共关系新闻是组织按照自身的公共关系需求而撰写或创造的新闻，它为组织服务，为形象而生。

（2）大众新闻传播媒介的登载，尤其是传统媒介的刊出使公共关系新闻更具权威性及可信度。

（3）公共关系新闻的传播大部分是免费的，当然，如果是创造新闻事件可能会产生一定的费用。

可以看出，公共关系新闻的成本普遍较低，但是效果又非常好，因此在公共关系信息传播中占有很重要的地位，已经成为公共关系大众传播管理中最常用的手段和方法之一。

阅读 7-1

海尔一年八万篇公关新闻[1]

曾负责海尔宣传工作的张斌在《羊城晚报》中称：他在海尔公共关系部工作时，每周都要统一考评下面的八个分公司，要求每个分公司每周最少要写出 200 篇关于宣传海尔品牌形象的新闻报道。可以计算一下，一共八个分公司，每周就有 1 600 余篇新闻稿件要发表，一年下来就是 8 万余条。因此，全国各大媒体几乎没有出现过海尔的负面信息，他认为这是海尔成功的重要原因。

二、成稿投放

成稿投放是公共关系活动中最基本的一环，任何公关活动都需要配以公共关系新闻稿。因此，撰写公共关系新闻是公共关系工作的基本功。

（一）公共关系新闻稿要体现的新闻价值

公共关系新闻的传播渠道已经发生了变化，组织不仅期待公共关系新闻稿通过传统主流媒体进行宣传，还期待通过网络媒体、自媒体等进行传播与扩散。因此，撰写公共关系新闻稿首先要明确传播的渠道，写出适合不同媒介的稿件。

1. 遵循传统新闻的价值标准

所谓新闻，是对新近发生的有社会意义的、能引起广泛关注的事实的报道。公共关系新闻也是新闻，尤其是想在传统媒体发表的新闻，更要思考传统媒体新闻价值到底是怎样的标准，只有符合了其新闻规范与视角才能被采用。因此，传统的新闻价值标准不能摒弃。

所谓新闻价值，就是指凝聚在新闻事实中的社会需求，社会需求越大，新闻的价值就越高。当然，新闻价值越高的新闻也会收获更多的关注，这就是新闻之所以成为新闻的重要筛选标准。一般而言，衡量一则新闻是否有价值主要有以下五个要素。

（1）时效性。新闻事实的发生时间与当下的时间越接近，越能满足公众的需求，也越能吸引注意。可以理解为，人们对最近发生的事感兴趣，老旧信息对于公众而言已经没有了吸引力。从另一个角度来说，新闻事实通常也是人们求知的重要渠道，越新的信息，越能满足受众的求知欲，当然价值也越大。

（2）重要性。新闻事实所包含的社会意义越大，同公众的利害关系越紧密，越容易引发社会的震动，其新闻价值也就越大，这是由利益接近心理决定的。

（3）显著性。显著性包括新闻事实、新闻人物、新闻地点等的知名度与显要度。越知名、越显要，则新闻价值越高，越容易吸引公众的注意力。公众总是喜欢看自己知道的人、事、物的消息。

（4）接近性。接近性是新闻事实同公众的接近程度，这种接近，既包括在地理上的地缘性接近，也包括心理上的心源性接近。地理距离和心理距离同新闻价值是成正比的，也就是说，地理距离越近，新闻价值越高；心理距离越近，新闻价值越高。

（5）新奇性。一般而言，冲突、异常、变动等都能满足公众的猎奇心理。越新奇有趣，新闻价值越大；越出乎意料，新闻价值越大；越变化异常，新闻价值越大。

公共关系新闻应充分考虑传统新闻的价值标准，写出能引发公众兴趣、能被媒体选中的好的公共关系新闻稿件。

2. 新媒体时代公共关系新闻价值标准的转变

新媒体时代，“赢得关注”的外延正在不断扩大，组织提高曝光度的途径越来越多，来自新媒体渠道、自媒体传播等的机会越来越值得组织去利用与整合。在这样的前提下，公关人员不得不重新思考新闻价值，有些在传统新闻人看来缺乏新闻价值、无法用于主流媒体宣传的新闻稿，或许已经开始吸引新媒体公众的关注了。因此，公关人员要在以下四个关键点上进行转变。

（1）碎片化信息。新媒体渠道与公众都具有典型的碎片化倾向，这与传统媒体的新闻风格具有强烈反差。因此，公关人员完全可以将一些有价值的观点、意见、态度等零散信息编撰成形式新颖的传播素材，通过白皮书、段子、鸡汤等各种方式进行公共关系新闻的传递。只要内容实事求是且有意义、符合公众的看点、服务于组织形象，即可形成新媒体公共关系新闻。

（2）企业内部新闻。新媒体时代公众的窥视心理得到了充分满足，从真人秀到生活秀，从网络检索到人肉搜索，新媒体赋予了公众太多权力，而权力的赋予使公众更加期待“内部消息”。鉴于此，来自组织内部的调查数据、市场趋势、内部评论等都将产生巨大价值。如果组织可以将这些“内闻”转换成引人入胜的“新闻”，则有望获得公众的注意力。

（3）可视化信息。传统新闻价值标准的建立是以新闻内容为对象的，而作为图片、视频、H5 互动页面等的技术手段与可视化信息仅仅作为新闻的辅助形式而已。但读图时代的彻底到来，使可视化信息要素成为一种价值。IDC（互联网数据中心）研究表明，在社交媒体传播中，如果信息或新闻使用了图片，将会提升 15%的转发量。可见，可视化信息已经成为公众喜爱的重要新闻形式，越来越多的组织也开始学会利用可视化信息等多媒体素材来吸引公众。

（4）权威专家观点。新媒体时代去精英化已成定局，然而这种扁平化的信息模式，更易造成信息飞沫的产生。公众处在迷茫的境地，不知道该相信谁或该相信什么。因此，内行人的观点与评析成为当下公众的风向标与信念指引。因此，一篇新闻中有大量权威观点与意见，一定是具有新闻性的好素材。

可见，新媒体时代，公共关系新闻的创作既要充分思考传统新闻价值的五大基本要素，又要善于捕捉受众的新需求与新偏好，以获得更多关注。

阅读 7-2

心向远方·步履不停——2023 抖音年度观察报告

抖音微信公众号推出了《心向远方·步履不停——2023 抖音年度观察报告》，全文以大量可视化信息的方式将组织的内部数据公开宣传，充分展现了抖音的应用度和文化形象。在这样的回望中，既有“淄博烧烤”和“快乐穿搭”的滋味，又有“狂飙”“乘风2023”和“全抖音复诵满江红”的燃情；既可城市漫游细细品味松弛生活，又能在杭州亚运会一览华彩的高光时刻。本书仅截图展示其中的一部分（见图 7-1），如需要观看全部内容，可打开网址：https：//trendinsight. oceanengine. com/arithmetic-report/detail/1035。

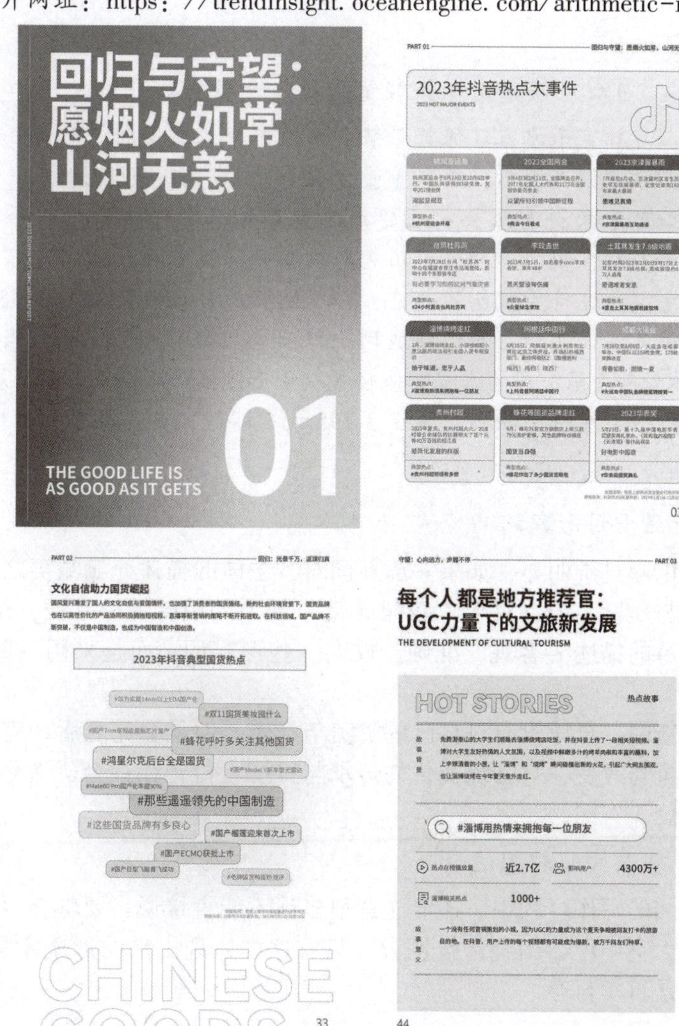

图 7-1　2023 抖音年度观察报告部分内容

（二）公共关系新闻稿要注意写作技巧

公共关系新闻还要重视一定的写作技巧，从而更有效地避免稿件带有商业气息、广告气息。

1. 要懂得将一件组织的小事写成社会和人民的大事

公共关系新闻本身就是为了达到组织塑造形象的传播目标，因此很容易将组织的局部功绩表达得比较充分，而社会意义升华得不足。但是实际上，公众对社会组织本身的变化兴趣并不大，只有当组织的变化与社会大环境、社会公益、社会服务等产生联系时，才能激发出公众兴趣。因此，对于这个度的把握非常重要。夸赞组织的内容多了，容易被误解为广告，引起读者的反感；相反，如果对组织的描写少了，宣传的重点容易被其他的事实所掩盖，同样达不到宣传效果。因此，要写好公共关系新闻，首先要对组织本身的行业、市场、竞争产品等有较为全面的了解和理解，只有这样才能精准地把握新闻事件的亮点，并对新闻事件的意义做出恰到好处的拔高。

阅读 7-3

可口可乐冰露环保轻量装的公共关系新闻[2]

重庆晚报报道：可口可乐冰露环保轻量装在本地市场正式亮相。昨日，可口可乐饮料有限公司对外宣称，冰露换新装后，单瓶重量由原来的 16 克减成 10.4 克。

今年 7 月，可口可乐饮料有限公司已建成冰露环保轻量瓶生产线，并将相继投入生产。该公司有关负责人称，较之前的生产工艺与设备而言，新生产线将每只塑料瓶的重量由 16 克减至 10.4 克。通过将原瓶包装减重，实现包装原料与碳排放减少 35%。同时，其独特的瓶身设计，使其在饮用后可轻松扭成团，以节省 70% 以上的回收空间。

据悉，可口可乐饮料有限公司的冰露环保轻量瓶生产线投产后，预计年产量为295 680 000 瓶，将减少 1 656 吨 PET 塑料，相当于减少 3 795 吨碳排放，这也相当于新增了 61 平方千米的森林。

2. 对组织与产品少用形容词

形容词的主观色彩过于明显，如果一篇新闻对其主体的描述充满溢美之词，那么很容易让公众产生反感与质疑。公众对于“新闻寻租”现象的敏感性非常强，组织不能低估。因此，要注意对自身的描述要客观、准确，放弃一些形容词，而是采用一些事实性描述，这样效果会更好。

抖音的公众号新闻，全篇没有对自己的赞美与夸赞，但是看完之后却完全感受到了抖音对人们生活的记录与改变，对传统文化的传承与宣扬，抖音在社会、文化、生活中的方方面面价值凸显无疑。

3. 从多角度、多层面婉转阐述

在公共关系新闻的写作过程中，还要注意很多话不能直接说，要学会绕弯表达，从多个角度说，从多个人嘴中说，用统计数据说。只有这样体现出来的形象才是社会的评价、大众的评价，而不是自卖自夸。

三、新闻事件策划

（一）新闻事件策划的含义与特点

新闻事件策划，又称“制造新闻”或“媒介事件”，是指社会组织为吸引新闻媒介报道并主动传递自身信息而专门策划的活动。新闻事件策划期待对舆论进行有效的利用，同时，也是一种有效的广告策略。新闻事件策划是组织策划出来的新闻，它与其他新闻事件不同，具有以下几个特点。

其一，这类新闻往往不是自主发生的，也不是偶然发生的，而是经过了公共关系人员事先精心的策划，有意安排出来的，是组织自己刻意创造的新闻事件，是为塑造组织形象而存在的新闻事件。

其二，这类新闻想要在众多新闻中脱颖而出，吸引新闻界和公众的目光，必须要比一般的新闻更具有新闻价值。策划新闻事件不能落入俗套，应是鲜有发生的、更具戏剧性的。

其三，这类新闻一定要能够为组织的公关目标服务，要能够产生良好的效应或能够影响舆论。

（二）新闻事件策划的方法

策划新闻事件的方法是公关人员开阔思维、激发灵感的重要助力，可以利用以下七种思维方式进行头脑风暴。当然，关于创新并没有统一的思维路线，还要懂得灵活思辨。

1. 利用热点议题

社会热点本就是当前舆论环境下公众关注的焦点，如果将自己的公关事件策划在这一热点之上，那么必将引来更多关注。公关人员要非常善于抓住热点话题与组织之间的关系，利用与热点的相关性进行新闻事件的策划。

“黑洞”引发的一系列晒图

2019 年 4 月 10 日 21:00，世界各地的天文学家同时公布了黑洞的“真容”。这是黑洞概念的首次具体化，引发了全球公众的关注与讨论，黑洞再次成为焦点与热点。这时，很多品牌都意识到了“热点议题”的到来，并不遗余力将自己的品牌或产品与黑洞进行创意结合，联合微博发照，共蹭热点（见图 7-2）。由于各品牌的创意有趣新颖，也引发了公众的讨论与热议，公关目标完美达成。

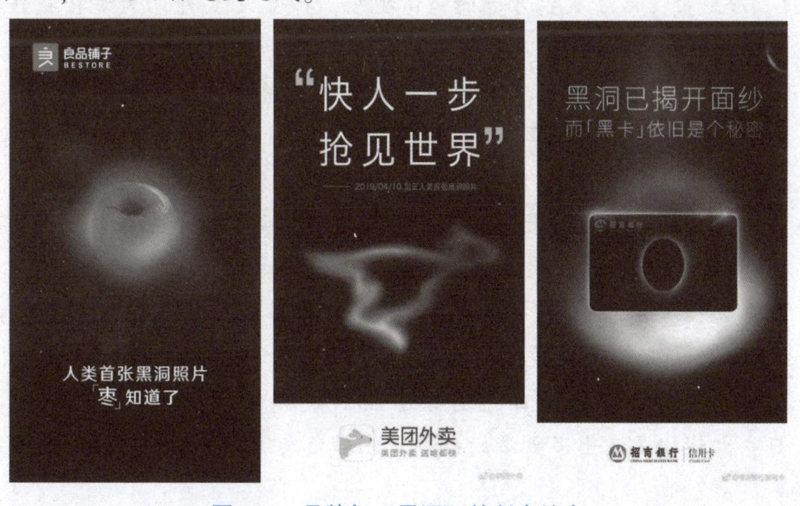

图 7-2 品牌与“黑洞”的创意结合

2. 利用市场竞争

哪里有冲突，哪里就有话题。因此，市场竞争本就是焦点话题。可以巧妙地利用和设计竞争产品之间的横向测评，以此来引起媒体和公众的关注。测评的好处在于公众能够在不同的品牌之间进行更直观的对比，这是一种非常具有说服力的传播方式。

3. 巧用名人与舆论领袖的力量

当前的社会是流量的社会，流量意味着更多的关注与话题。新闻事件的策划可以选择与具有相当流量的知名人士产生关联，或得到舆论领袖的支持，因此获得其流量、关注与话题。当然，相关性越巧妙，新闻事件越容易引发公众的兴趣与讨论。切忌生搬硬套，以免起到相反效应。

阅读 7-5

冷酸灵 & 小龙坎火锅牙膏的跨界公关[3]

冷酸灵作为一个民族品牌，已有 80 年的历史了，但在当今日益复杂多变的营销环境中，其品牌气质略显过时。因此，如何使品牌年轻化是冷酸灵需要思考的重要问题。于是，冷酸灵期待用一款特别的产品拉近与年轻小圈层的距离，实现品牌升级。

预热阶段：2019 年 4 月 1—30 日 官微互撩 制造悬念

4 月 1 日，冷酸灵公司官微首次提出了火锅牙膏的概念，一张海报引发了热议，很多公众认为这只是一个愚人节的玩笑。

4 月 9 日，貌似一个玩笑的火锅牙膏，在今天官宣了。冷酸灵与小龙坎正式合作，决定研发新产品，CP 正式成立。各路网络大 V 转发信息，热度空前。

4 月 18 日，正式发布了产品的设计稿，神秘面纱被揭开。

4 月 30 日，天猫商城开启了这款火锅牙膏的预售，众多大 V 转发并抢购。

宣发阶段：2019 年 5 月 1—9 日 瞄准引爆点 密集轰炸

5 月 5 日，冷酸灵上线了火锅牙膏的街访视频，抖音大 V 开始大量转载并在自己的粉丝群中扩散，视频播放量高达 76 万次。

5 月 8 日，火锅牙膏在众多大 V 和公众的讨论下，终于冲上了微博热搜榜。微博、微信、小红书大 V 再次纷纷自发种草。

爆发期：2019 年 5 月 10—12 日 全网狂欢 推波助“流”

5 月 10 日，舆论领袖们的扩散与种草，使公众的购买欲望十分强烈，预售阶段就被抢购一空了，在粉丝的呼吁下，火锅牙膏又上架 200 套，结果 11 秒就被抢光了。

5 月 11 日，天猫“国潮来了”活动结束后，火锅牙膏售罄，结果热度依然不减，在闲鱼二手网站的价格开始飙升，最高炒至原价的 17 倍。

长尾期：2019 年 5 月 13—20 日 官方报道 品牌焕新

5 月 13 日，火锅牙膏又出了更多的视频，比如变态辣口味的刷牙挑战视频以及各种试用采访视频等。

5 月 14 日，权威媒体也开始陆续刊登冷酸灵老品牌的创新之路等文章，强化了舆论引导。

5 月 15 日，新华社、朝日新闻、中央财经频道众多官方媒体采访报道，声量达到峰值，甚至引发外国媒体转载报道。

总体来看，本次活动中舆论领袖的作用非常突出，微博上数十位金 V 大号转载，曝光量达 5 000 万次，讨论量超 200 万次，数十位蓝 V 大号转发，曝光量达 9 500 万次，讨论量超 1 000 万次。整个活动“双微一抖小红书”传播全覆盖，成功引发了全民讨论。

4. 自我造势

当组织无热点可依，无名人可靠时，也不能放弃公关目标。有时，社会舆论之势也需要自己来造，要懂得利用一切可以利用的机会，增强自我形象的表白与展示。

阅读 7-6

安踏集团 2021“半年报”公关传播[4]

2021 年上半年，中国经济复苏，基础不断夯实，体育产业也迎来诸多重大利好。安踏集团自我造势，将自己的“半年财报”对外公开传播。在财报中，正向解读了安踏集团 2021 年上半年业绩，通过多维度挖掘及梳理企业长期可持续高速成长的依据，传递企业未来战略及积极信息，增强消费者及投资者的信心。

（1）前期准备：在主流媒体方面，提前与媒体进行深度沟通，根据媒体需求准备不同维度的文本包；在社交媒体方面，提前预设多个具有新闻客观性，并可能引发公众共鸣的社交话题，筛选助推热搜话题的有利信息，并提前规划推文、长图、短视频等多种形式传播物料。

（2）财报发布：财报发布后，按时按步骤推进线上媒体会及投资者会议。深度解读财报内容，根据传播节奏，在自有渠道、主流媒体上发布第一波新闻稿，《人民日报》权威发声，奠定正向的舆论基础。微博、今日头条话题上线，客观描述，巩固热搜、热榜论点，借助有效氛围引导大众加入支持国货的爱国话题讨论。同时财经媒体及资本市场第三方意见领袖深度解读财报。

（3）长尾效应：财报发布两周后，大量媒体集中报道，行业媒体、财经媒体、自媒体自发进行多角度的深度解读，形成广泛报道。实现了大声量、高热度、强聚焦，为自己发声，为自己造势。

5. 强化特色

新闻事件的策划还可以从自己的特色视角入手。特色是一个组织区别于其他组织的重要特征，在公共关系新闻中如果突出自己的特色，经过大众媒体的传播后，组织形象或品牌功能会更加鲜明地在公众心目中得到确认。因此，在新闻事件策划中，往往采用突出特色的手段。

苏宁小店启动“三公里灯塔”计划[3]

一、苏宁小店的特色

苏宁小店通过销售新鲜的水果和蔬菜，为公众提供便捷的服务。它有两个重要的特点：其一，3 公里内快速配送。用户可以在实体店的虚拟货架或 App 上下单，并在 3 公里内享受半小时内送货到家的服务。其二，许多黑科技落地苏宁小店，无人配送车“卧龙一号”彻底实现了智能物流与苏宁小店的无缝对接与融合。如今，苏宁小店已经遍布全国各地，形成了三公里范围内一种全新的生活方式。

二、公关策划：2019 年春节的“三公里灯塔”计划

2019 年 1 月 21 日，苏宁小店正式启动了“三公里灯塔”计划（其海报见图 7-3）。“三公里灯塔”以苏宁小店为平台，在春节期间，不打烊、不涨价、物流不延迟，除了继续为用户提供优质便捷的商品和服务外，还在全国范围内提供免费停车、免费包装袋、免费打包、免费寄放、免费红包、免费鞋套、免费充电、免费 Wi-Fi 等服务。

图 7-3 “三公里灯塔”计划海报

另外，活动还在全国范围内评选 100 位“城市守护者”，为他们提供年货礼包以及 2019 年全年的免费早餐。大年初一，各大城市的核心区 LED 都在投放“城市守护者”的公益广告，苏宁小店通过这种方式向他们致敬。

整个计划，突出强调了苏宁小店的“三公里”服务圈。过年期间不打烊，苏宁小店又何尝不是“城市的守护者”？

6. 强化反差

当自己的特色模糊，或已经被公众逐渐遗忘之时，新闻事件策划还可以强化反差。纵观近几年成功的案例，我们发现“反差”可以自带流量。现在部分传统的民族品牌形象老化，但是只要在反差上下功夫，并在近几年最火的国潮文化推动下，很可能实现华丽的转身，实现品位与情怀的逆袭。

老品牌玩跨界

近年来，中国老字号品牌玩“跨界”已经司空见惯。2019 春夏纽约时装周上，“老干妈”卫衣成为热门话题。这款红色卫衣像极了老干妈玻璃瓶的颜色，而且其图案也非常有趣，正面印花是老干妈的注册商标和创始人的头像，左边袖子上印着中文——“国民女神”，右边袖子上印着英文——“SAUCES QUEEN”（辣酱女王）。另外，百雀羚也与爆火

的故宫组成了CP，“雀鸟缠枝美什件”美得让人无法呼吸，它完美地将东方韵味与图样融入了美妆产品之中。而88岁的英雄牌钢笔与鸡尾酒品牌锐澳（Rio）又实现了完美互换，使中西结合、新老结合、物品与食品结合，实现了奇妙的跨界。

可见，老字号在跨界中“玩”出了新意，也使自己重新跻身年轻人的视野。

7. 逆向思维

人们在思考时，往往喜欢按照习惯的思路去探索问题的答案。然而，使用这种顺向思维的方法产生的结果大概率一样，缺乏新意。因此，新闻事件的策划可以从人们习惯思路的反方向入手，突破常规思维顺序，可能产生出奇制胜的效果。

第二节　公共关系广告

学习视频：公共关系广告

一、公共关系广告的特点

公共关系广告是一种特殊类型的广告，并不是直接宣传组织的产品、服务等，而是利用大众传播媒介或公开的传播机会，向公众传递公共关系信息，以期树立、维持、强化或改变组织的公众形象，是公共关系传播的一种重要形式。

公共关系广告既属于公共关系活动的一部分，又属于广告的范畴。因此，相对于产品广告，它具有一些重要的特点，或者说区别。

1. 广告目的不同

产品广告的目的是让公众认识产品或服务，并促进销售。公共关系广告的目的是通过自我形象、自我价值观的表白，让公众对组织产生情感，树立形象。

2. 广告对象不同

产品广告的对象是潜在消费者和自己的顾客，是组织产品或服务的直接目标群体。公共关系广告的对象则是公众（相对于非公众而言）与社会大众，公共关系需要树立的是社会形象，因此其对象更加宽泛。

3. 广告内容不同

产品广告的内容与产品或服务等具象的东西直接相关，在广告中着重展示其产品。公共关系广告的内容则较少出现直接的产品，而是一些与组织形象、价值观等相关的信息或情节，广告中可能仅仅出现组织名称或者标识等。

4. 广告表现不同

产品广告中的事实一般比较夸张，常用浮华、惊艳、创意或具有视觉冲击力的形式来表达广告诉求。公共关系广告则比较适合采用朴实、诚挚的形式来引发情感共鸣，使组织所要传递的价值观与公众产生情感联系，从而建立认同。

5. 传播基调不同

产品广告的商业色彩较为浓重，因为它为了直接的促销目的。公共关系广告则公益色彩较为浓郁，它为了树立社会形象，只是间接达成销售目的。

6. 广告效果不同

产品广告是一种短期行为，具有周期性，其效果也只是近期的市场效果。公共关系广告一般属于组织的长期行为，是组织在整个经营活动过程中都始终要做的，具有长远的社会影响。

7. 影响模式不同

产品广告对公众的影响是“公众—产品—组织”模式，也就是公众往往率先认识了产品，然后才了解品牌或组织。公共关系广告的认知路线正好相反，是“公众—组织—产品”模式，公众率先了解组织的价值观，然后才了解其产品。

总而言之，产品广告推销产品，而公共关系广告推销组织。

二、公共关系广告的类型

公共关系广告的类型很多，了解公共关系广告的类型，可以拓展公共关系广告创意的思路与灵感。根据公共关系广告的目标不同，可以将其划分为以下四类。

（一）形象广告

形象广告主要以宣传组织的文化理念及价值观为主要目标。通过这种文化理念与价值观的表白可以培养和提升组织的社会形象，使它成为一种信念，对内产生向心力，对外产生号召力。形象广告也有两种类型，从不同的层面来宣传自我形象。

1. 观念广告

观念广告是传递自身观点、态度、价值观的公共关系广告，比如宣传自己的管理哲学、价值理念、经营风格、组织文化等。例如，可口可乐的公关广告“只有可口可乐，才是真正的可乐”，简短的一句广告语将自身定位与理念表达得大气自信。深圳市的城市观念广告“时间就是金钱”，将自己所秉持的价值观充分表达，展现了深圳市快节奏的生活理念与职业精神。某营利性公司的观念广告“百万的企业，毫厘的利润”，表达了自己的经营理念，还利于民。

2. 商标广告

商标广告是以自己组织的商标为宣传内容的一种形象广告。组织的商标往往承载着品牌内涵，包括组织的理念、地位形象、文化精神等，因此，对商标进行宣传，就是对组织的形象进行宣传。当然，在广告或其文案中突出商标可以更好地体现其创意感。例如，丰田汽车的商标广告“车到山前必有路，有路必有丰田车”，广告文案中出现“丰田”的商标名称，不仅在公众的眼前展现了一幕驾驶丰田车探索世界的具象场景，而且加深了公众对品牌的认知与理解。万力啤酒的商标广告也非常经典，“行万里路，喝万力啤”，简短干脆，将男人气魄与品牌形象巧妙连接，引发共鸣。

（二）实力广告

实力广告是以展现组织的经济实力、生产实力、技术实力、硬件实力、人才实力、综

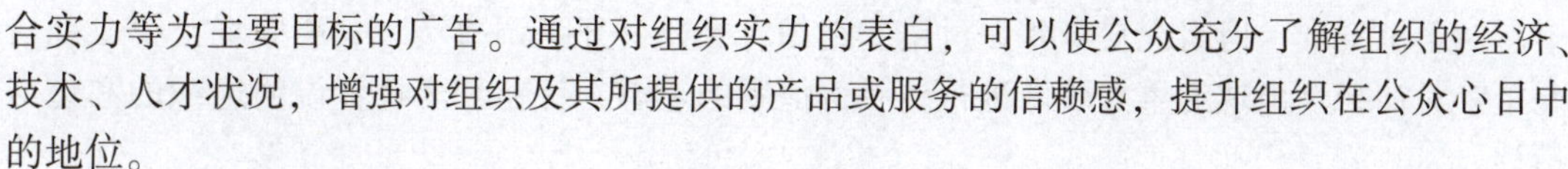

合实力等为主要目标的广告。通过对组织实力的表白，可以使公众充分了解组织的经济、技术、人才状况，增强对组织及其所提供的产品或服务的信赖感，提升组织在公众心目中的地位。

（三）表意广告

表意广告以传达特殊信息，拉近与公众之间的距离为主要目标，表意广告依据不同的内容又可以分为祝贺广告、谢意广告、歉意广告、声明广告四种。

1. 祝贺广告

祝贺广告以向社会各类公众贺喜为主要内容。例如，组织 A 给新开张的组织 B 赞助一定的广告费，并在新组织 B 的广告中署名以表示祝贺，这样不仅可以使新组织 B 在经济上直接受益，同时赞助的组织 A 也可以增加在媒体上露面的机会与次数，这种双赢型互利极为常见。在央视的春节联欢晚会上，主持人会播报一些企业恭祝全国人民春节快乐的广告，这就是典型的祝贺广告，意在通过与公众的沟通达到拉近距离、提高曝光度的目的。还有比较常见的是，某工程竣工、店庆校庆、运动会等，都有很多条幅，写着某某组织祝贺竣工、祝贺店庆校庆、祝愿运动会圆满成功等，这些都属于祝贺广告。

2. 谢意广告

谢意广告以对公众或合作伙伴的支持表达感谢为主要内容。谢意广告也极为普遍，例如，“阳光集团建厂五十周年，特此鸣谢国内外新老朋友以及广大客户！”“辽宁工业大学建校 70 周年，特别鸣谢……”等都是这类广告。谢意广告在表达感谢、拉近距离的同时，也提升了自己的媒介曝光度。

3. 歉意广告

歉意广告以致歉为主要内容。它意在化解矛盾、消除误会、谋求原谅。这类公共关系广告一定要实事求是，不能文过饰非，态度与担当是歉意广告应该体现出的最佳情感。这是挽回组织形象、获得谅解的重要途径。

工程噪声的歉意广告

尊敬的四邻：

您好，×××综合办公楼由××建设有限公司承建施工。施工期间，难免给您的生活和工作带来不便和影响，在此，我们向您表示深深的歉意，并敬请您的谅解。同时，我们向您保证，我们将加强现场管理，尽量减少施工给您带来的干扰。另外，为了您和家人的幸福和安全，施工期间谢绝参观，孩子们不要在现场逗留和玩耍，以免发生不安全事故，真诚感谢您的合作。

祝大家身体健康，工作顺利。

××建设有限公司第一项目部

4. 声明广告

声明广告又称解释性广告，是一种表明组织对某事件的立场或态度的广告。我们经常看到组织发的声明，就是声明广告。声明广告一般在以下两种情况下发布：第一种情况是事态对组织不利，但组织自身并无过错，组织有必要公开强调事实、表明立场；第二种情况是针对社会上出现的重大事件进行自我价值观的表态，旨在对全社会说明组织的文化与精神。

阅读 7-10

两则声明广告

一、拼多多的声明[5]

事件背景：2018 年，拼多多在网络上受到了用户的广泛质疑。对此，拼多多新闻发言人表示，会认真思考整改，但还是希望大家能给拼多多一些发展的机会。拼多多还发表了声明，并附带了全员信：

（1）我们要团结，要坚信过去一起开创的模式。虽然离 Costco + Disney 还很远，但过去的实践表明它有着顽强的生命力和巨大的前景。

（2）要坚持本分，面对质疑，先求责于己，要拥抱公众和竞争对手的监督，忽略股价的波动，拿出钉钉子的精神，一个一个扎扎实实解决实际问题。

（3）要消费者导向，不要竞争导向。面对纷至沓来的质疑，我们自己不要慌乱，不能眉毛胡子一把抓，不能试图一蹴而就。不能竞争导向，别人指什么我们才做什么，要牢牢地抓住消费者导向，从消费者最最切身的利益点开始抓，开始改，持续地改。

二、vivo 的中止合作声明[6]

事件背景：2019 年，休斯敦火箭队总经理莫雷的不当言论引发了中国球迷的强烈不满。为此，央视体育、腾讯 NBA 相继封杀了火箭队的所有比赛。对此，vivo 官方发布了一条声明，内容如下：

针对休斯敦火箭队总经理莫雷近日发表的有关中国香港的错误言论，以及 NBA 在此事上所表现出的纵容态度，vivo 表示强烈不满和谴责。vivo 始终坚守国家利益高于一切的原则，坚决反对任何挑战国家主权及领土完整的言论和行为。即日起，vivo 将中止与 NBA 的所有合作。

（四）公益广告

公益广告是表达组织对公益事业热心且积极支持的一种广告形式，广告内容与公共事业紧密相关，其内容可以涉及社会的方方面面，如社会公德、传统意识、文明礼貌、风俗习惯、生态环境保护、交通安全、防火防盗等。公益广告可以很好地使组织理念与公众情感产生共鸣，增进公众对组织的情感，缩小公众的心理距离，赢得社会好感。

三、公共关系广告的创意原则

公共关系广告与产品广告截然不同，其创意思路和设计方法也必定不同，在创意公共关系广告时要注重下面的五大原则，无论哪种类型的公共关系广告都应遵循。

（一）实事求是

公共关系广告的目标是树立形象，谋求认同，并非直接地争夺市场或销售产品，所以要尽量放低姿态，诚恳求实，切忌弄虚作假，夸大事实。遵循真实、客观的设计原则至关重要，只有如此才能争取到更多公众的信赖与支持。

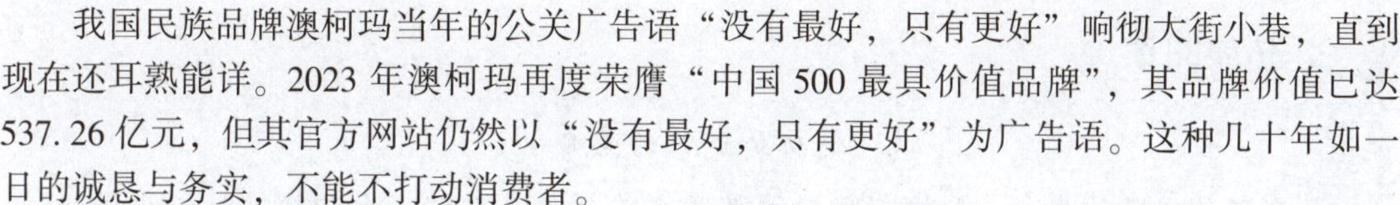

我国民族品牌澳柯玛当年的公关广告语“没有最好，只有更好”响彻大街小巷，直到现在还耳熟能详。2023 年澳柯玛再度荣膺“中国 500 最具价值品牌”，其品牌价值已达 537.26 亿元，但其官方网站仍然以“没有最好，只有更好”为广告语。这种几十年如一日的诚恳与务实，不能不打动消费者。

（二）独具风格

公共关系广告虽然强调朴实与诚恳，但是千篇一律、毫无风格必定无法形成组织的识别性。因此，还应在特定的公共关系主题下形成自己独特的风格，以加深社会公众对组织的印象。

（三）富于创新

公共关系广告同产品广告一样，都要求具有创新精神，无论是表达角度还是创意手法都应秉承创新的原则。

有一个旅游小镇，当地有许多小吃和饭店。那么，如何才能在无数饭店中脱颖而出呢？有这么一家小店别出心裁，它的老板在饭店门前竖起了一块招牌，上面写着“本镇最差的食物”，而落款是“一个最差劲的厨师”。这完全出乎了游客的预料，没有人看过这样贬低自己的“广告”，结果“最差”两个字却起到了让人意想不到的效果。这家小店的客人越来越多，来自世界各地的游客都想来尝尝这家“最差”的饭店。

这个案例告诉我们，只有创新，只有出乎意料才能激发公众的好奇心，从而获得更多的关注与机会。

（四）寻求佳时

公共关系非常重要的一个特点就是一定要利用“相关”的时机，公共关系广告也是如此。选择对的时机往往效果事半功倍，相反，时机有误，则可能事倍功半。

阅读 7-11

多一些润滑，少一些摩擦[7]

2003 年 3 月 20 日 10 时 35 分，伊拉克战争爆发。第二天，中央电视台在伊拉克战争直播新闻时段播出了“多一些润滑，少一些摩擦——统一润滑油”的电视广告。在短短不到 24 小时的时间里，统一润滑油就策划并制作了这则短小但触动人心的公关广告，抢占了央视“伊拉克战事报道”板块广告第一的位置，在 CCTV-1 和 CCTV-4 每天播放 30 余次，第三天到第五天甚至每天播放了 40 余次。据统计，统一润滑油 3 月份的发货量同比增长 100%，该月销售额突破了亿元大关。

统一润滑油将产品属性与战争主题完美融合，用润滑油的产品特性表达了人们对和平的渴望与心声，由此，很好地加深了观众对统一润滑油的认知和好感，同时也衬托出企业的价值观与文化内涵。

（五）避免商业痕迹

公共关系广告应该从本质上认识到与商业广告之间的区别，要时刻站在社会公益和大众利益的角度思考问题，要从公共关系广告中充分表达自己的社会愿景与使命，而不能以商业利益或商业活动的宣传为基本出发点。避免商业痕迹是公共关系广告的又一重要创意原则。

拓展阅读

创新是文艺的生命

创新是文艺的生命。要把创新精神贯穿文艺创作全过程，大胆探索，锐意进取，在提高原创力上下功夫，在拓展题材、内容、形式、手法上下功夫，推动观念和手段相结合、内容和形式相融合、各种艺术要素和技术要素相辉映，让作品更加精彩纷呈、引人入胜。要把提高作品的精神高度、文化内涵、艺术价值作为追求，让目光再广大一些、再深远一些，向着人类最先进的方面注目，向着人类精神世界的最深处探寻，同时直面当下中国人民的生存现实，创造出丰富多样的中国故事、中国形象、中国旋律，为世界贡献特殊的声响和色彩、展现特殊的诗情和意境。[8]

第三节　新媒体公共关系

学习视频：新媒体公共关系

每一次技术上的变革都会引起公共关系形式、方法上的变化。如今新媒体已经成为人们生活中的重要媒介，公共关系对新媒体的利用势在必行，甚至已经发挥出了意想不到的效果。

新媒体公共关系的本质就是将新媒体环境下的互联网思维与公共关系理念相结合，利用新媒体为载体搭建组织与公众之间的桥梁，从而树立良好形象。

一、新媒体公共关系的优势

（一）实现信息的海量传播

新媒体渠道最大的优势在于海量的存储空间以及无限的信息输出通路。从前限制于传统媒体版面与时长的公关时代已经过去，新媒体所提供的海量传播渠道，可以使公关信息更加全面、完整、多元化，可以运用更多的形式。公关信息量的扩大极大提升了组织公关的传播力与影响力。

（二）增强公关传播的互动性

众所周知，传统媒体时代的传播主体与传播对象之间互动性较弱，反馈机制缓慢。然而，新媒体时代则发生了巨大变化，公关主体传递的公关信息不仅可以快速到达目标公众，还可以即刻收到目标公众的反馈，以此来判断公关内容、形式等的适应性与效应力，随时调整公关策略。另外，这种互动增加了公关主体与对象之间的交流与沟通，拉近了组织与公众之间的距离。目前，大部分组织都开通了微博或微信公众号，通过或幽默、或个性、或真诚的语言风格打动了众多公众，起到了非常好的沟通效果。

（三）满足公关信息流动的及时性

不得不说，新媒体另一个重要优势在于其时效性，它能轻松实现信息的即时发布。面对误解、矛盾、危机情境，组织可以充分利用新媒体渠道快速反应，及时沟通、解决问题。当然，在好的时机来临时，组织也可以紧紧抓住黄金时间，迅速结合自身特点发布公关信息。很多好时机来临时，组织迅速反应的案例在当代比比皆是。还记得当年微信首次推出“红包照片”时，朋友圈里充斥着两大内容，无数张模糊照片和一句“白内障 看不清 莎普爱思滴眼睛”的广告文案。

（四）多元化传播方式增强冲击力

新媒体是融合媒体，它的渠道中融合了我们能想到的所有传播方式。它不光是文字、图表、图片、影视的融合，还有 3D、VR、H5 等技术手段营造出的更多传播形式；另外，互动视频、弹幕、点赞、转载与分享、短视频接龙、微博标签运动、直播等衍生形式都促使传播形态进一步丰满与突破。这些形式的联合利用可以形成强烈的传播冲击力，强化公关信息的传播力度与说服效果。

二、新媒体环境下公共关系面临的挑战[9]

（一）信息传播方式的变化加大危机发生的可能性

其一，虚假信息容易导致公关危机产生。相对于传统媒体而言，自媒体传播分散化，这使危机信息在新媒体传播渠道中变得多元而复杂。各种真实的或虚假的、正面的或负面的信息可以自由传播，很难第一时间迅速“过滤”，从而增加了组织公关危机发生的概率。

其二，竞争对手的误导信息导致危机产生。新媒体为组织的竞争对手提供了更好的情报收集渠道，组织的任何疏忽与失误都可能招致竞争对手的攻击，这也增大了公关危机发生的概率。

（二）网民激烈参与增强了不可控性

其一，新媒体唤醒并强化了公众的表达意识。新媒体中的受众带有明显的“身份丧失”，受众的社会属性不带入到传播渠道之中，这就在一定程度上淡化了其社会等级差别，而没有等级差别的人际传播带来了平等的交流，这种平等感必然增强新媒体中的沟通意愿。不容置疑，新媒体的出现，极大唤醒并强化了公众的表达意识。这种表达意识的增强在微信、微博等新媒体渠道中表现得尤为明显。通过舆论领袖的转载与公众的模仿效应，小事件完全可以演变为一场难以控制的公关危机。

其二，网民偏激情绪的连锁反应。近年来，很多公关危机中都夹杂着激动或偏激的情绪、质询、谴责，甚至攻击，而新媒体中更加自由的互动渠道使这种情绪能够迅速传染给其他网民，使已发生的危机恶化、蔓延。

（三）新媒体的扩音器效应强化了危机信息的流动

其一，负面信息第一时间扩散。在新媒体强大的时空开放性渠道中，公关危机事件的负面信息能够第一时间扩散，比传统媒体更快。

其二，缩短组织反应时间。新媒体的超强及时性使危机事件无处藏身，随之而来的是组织对公关危机事件信息管理的反应时间无限缩短，预控工作变得难上加难。

其三，区域危机极易演变为全国性危机，甚至是全球化危机。传统媒体时代，公众的话语常常会被淹没或局限在较小的范围内，无论是在传播的规模，还是在地理范围上都受到严格的约束与限制。而新媒体交流则具有显著的自由性和区域的广泛性，可以使公关危机在更大范围内传播，容易造成危机的规模和影响扩大。

（四）新媒体转载分享模式使危机延续时间加长且具有反复性

其一，新媒体信息的保存性使负面信息在一定时间内存在于渠道之中，从而使危机事件的负面影响时间变长。

其二，公众在自媒体中的传播力量不容小觑，当危机事件在传统媒体的报道中已经销声匿迹时，而新媒体中的热议也许还在继续，当相关的新角度引出后，这种热议还将再次进入高潮。

其三，越来越多的品牌、企业开始“消费”危机，借此来做营销推广、文案创意，这种依附热点而生的营销文案大多具有趣味性、贴近性、创新性，极易吸引公众的目光，并达到大量转载、分享的传播效果，甚至形成流行语或网络词汇，长时间在新媒体渠道中流通，从而使危机事件的波及时间延长。

其四，同一危机事件还可能在新媒体中反复爆发，任何残留的负面信息都可能被公众再次翻出，造成危机回热。

因此，新媒体是一把双刃剑，运用其利、防治其害显得至关重要，要学会利用新媒体思维进行公关活动。

阅读 7-12

《腾讯内部公关手册》对新旧媒体的分析[10]

（1）明星。20 年前大家关注的是传统媒体，如电视、报纸、杂志等，10 年前大家关注的是互联网、BBS，而当下的媒体明星是“双微”——微博与微信。

（2）渠道。传统媒体时代的信息渠道相对单一且具有权威性，遇到危机，企业通过统一渠道发布信息。而当下的舆论环境更加复杂，来自外界的攻击也具有碎片化的特征，如果还使用传统方式应对危机与舆论将不再奏效。

（3）话语权。传统媒体的传播力、合法性、权威性、公信力已经在一定程度上被削弱了，但是它的舆论引导功能还依然强大，始于传统媒体的负面信息还是会被社会化媒体迅速扩散，但是不要因此惧怕媒体。在新媒体时代，即使不向媒体妥协，也有其他翻盘的机会。

（4）话术。传统媒体时代，组织需要说高尚的话、伟大的话，要说得正确、洪亮、严肃、认真。然而新媒体时代，组织无须拘谨，可以不按常理出牌，吐槽、暗示、隐喻、讽刺等个性化的方式，很可能引发新媒体受众的共鸣与追捧。

（5）角色。传统媒体时代是一个“我说你听”的时代，公众被动接受信息并信服于媒介。而新媒体时代是一个“所有人对所有人说”的时代，信息飞沫与碎片化使公众迷茫且兴奋，但这大大提升了公众的批判意识和怀疑精神。

（6）势能。传统媒体时代，媒体占据舆论制高点，组织处在劣势的下风。而新媒体时代，弱者成为天然的正确一方，组织应该更加懂得利用公众的同情心理获得支持与拥护。

(7) 形式。传统媒体时代，以文字的理性表达为主要特点。而新媒体时代，除了文字以外，还可以利用图片、视频以及各种先进的技术传达信息，因此，公众对于信息接收从理性深入转向感性和跳跃，形式的多元带来情绪基调的浮夸。

(8) 信息对称。传统媒体时代，公众获得信息的渠道有限，信息不对称现象显著。而新媒体时代，分享与互动机制多元化，使公众获得了来自不同角度、不同层面、不同立场下的观点与声音。媒体不再具有优势。舆论的走向也变得更加难以预测和控制。

(9) 戏剧效果。传统媒体时代，“正确”是判断的唯一标准。新媒体时代，公众还需要“戏剧性”。正确而乏味令人敬而远之，局部正确但个性鲜明反而受欢迎。

拓展阅读

使互联网这个最大变量变成最大增量

伴随着信息社会不断发展，新兴媒体影响越来越大。全媒体不断发展，出现了全程媒体、全息媒体、全员媒体、全效媒体，信息无处不在、无所不及、无人不用，导致舆论生态、媒体格局、传播方式发生深刻变化。必须深刻认识全媒体时代的挑战和机遇，推动媒体融合发展，加快构建融为一体、合而为一的全媒体传播格局。[11]

三、新媒体的公关实践

新媒体公共关系的实践很多，且随时在创新，下面介绍几种近几年比较常见的实践活动。

（一）社交媒体矩阵运营

社交媒体矩阵，我们可以把它理解为能够触达目标受众的多种社交媒体渠道组合。有横向矩阵和纵向矩阵两种类型。横向矩阵指组织在全媒体平台的布局，包括自有 App、网站和各类新媒体平台，如微信、微博、今日头条、搜狐网、企鹅号等，也可以称为外矩阵。纵向矩阵主要是指组织在某个媒体平台的生态布局，是其各个产品线的纵深布局，也可以称为内矩阵。

社交媒体作为新媒体公共关系的核心平台，应该充分强调与受众之间的互动和交流。目前，微博、微信、抖音、小红书等社交媒体已经形成当代年轻用户的社交网络，进行有效的内容策划、互动管理以及数据分析势在必行。

首先，注册官方微博是十分必要的，官方微博发声往往可以直接传递公关信息，通过转载量、评论留言等直接获取公关效果的部分反馈，是关注舆论、掌握公众情绪走势的重要阵地。另外，维护官方微博的形象就是在树立组织形象，通过微博可以适时表达立场与价值观、体现组织文化与精神、展现组织的“人格魅力”，或者通过幽默、风趣、理性等特色的语言来沟通与公众之间的日常关系，使组织始终以好的形象参与到舆论生活中。同时，还要使自身成为舆论领袖，通过微博标签运动、接龙、抽奖等方式，带动圈层活力，逐渐使组织自身成为某一领域的话语带头人。

其次，微信平台也是组织必须要建设起来的社交媒体沟通渠道，它可以进行非常丰富与便捷的自媒体活动，如微官网、微会员、微推送、微支付、微活动、微报名、微分享、微名片，等等。另外，还可以借助微信平台建立品牌粉丝社群，通过内容分享和互动打造良好的用户体验，利用圈层传递信息与观点。当然，在这个过程中，要明确目标用户群体，提供有针对性的内容和服务；要保持微信公众号内容更新的效率和质量，吸引用户持续关注；要积极回复评论和留言、组织互动活动，促进用户参与和黏性增加。当然，组织的社交媒体还要与相关机构、品牌进行合作，扩大影响力和受众范围。

综合分析现阶段的社交媒体平台特征，“双微”凭借“强互动的官方”特征，依旧是矩阵式运营过程中的核心平台，同时小红书、抖音等泛社交平台爆发式增长，短视频和直播更是凭借强大的即时互动性，大大提升了即时效果的感知，具备明显的营销价值，也都是必要的拓展渠道。

另外，还要注意不同平台的差异化运营。在推导受众差异化定位的同时，结合社交媒体的平台特征，进而有目的地策划差异化内容，最终组成系统性、差异化社交媒体矩阵模式，使得内容精准触达目标受众，实现最大化运营效果。

阅读 7-13

远东集团的社交媒体矩阵运营[4]

在横向的社交传播矩阵建设中，远东集团将微信公众平台作为深度沟通的支点，进行口碑塑造；将微博作为粉丝吸引中心，进行品牌曝光；将今日头条作为资讯传递渠道，引导决策；将知乎作为科普平台，进行线缆专业知识的普及；通过抖音进行泛娱乐沟通、开辟市场等。根据品牌定位及各平台的调性制作相关内容进行有效传播，增强与受众的连接，实现品牌曝光及营销转化。

另外，远东在纵向矩阵的打造中，也融入了分层策略。在不同产业领域，根据业务实际差异化运营同平台不同账号，打造远东控股集团、远东股份、远东电缆等细分品牌，加强品牌综合实力与竞争力，极大提高品牌知名度和美誉度，以社交媒体传播为有力抓手，成功打造了一个多元化、全方位的传播体系，帮助远东这个国内龙头工业品牌开出新花，焕发生机。

2021 年上半年，远东通过社交媒体输出了 5 924 条内容，包括图文、海报、短视频、微电影等，通过 95 个社交媒体的运营，实现了 2 318.61 万次的传播量，粉丝量扩充至 781.3 万人，并建立 11 个社群，收集了 1 324 条营销线索，拓展了 76 家经销商，实现了 213.65 万元销售额。

（二）新媒体中的内容营销

何为内容营销？并非输出了内容就是内容营销，内容营销的要旨应该是创造能让受众关注的内容，其是一种主动性内容，是能够吸引受众的内容。在新媒体时代来临后，这种吸引公众的方式成本更低了，因此是新媒体时代公共关系的常见手段。

首先，谈谈内容的策划。内容策划一定是处在核心地位的，组织要深度挖掘当下的受众需求与心理、深入挖掘自身文化，探寻两者联系，输出有深度、有意义、有故事、能引发受众情感共鸣的内容。在微博进行话题互动、制作相关视频、与显著性 IP 联手创造内容等都是常见的内容输出方式。例如，京东意在打造智能家居改造类项目，便以“拯救时间潜逃者”为主题进行了内容化传播，在微博发起了话题“如何拯救你的时间焦虑”，借助社会性话题提高曝光量，并发起“家居爆改视频”，展示了一位都市职场妈妈的智能家改造。通过话题与内容的输出，激发了“80”后都市职场人的共鸣，收到了非常好的宣传效果。

其次，谈一谈在内容营销过程中的传播维度。一般而言，BGC、PGC 与 UGC 是内容营销过程中的重要三方。PGC（Professional Generated Content，专业生成内容），指由专业内容创作者或机构生产的高质量内容，通常具有较高的专业性、可信度和影响力，可能是专职写手、编辑、摄影师、记者等专业人士制作，可以是文章、视频、图片、音频等形式。BGC（Brand Generated Content，品牌生成内容），指由品牌或组织自行制作和发布的内容，通常包括品牌故事、产品介绍、宣传活动等。UGC（User Generated Content，用户生成内容），指由普通用户或消费者自行创作并分享转载的内容，这些内容由用户自发产生，通常具有真实性、亲和力和用户参与感，可以帮助组织建立更真实和亲密的连接。这三种类型的内容在新媒体公共关系中都扮演着重要的角色，组织要不断创造高质量的 BGC 和 PGC 内容，同时激发 UGC，推动组织形象的传播和用户参与。

阅读 7-14

蓄力一代[4]

内容构思：东京奥运会前夕，伊利集团对年轻人进行了深刻洞察，他们发现，舆论风向趋于“躺平的一代”，其实并非真正的躺平，嘴上躺平，实际蓄力才是他们的真实写照。于是，准备从这个方向上进行内容营销。

BGC 内容输出：首先放出了四支素人短片，以电竞、街舞、职场、毕业四大场景为核心，演绎这届年轻人或埋头苦干、或练习看似无用的街舞、或组团儿打竞技手游的场景，因为种种原因，他们不被旁人理解，甚至被认为是“躺平的一代”。殊不知，这些年轻人是为心中的梦想而坚定蓄力，最终那名刻苦的职员获得赏识、街舞者得以扬名、一起打手游的几个小伙子也在电竞赛场上赢得荣耀，这些基于真实原型的短片生动诠释了蓄力者值得被尊重，只要敢于有梦、追梦、圆梦，人生就会绽放光芒。同时，品牌故事又和东京奥运会紧密结合，由于特殊原因，“中国加油”的声音不能响彻东京奥运会赛场，是每个中国人的遗憾。因此，项目组又邀请了李雪琴和腾格尔进行跨界合作，推出奥运歌曲《蓄力 move》，将国人那些无法宣之于口的加油和祝福在全世界唱响，同时也唱出了蓄力以待的人生态度。

PGC 配合输出：在奥运会倒计时十天这个节点，项目组联合新华社、《人民日报》两大权威媒体，共同定调蓄力精神内核。新华社通过讲述苏炳添、刘诗雯背后的蓄力故事，诠释出伊利的品牌主张“蓄过的力 是此刻的光”。《人民日报》发布运动员 9 图致敬奥运健儿永不放弃、奋勇争先的蓄力精神。两大权威媒体齐发声，为“内容”蓄力。

UGC 全力输出：伊利通过对当代年轻人的精准洞察，充分展现了对他们的认同与理解，打破“躺平的一代”的固有概念，为当代年轻人赋予“蓄力一代”的时代标签，也因此成功让超过 400 万名网友参与了讨论，进而引发了一场专属于伊利和年轻人的传播活动。同时，多地群众自发唱跳《蓄力 move》，成为全民给中国军团助威的加油歌。

（三）艺人与网红的助力

根据移情效应的理论，新媒体公关由于曝光范围与广度的优势，可以更加注重与艺人、网红的联合传播。同时，直播也是值得关注的渠道，其成本低、效果好，是新媒体公关的主要手段。

2020 年是红星美凯龙“爱家日”的第 11 年，品牌希望自己可以是一个陪伴者，期待通过一种轻松、活泼、幽默的方式，让受众知道家可以拥有很多种可能性，希望让大家用风趣幽默的方式去回应 2020。于是，红星美凯龙的“爱家日”邀请了李雪琴在《爱家就是说》小剧场表演了脱口秀节目《家的 KPI》，并以“李雪琴的年底 KPI”为微博主话题，活动当天该话题登上热搜榜第三，累计获得 1.1 亿次阅读及 9.9 万次讨论，成功引发公众关注与赞赏。[4]

提到“网红”的助力，我们要清楚，在拥有“外援”的同时，组织内部也应打造属于自己的“网络红人”，他们属于组织内部，为组织发声。不断拓宽他们的粉丝结构与规模，对于组织而言，便拥有了更多的善意公众，也可以形成稳定且持续的流量效果。恩施土家族苗族自治州，隶属湖北省，是典型的“老少边穷”地区，立足湖北恩施的实际情况，针对恩施特有的富硒大米、野生纯山茶油、恩施玉露、藤茶等农产品，特别策划了恩施“一村一品一网红”计划，建立“网红素人”学院，教会恩施的当地人使用拍摄器材，学会基本的短视频拍摄和制作技巧，并使他们的直播和短视频都具有恩施色彩；定期邀请 KOL 带领当地人一起直播，帮助恩施当地人提高粉丝流量，旨在建立恩施“网红”生态圈儿，实现从产品到旅游的良性循环。[4]

拓展阅读

全面推行乡村振兴

党的二十大报告指出：建设社会主义现代化国家，最艰巨最繁重的任务仍然在农村。[12]

进入新时期，以习近平同志为核心的党中央把脱贫攻坚摆在治国理政的突出位置，以更大决心、更精准思路、更有力措施，采取超常举措，实施脱贫攻坚工程。坚持精准扶贫，确立不愁吃、不愁穿和义务教育、基本医疗、住房安全有保障工作目标，实行“军令状”式责任制，动员全党全国全社会力量，上下同心，尽锐出战，攻克坚中之坚、解决难中之难，组织实施人类历史上规模最大、力度最强的脱贫攻坚战。[4]

2019 春节腾讯地图的公关策划[3]

2019 年春节，腾讯地图借助春节节点并凭借其报平安功能，通过“暖心相伴平安到家”的主题活动有效展示了品牌温度。

一、活动实施

1. 预热期

(1) 包括北京卫视、上海东方卫视、广东卫视、深圳卫视在内的四大电视台同步报道腾讯地图春节出行预测，权威媒体的信息提升了腾讯地图的知名度与公信力。

(2) 放大了老妈焦虑式关心，推出“你到哪了”话题事件，微博各大意见领袖转发并炒热事件，腾讯地图官微现身评论，引流端内进行活动预热。

2. 爆发期

(1) 发布《儿子，你到哪了》魔性视频，正式开启“暖心相伴平安到家”活动话题。视频在有趣搞笑的同时，植入了“报平安”功能，体现了品牌温度。

(2) 视频渠道多平台推广。抖音、快手、微视、腾讯视频、爱奇艺、优酷、B站、秒拍，八大视频平台同时发布《儿子，你到哪了》魔性视频。

(3) 腾讯地图内植入10位明星的新春语言祝福包与开屏海报，提升了关注度，并联合了明星粉丝团，共同打造互动活动。

3. 收尾期

(1) 与腾讯新闻深度合作，联合策划《我与家的距离》H5，利用其距离测算功能，测算“我”与家的距离，刺激用户二次传播，建设品牌识别度。

(2) 腾讯新闻闪屏、新闻频道首页、腾讯新闻微信插件推送、腾讯视频单条推送，全方位触达目标用户。

二、投放媒体

四大电视台：北京卫视、上海东方卫视、广东卫视、深圳卫视。

主流媒体：腾讯新闻、一点资讯、搜狐、新浪、网易、中新网、光明网、环球、Donews、Techweb、CSDN、IT168、中国旅游新闻网、旅游日报网。

KOL：银教授、我是小糗君、思想聚焦、文科班校花酱、许灵子、曹饭人、喜脉喜脉、冷笑话、表弟很忙、阿诗玛奶茶、百乔有毛病。

蓝V品牌：珀莱雅PROYA、良品铺子美食、努比亚手机、中公教育、中国电信、美拍、当当云阅读、网易考拉官方微博、穿越火线、懒人听书微博。

视频网站：腾讯视频、梨视频、爱奇艺、优酷、B站、秒拍、抖音、快手、微视。

三、自发性媒体

KOL：天秀bot、一个抹布向前、伪意见领袖、假装在采访。

各地交警：931郑州经济广播、平安盐城、德州高速交警、松原市出入境管理支队、郑州交通。

开卷有益

营销学与元宇宙“场”的升级[3]

“人货场”理论是零售业的基础理论之一，其本质是站在卖方立场上，以“货”为核心，布局营销“场”，吸引“人”到“场”买“货”，强调销售主体对于渠道和资源的控制。在元宇宙概念下，人、货、场依旧是品牌营销不可或缺的三要素，但其核心理念已更新为以“具身沉浸”为中心，更强调人的在场与参与。消费者以个人视角、个人形象参与品牌营销活动，并可在品牌的元宇宙空间中开展社交、游戏等活动，从而为“人货场”模式注入更多情感性内容，实现对传统“人—货—场”关系的重新定义与升级。这里谈一谈“场”的变化。

虚拟场景中消费体验的还原与升维。“场”是品牌空间与文化体验的消费场，是“货”与“人”的集结地。在“场”中构建品牌与消费者的连接，最终实现营销转化。元宇宙作为场景的领域开拓与边界突破所在，将使消费者进一步延伸自由度，在身临其境中还原沉浸式与临场式的消费体验，在虚拟与现实的连接中增强转化力与用户黏性。国潮品牌依托3D、VR、AR等技术构建的虚拟场景将消费者代入更为写实、交互的国风体验场中，沉浸式展现传统文化与品牌文化的交融。花西子2022年12月在杭州开设了首家线下旗舰店“花西子·西湖隐园”，这是一个集美妆销售、定制体验、社交互动、艺术展览、文化沉浸五大功能于一体的品牌空间，以水墨画H5的方式展现了“七隐十三景”的园林构造，消费者通过手机扫码进入“虚境花园”后，可以拍出虚实结合、融合科技感与艺术感的照片，身临其境领略其品牌理念，体验旗下产品。其他一众国潮品牌也在技术赋能之下尝试开拓虚拟场景，如举办线上发布会、虚拟时装周，开发虚拟展厅、虚拟试妆等，不断突破传统“人货场”模式中需要实体在场才能体验消费的局限。

本章小测试

不定项选择

1. “有路必有丰田车”这个公共关系广告语属于（　　）。

A. 形象广告　　B. 实力广告　　C. 表意广告　　D. 公益广告

2. 统一润滑油的“多一些润滑，少一些摩擦”公共关系广告的成功主要得益于哪个创意原则？（　　）

A. 实事求是原则　　B. 独具风格原则

C. 寻求佳时原则　　D. 避免商业痕迹原则

3. 关于公共关系新闻，下列说法正确的有（　　）。

A. 公共关系新闻的写作者是组织　　B. 公共关系新闻是付费的

C. 公共关系新闻的权威性与可信度高　　D. 公共关系新闻是非常常用的公关手段

4. 撰写公共关系新闻，应（　　）。

A. 把企业的小事写成社会和人民的大事　　B. 少用形容词

C. 用统计数据说话　　D. 直接表达对企业的赞美

5. 关于新闻事件策划，下列说法正确的是（　　）。

A. 偶然发生的　　B. 精心策划出来的

C. 往往比一般新闻更具戏剧性　　D. 为公关目标而服务

6. 新媒体时代的公共关系新闻稿可以关注哪些价值标准？（　　）

A. 时效性　　B. 重要性　　C. 权威观点　　D. 内部消息

7. 关于公共关系广告的特点，下列描述正确的是（　　）。

A. 广告目的是促进销售　　B. 广告的内容主要表现组织的价值观

C. 认识路线是：公众—产品—组织　　D. 公益色彩较为浓重

8. 公共关系广告中的表意广告包括（　　）。

A. 祝贺广告　　B. 谢意广告　　C. 歉意广告　　D. 公益广告

9. 关于新媒体给公共关系带来的挑战，下列阐述正确的是（　　）。

A. 信息传播方式的变化加大了危机发生的可能性

B. 网民激烈参与增强了不可控性

C. 扩音器效应强化了危机信息的流动

D. 使危机具有反复性

10. 组织可以利用哪些新媒体渠道进行公共关系活动？(　　)

A. 微博　　B. 微信　　C. 抖音　　D. 小红书

本章重点思考

1. 新媒体时代公共关系新闻价值标准的新变化。
2. 新闻事件策划的七种方法。
3. 公共关系广告与产品广告的区别。
4. 公共关系广告的类型。
5. 公共关系广告的创意原则。
6. 新媒体时代公共关系的优势。
7. 新媒体时代公共关系所面临的挑战。
8. 新媒体公共关系的实践方法。

资料来源

[1] 陈先红. 现代公共关系学 [M]. 北京：高等教育出版社，2010.

[2] 董亿，冉文. 可口可乐冰露换环保轻量瓶 [N]. 重庆晚报，2012-09-17.

[3] 金旗奖编委会. 2019 最具公众影响力公共关系案例集 [M]. 北京：中国财富出版社，2020.

[4] 金旗奖编委会. 2021 最具公众影响力公共关系案例集 [M]. 北京：中国财富出版社，2022.

[5] 郑刚，林文丰. 拼多多：在电商红海中快速逆袭 [J]. 清华管理评论，2018 (09)：105-112.

[6] vivo：即日起将中止与 NBA 的所有合作[EB/OL].(2019-10-08)[2024-05-01]. https://www.jiemian.com/article/3557375.html.

[7] 郭庆然，吴磊. 广告理论与实务 [M]. 北京：对外经济贸易大学出版社，2008.

[8] 习近平. 习近平在中国文联十大、中国作协九大开幕式上的讲话 [N]. 人民日报，2016-11-30.

[9] 宋琳琳，袁媛. 新媒体在公共危机事件中的效能研究 [J]. 新闻研究导刊，2017 (01)：30，61.

[10] 腾讯内部公关手册 [J]. 公关世界，2015 (07)：94-97.

[11] 中共中央宣传部. 习近平新时代中国特色社会主义思想学习纲要 (2023 年版) [M]. 北京：人民出版社，2023.

[12] 党的二十大文件汇编 [M]. 北京：党建读物出版社，2022.

[13] 刘仲国，张宏宇. 元宇宙视域下国潮品牌营销路径的拓展——基于“人货场”理论 [J]. 青年记者，2023 (18)：60-62.

第八章　公共关系形象战略管理

学习提纲

组织形象的含义和特征
组织形象的涵盖
CI 战略的含义与构成
理念识别设计、行为识别设计、视觉识别设计的方法
CI 战略的原则
CI 的战略功能

“在一个富足的社会里，人们已经不太会斤斤计较价格，而公司形象则将变得比商品本身或价格更加重要。”组织形象的塑造是公关最根本的目标和任务。塑造形象是一种战略型公关，是组织长期发展的一种形象定位与规划，形象战略的制定为组织所有理念、行为与视觉提供重要依据，产生区别于其他社会组织的独特认同，从而形成优势竞争力。

第一节　组织形象概述

学习视频：公共关系形象战略管理

一、组织形象的含义与特征

所谓组织形象，是指社会公众或消费者按照一定的标准和要求，对某个社会组织经过主观努力所形成和表现出来的形象特征的一种整体看法和最终印象。可以说，组织形象是

一个组织最重要的无形资产，是最具潜力的核心竞争力。它具有四个基本特征。

1. 主观性

组织形象是公众对组织的一些主观意见或看法，基于不同的公众拥有不同的社会地位与生活经历、不同的价值观念与思维方式、不同的认识能力与审美标准，必然会使他们审视组织的角度与维度不尽相同，因此，公众对组织形象的认知和评价是主观的，是有所差异的。

2. 客观性

组织形象的物质载体都是客观的。组织的公益活动是看得见的，组织的员工、产品也都是摸得到的，组织形象得以建构的物质条件是客观的，是不以人的意识为转移的，因此，形象的建构要实实在在地付出，无法在空中楼阁之上形成。

3. 整体性

组织形象不是一个个分散的个体形象，它一定是一个有机的、完整的体系，一定是诸多因素共同作用与影响的结果，这些因素包括社会与环境、管理与服务、员工与产品、文化与气氛等多个方面，它们相互作用，共同影响着组织形象。因此，组织形象要重视每个影响形象的侧面，才能形成较好的总体印象。

4. 稳定性

当公众对社会组织产生了一定的认知与态度后，公众往往会在较长一段时间内对这一社会组织维持一个固定印象，从而逐渐产生心理定势，这就造成了组织形象的稳定性特征。这种稳定性是激励组织树立形象的驱动力。当然，组织形象也要始终保持，如果经常转换形象或打破形象，很可能会破坏公众已经建立好的这种心理定势，产生突兀感、陌生感、不确定感，这十分不利于组织的长远发展。

二、组织形象的涵盖

组织形象的整体性告诉我们，形象的构成要素是非常丰富且多维的，要关注每个角度、每个侧面的形象，这样才能获得更好的总体印象。因此，我们要将组织形象的涵盖进行细化。

组织形象可以分为主体形象、客体形象和延伸形象三大部分，每个部分还有细化的形象分类。

（一）主体形象

主体形象是指作为主体的组织内部人员的良好形象，主要包括员工形象和领导形象。

1. 员工形象

员工形象是组织所有的员工在职业道德、专业技能、文化素质、精神风貌、言谈举止、仪容仪表等方面的一种综合表现。可以说，员工形象是组织形象的展示者，或者说是组织形象的人格化外显。好的员工形象可以为组织形象的塑造发挥重要的首因效应。员工才是一个组织真正的文化与价值传承者。

2. 领导形象

领导形象是指组织领导者在思想政治水平、知识结构、工作经验、决策能力、开拓创新精神、风度气质、人格魅力等方面的一种综合印象。可以说，领导者形象是组织档次、格调与组织文化最有力的呈现，良好的领导者形象不仅可以成为组织的核心驱动力，还可以成为社会和公众的榜样，以此带动组织形象地位的提升。

（二）客体形象

客体形象是指组织的产品、品牌、服务等形象。

1. 产品形象

产品形象是指通过组织的产品与服务所反映出来的一种组织形象，它是组织形象中一个非常重要的因素，也是最基础的一个因素。如果一个组织的产品形象都不好，何来其他形象可言。这里说到的产品应包括产品的质量、名称、商标、包装，等等。除了企业的产品外，餐馆的菜品、宾馆的服务、电视台的节目、学校培养出来的学生、医院的病人、服务业的各类项目等，都是特定组织的产品，我们不能把产品想得过于局限。产品的形象是外界感受组织的非常直接的因素，因此，组织往往对产品形象非常重视。

2. 品牌形象

品牌形象是组织品牌建设的结果。可以说，品牌不仅仅是一个名字，它更多意味着一种价值符号、一种世界观、一种消费者个性的共性体现；品牌是一个全方位的构架，包括品牌的知名度、品牌的认知度、品牌的联想度以及品牌价值。它不仅具有经济价值，而且具有信誉价值、偏好价值，是组织的无形资产。

3. 服务形象

服务形象是指组织通过自身的服务行为所展现出来的一种形象。现代社会的形象之争在很大程度上取决于服务上的竞争，因为服务可以非常直接地引起公众的愉悦体验，另外，服务也是离公众最近的一种展现方式。现代社会，人们也确实越来越注重享受服务。组织往往通过提升服务意识、服务设施及条件、服务方式和内容、服务态度等满足公众的享受需求。

“融创书享”的品牌形象塑造[1]

2019 年 8 月，融创集团为响应全民阅读和书香浙江建设的号召，以杭州翰林农贸市场为基地，组织了大型公关活动“烟火翰林 书享快闪”。本次活动打造了国内唯一，也是首个主题菜场，打造了沉浸式的体验。

（1）菜场整体布置。整个菜场以牛油果绿为基调，清新简约，在市场的各个角落布置了很多格言卡片或条幅装饰。比如，“最好的学区房，其实就是你自己的书房”“食物与书，都是敬献给灵魂的美意”“书籍是全世界的营养品”等。

（2）市场入口布置互动装置。它是由多个翻转装置组成的“今天吃什么”互动墙，正面是意涵着某种美味佳肴的古诗词，背面是所指涉的美食图片，这个装置的设计不仅可以帮助进来买菜的市民解决“今天吃什么”的“世纪难题”，还可以帮助他们提升文化修养。

（3）“肥肉”商铺。活动还利用了一家正在装修的店铺，设计了一个“肥肉”摊位，这些“肥肉”都是制作精美的书籍，有些还摆在牛皮纸制作的烤肉装置中，惟妙惟肖。以“人生至味是书香”为主题，成为热门打卡摊位。

（4）“想象力”店铺书屋（见图 8-1）。活动还设计了一个有趣的书屋，在这个书屋中，可以为留守儿童捐献旧书，同时，可以以“盲选”的方式换取新书，这些新书都是用蔬菜做包装的，非常新奇有趣。

（5）“微阅读”空间。活动还将原来市场中的党建角重新设计，打造出了一个市民读书看报的休息场所。只要在这里读书满一小时，就可以获赠一本图书。

“书享快闪”吸引了近五千名市民直接参与，收到无数市民的点赞，并希望活动能长期持续。另外，也有多家农贸市场与“融创书享”取得联系，希望共创菜场的文化环境。可以看出，本次公共关系活动极大提升了企业的品牌形象与“书香”IP 的城市影响力。

图 8-1　“想象力”店铺书屋

拓展阅读

倡导全民阅读，建设学习型社会

党的二十大报告指出：加强国家科普能力建设，深化全民阅读活动。[2]

近年来，党和政府在提高国民阅读方面做了大量工作，各种报刊书籍日益丰富，图书馆等阅读场所日益完善。据不完全统计，目前全国已有 700 多个城市开展全民阅读活动，400 多个城市建立了区域的阅读节、阅读月。2018 年 1 月 1 日，《中华人民共和国公共图书馆法》正式施行，规定公共图书馆“应当将推动、引导、服务全民阅读作为重要任务”。由是观之，全民阅读活动已在不同层面铺展开来，成为培养文化自信、实现民族复兴的精神索引。当前，我国已将“全民阅读”上升为国家战略，建设书香中国指日可待。[3]

（三）延伸形象

当然，除了组织的主体形象与客体形象以外，还有一些关于信誉、环境、文化、公益等形象，我们将之统一归纳为延伸形象。

1. 信誉形象

社会组织的信誉形象是一种责任的担当、信用的恪守。这一形象是组织对外活动的基础，信誉形象缺失则易造成合作困难、信任困难，没有合作与信任，组织将无法生存，更无从树立其他形象。因此，公信力的建设至关重要。

2. 环境形象

环境形象是组织生产、生活、对外营业等各种环境的一种综合印象。环境形象包括组织的地理位置、建筑风格、风景设施、装饰点缀、门面招牌、厂容店貌、橱窗布置、展览橱窗、会客厅、办公室、车间、指示牌及各种陈列品等。对于社会与公众而言，环境形象是他们认知、识别组织形象的第一个窗口，环境代表了组织的精神风貌与管理水平，也烘托着组织的文化氛围与企业精神。

3. 文化形象

文化形象是指组织通过一系列文化要素所展现出来的形象，是构成组织形象的软件部分。通过一个组织的特定文化，人们可以看到这个组织的形象所具有的个性与风格。

谷歌自由式企业文化

谷歌办公区的环境形象可以说是特点鲜明、识别度极高。

首先，谷歌的办公区域应该被叫作一个迷你城市，这里不仅有办公室，更有健身房、游戏区、浴室、餐厅和电影院，我们看不到整齐的工位，更多的是躺椅、按摩椅，还有各种充满设计感和科技感的舒适的私人区域，在这里，员工根本不需要走出办公室，便可以享受到生活的全部需求。

你可能不会想到，谷歌的办公室到餐厅不仅有楼梯，还有滑道和滑柱。办公区有不同形式的谷歌 Logo 标志，有花朵编织的，有比较理工化的，还有类似于地铁站名的。另外，还有标识得非常清晰的游戏区、健身区、小型足球篮球区、唱摇滚的发泄区等。同时，谷歌的会议室、工作区也非常别致。有像鸡蛋形状的封闭会议室、北极场景会议室，还有各种交通设施形的会议室，甚至有人工造雪环境下的缆车会议室、滑雪场会议室。

谷歌的环境形象实际上源于独特的自由式的企业文化，他们讲究无为而治，期待给员工一个自由舒适、新奇有趣的工作环境，以此激发员工的想象力并维持他们的好奇心。这就是谷歌重要的企业文化与极具识别性的环境文化。

第二节　组织形象 CI 战略

学习视频：组织形象 CI 战略

组织的形象多种多样，如何将千丝万缕拧成一股绳，让其形成强大的形象合力，这就需要一个严谨的战略体系。目前来看，国际上一般采用 CI 战略体系来制定组织的长期形象定位与发展战略。

一、CI 战略的含义

Cl（Corporate Identity），可译为企业识别或企业形象识别。由企业识别战略规划出的整套识别系统，叫作企业识别系统（Corporate Identity System，CIS），简称 CI 系统或 CI 战略。

企业识别战略，是在充分调研和分析的基础上，通过策划和设计企业识别系统（CIS），来体现本组织区别于其他组织的标志与特征，塑造组织在社会公众心目中的特定位置和特定形象的战略。也就是将企业的世界观和组织文化，运用统一的、整体的传达系统展现给自己的公众，使他们产生认同的一种方法。

CI 在 20 世纪 80 年代后期进入中国。早期在国内成功引入 CI 战略的是广东太阳神集团，它原来只是一家规模较小的乡镇企业，年产值只有 520 万元。1988 年引入 CI 后，两年后的年产值增加到了 4 000 万元。1991 年直接升至 8 亿多元，次年增长到 12 亿元。短短 4 年时间，太阳神从年产值百万元的小厂华丽转身，变成了年产值十几亿元的大集团，这傲人的成果很大程度上归功于 CI 的及时引入，这在中国改革开放初期的市场上引发了不小的震撼，使 CI 战略迅速赢得了业界、市场和消费者的认可。[4]

二、CI 战略的构成

CI 战略不光是设计外在形象，它实则包括三个重要子系统，分别为理念识别（Mind Identity，MI）、行为识别（Behavior Identity，BI）、视觉识别（Visual Identity，VI）。它们共同构成了企业的 CIS 系统。

（一）理念识别（Mind Identity，MI）

理念识别是对组织的文化精神和经营宗旨的塑造，如组织理念、组织文化、价值观、经营观念，等等。理念识别是要形成组织自身独有的精神范畴，以区别于其他同类组织，从而构建组织在整个市场和社会上的形象。

例如，北京同仁堂的理念识别是“同修仁德，济世养生”，这是对同仁堂作为中医药企业的初心、使命和精神的概括与总结，表达的是同仁堂人立志以服务人类健康为己任的理想和追求。

认识理念识别，必须注意以下几点。

（1）理念识别绝对不是组织决策层随便制定的，而是经过对组织的经营状况、公关目标、内外部社会舆论的严谨调查与分析形成的，是一个对长远发展进行科学思考的战略过程。

（2）理念识别不是一句喊给公众的口号或誓言，它是对组织的经营与发展理念、组织文化精神与氛围以及员工培训的战略性要求，它的思想将指导一切组织行为和公关目标，是组织对外统一形象的各种活动的原动力。

（3）理念识别不应是任何其他团体都适用的笼统概念，只有充分体现其“识别性”，才能达到 CI 的目标，为组织创造独有形象。

（二）行为识别（Behavior Identity，BI）

行为识别是指企业在其理念识别的指导下所形成的一系列对内对外的经营与管理活动。因为行为识别是在理念识别的指导之下，因此，组织的管理方法、管理风格、管理制度、经营手段、产品开发方向、促销行为、广告行为、公关活动、组织仪式等都会紧紧围绕组织的理念与精神。而理念与精神具有识别性，因此，组织的各种行为也应该具有识别性，是区别于其他组织的，是能够产生个性形象效力的。

例如，北京同仁堂的理念识别是“同修仁德，济世养生”，那么同仁堂的管理风格可以更加平和、稳重、宽容、仁善；它的公关活动应以扶危济世为手段，宣传活动可以更加偏向中国传统文化领域与中医药的文化领域等，这便形成了北京同仁堂与其他同类组织的形象区别。

（三）视觉识别（Visual Identity，VI）

视觉识别是在组织理念识别的基础上，运用视觉传达设计的方法，制作出一系列系统的符号，以刻画描绘组织个性，突出组织精神理念，使组织内外产生认同的方法。理念识别是一种抽象的表达，行为识别是一种动态形式，而视觉识别是最具传播力和感染力的子系统，它可以一目了然地将组织的差异性表达出来，让公众轻易达成认知。它是整个 CI 系统中最直观的部分，也是对公众最具冲击力的部分。

同仁堂从命名到建筑无不体现了自己企业的理念与精神。同仁堂品牌创始人乐显扬认为“可以养生、可以济人者，唯医药为最”，并把“同仁”二字命名为堂名，认为“公而雅”。另外，同仁堂的标识与其建筑风格（见图 8-2）也充分体现了中国传统文化的精髓与其深邃的历史缘起。同仁堂创始于 1669 年康熙年间，当我们看到同仁堂的标识与建筑，真的可以深深感受到其历史的浓重意味与百年老店的风骨。

图 8-2　同仁堂的标识与其建筑风格

（四）三个子系统之间的关系

CI 系统中的各个子系统之间相互制约，不能单纯在一个层面上做文章，必须充分了解它们之间的关系。

（1）三个子系统各自承担着不同的效能。理念识别旨在构建组织精神理念，完善组织个性和价值观的培育；行为识别可以形塑组织行事风格，规范内部行为，疏通与协调各类关系；视觉识别可以改造组织的外观要素。

（2）三个子系统身处不同的战略层面。理念识别是最高层面，是战略性层面；行为识别是动态形式，是执行层面；视觉识别是静态的符号系统，是视觉层面。

（3）三个子系统互相作用。理念识别指导行为识别和视觉识别，而行为识别与视觉识别则加强了理念识别。

CI系统的功能正是通过三个子系统的联动作用释放出来的，三者相互作用，相互促进。

三、MI 理念识别设计

（一）培育个性化组织精神

每个组织都应该有自己的精神理念作为意义支柱，这种精神支柱的形式是在长期的经营管理活动中不断加深并成型的，包含着组织一致的理想目标、价值准则、意志品质、风格风尚等。因此，组织精神对外而言起到识别的作用，是一种个性精神，对内而言则起到凝聚的作用，是一种团体精神，是组织活力的重要支撑。组织首先应培育起自己的组织精神，这种精神可能是其在长期的发展中自发形成的，也可以是组织有意培养出来的一种共同信仰。组织精神是理念识别的沃土与源泉。

阅读 8-3

砺器悟道

辽宁工业大学的校训是“砺器悟道”。在这句简短的语句中，蕴含着深沉的组织精神。那么何为“砺器悟道”呢？

“器”意为工具。“悟”，当领会、理解、觉醒之意。“道”乃万事万物的本原，是一种规律与本质，也可理解为人生观或世界观，因此，“砺器悟道”在字面上可以直接理解为在“器”的磨砺中领会“道”的深远。“砺器悟道”强调了两条认识世界或学习知识的路径。一方面，要在“砺器”中“悟道”，也就是要在不断学习现象、真正实践的基础上探索规律、把握本质；另一方面，又要脚踏实地，要以归纳出来的本质规律与科学的思维提高解决问题的能力，也就是将理论应用于实践。

在“砺器悟道”的校训中，“器”与“道”并重，辩证统一，相通相融；“砺”与“悟”并行，遥相呼应，相得益彰。

（二）确立特有的经营理念或组织文化

经营理念与组织文化是组织精神的集中体现，是组织经营管理的直接指南。它是全体员工组织精神的一种更加具体化的呈现，不仅仅是摸不到的精神内涵了，更是形成了组织经营与管理中的具体理念，一般来说，很难随着外界环境的变化而改变。经营理念和组织文化可以赋予员工责任感和使命感，鼓舞员工为了崇高的信念而奋斗；同时，它也可以赋予组织形象以更加独特的风格，使外部公众与社会能够快速识别，并形成认同与共鸣。

社会上各类组织众多，同类组织也数不胜数，如何做到与其他组织的经营理念或组织文化相区别，是理念识别要考虑的重要问题。因此，我们把文化进行分类，强调在理念识别中建构自己独有的核心文化概念。

1. 周边文化

所谓周边文化是一种共性文化，是指那些体现行业一般要求、一般特点的文化，不具有特殊性。比如，很多企业所讲的服务、微笑、诚信、效益、质量、创意等，这些都是周边文化，它们位于组织文化的外围，属于行业的共性文化，可以被任何一个组织所用，因此，无法体现组织的个性与风格。理念识别不建议组织采用周边文化来归纳自身的经营理念或组织文化。

2. 核心文化

所谓核心文化是一种个性文化，是指那些特定的、与组织自身的产品和行业特性直接相关，体现组织特殊性的文化。这类文化未必不会用到“服务、微笑、诚信、效益、质量、创意”等词，但是经过精心组合或包装之后，往往能够形成有创意、有风格、有个性的核心文化形式。理念识别就是要挖掘核心文化，将其作为组织的精神指导。只有建立起组织的核心文化，才能冲出重围，独树一帜。

阅读 8-4

华为的“狼文化”

“狼文化”是华为所倡导的组织文化。在华为的“狼文化”之中，任正非鼎力推崇狼的优秀嗅觉、快速反应以及集体围猎的独特特征。

（1）首先，这种“狼性”体现了华为人的精诚团结。华为摒弃个人英雄主义，而推崇团队合作与集体战斗，这是狼文化的生动写照。任正非在《致新员工书》中写道：“华为的企业文化建立在国家优秀传统文化基础上，在这种企业文化下全体员工要团结合作，走集体奋斗的道路。任何没有责任感、不善于合作的人，就相当于失去了在华为取得进步的机会。”

（2）狼式的专注创造了强大而统一的执行力文化。华为的军事化风格是众所周知的，任正非希望所有员工都能像他一样充满活力，服从组织，有广阔的政治头脑。

（3）狼性的血腥和远见实现了华为国际化的梦想。任正非总能掌握行业脉搏，他的战略判断能力令人钦佩。市场近于“血腥”的利润或者说是“血腥”式的寒冷他都提前预感到了：不管是他当年倾其初期积累的 8 000 万元投入到大型程控交换机的研发上，还是他在业界率先做出“冬天”的预言，其狼性般犀利的目光让国内外企业惊叹不已。[5]

阅读 8-5

中石化长江燃料的家文化 HOME

中石化长江燃料（以下简称“中长燃”）提出诚信（Honesty）、责任（Obligation）、爱心（Moral）、环境（Environment）为四要素的 H. O. M. E 家文化，同时，选择油、船、水、江四个元素，作为中长燃的诚信油、责任船、爱心水、环保江四个文化子系统，最终形成其理念识别，非常具有特色和识别性。

一、H—Honesty 诚信，诚信油文化

“天道诚信，诚赢天下。”诚信是中长燃组织文化中服务文化的精髓，诚信存在于每个员工的心中和工作的每一个细节，中长燃始终坚持着质量合格、计量准确、明码标价、按实找零的服务承诺为公司赢得质优量准的口碑。

二、O—Obligation 责任，责任船文化

“舟行天下，激情长燃。”所谓“船到江心补漏迟”，航行安全责任重于泰山。中长燃

不仅为船舶提供燃料动力，更有一份安全航运的责任感在心中，以自身的专业为客户保驾护航。

三、M—Moral 爱心，爱心水文化

"含泽滋长，惠普四方。"中长燃秉承水的特质，将水文化传承至组织文化理念当中，点滴融合到顾客和员工身上，利水之柔，传仁爱之心，将水的特质归结为爱心。我们的真诚正是水的豁达与柔情，我们的服务包容滴水穿石的刚强精神。我们始终追求上善的境界，通过爱心像水一样含泽滋长，惠普四方。

四、E—Environment 环境，环保江文化

"同一条长江，同一个家园。"中长燃被泽长江，深入三峡谷地，延至东海，交汇荆楚，受着江河的福祉和恩泽。作为长江之子，中长燃需要对长江流域的自然资源有保护的意识，只有生态环境得到了良性循环，人与自然才能和谐共处。[6]

（三）设计具有感召力的口号

组织的理念识别还需要用精练、优美的语言表达描述出来，这样才能便于组织与媒体的宣传与展示。这种理念识别经常会通过一句口号、一句陈述来表达。要求含义明确、个性鲜明、直截了当、简短易传。有时，这种理念识别语还可能延展至企业训词、组织歌曲等，或者形成分层表达，即在不同部门产生不同的陈述，以便在不同领域使用。

四、BI 行为识别设计

行为识别是建立在组织行为规范和制度之上的，以其具有独特性和符号化的组织行为，动态地彰显组织的理念与文化，并由此确立区别于其他组织的行为。实际上，就是根据独特理念产生相应行为的一种方法。

行为识别是一个系统工程，是由多个元素构成的。从属性上看，组织行为分为职能性行为和非职能性行为，而职能性行为又分为生产管理行为和市场经营行为两大类。行为识别就是要将这三类行为的管理系统化。

（一）职能性行为管理

职能性行为是指导组织为达到创造组织利益而必须履行的行为，包括生产管理行为和市场经营行为两大类。

1. 生产管理行为

它实际上是一种内部组织行为，围绕组织的生产工作进行，如产品生产、质量管理、规章制度、工作环境、组织仪式等。在组织理念的指导下，通过对这些行为的系统管理，可以加强组织凝聚力，培养更加厚重的组织精神与组织文化。

2. 市场经营行为

市场经营行为的发生情境是市场，是一种组织外部行为，它以赢得顾客为中心，主要围绕组织的市场经营工作来进行，如市场营销方式、广告宣传方式、接待服务方式、营销环境等。将组织的理念引入到这些行为当中，可以使外部公众直接感受到组织精神与组织文化，并产生认同或共鸣。

这些职能性行为是组织一定会有的行为与行动，要系统管理这些行为与行动，将之约束在组织理念的指导之下，做有别于其他同类组织的行为。只有这样，才能使自我形象更加明确，才能使组织在同行中出类拔萃，引起关注。

阅读 8-6

矿山复垦，再造绿水青山[7]

中煤平朔集团有限公司是我国主要的动力煤基地。自 1982 年矿山成立以来，就始终坚持着“绿色生产、厚德自然”的生态环保理念。

为了践行自己的组织理念，中煤平朔集团投入了大量财力与精力，绿化复垦资金累计投入 20 亿元，复垦土地 4 万余亩，复垦耕地 1 万余亩，复垦植被覆盖率超过 95%。矿区周围有油松、苜蓿等 200 多种植被，昆虫 600 余种，还有青蛙、野鸡等动物。整个矿区绿树成荫，充满生机。另外，还建造了南排观景台、西排植物园、人工湖、景观带、博物馆等景点。可以说，中煤平朔是践行企业社会责任、坚持环保和可持续发展管理模式的实践范例。

拓展阅读

中国式现代化是人与自然和谐共生的现代化

党的二十大报告指出：中国式现代化是人与自然和谐共生的现代化。人与自然是生命共同体，无止境地向自然索取甚至破坏自然必然会遭到大自然的报复。我们坚持可持续发展，坚持节约优先、保护优先、自然恢复为主的方针，像保护眼睛一样保护自然和生态环境，坚定不移走生产发展、生活富裕、生态良好的文明发展道路，实现中华民族永续发展。[2]

习近平总书记指出：“我们既要绿水青山，也要金山银山。宁要绿水青山，不要金山银山，而且绿水青山就是金山银山。”这是重要的发展理念，也是推进现代化建设的重大原则。[8]

（二）非职能性行为管理

非职能性行为是指组织出于社会责任和公益之心而进行的社会公益性行为，这种行为虽然并非组织必须为之，但是有效的公益行为可以迅速提升组织的社会形象。何为有效的公益行为？并不是所有的公益行为都可以引发社会的热议与媒介的关注。只有在组织理念指导下的公益行为，才能更深刻地体现组织的文化与理念，才能加深组织在公众某一领域内的认知、认同和共鸣。

因此，很多组织都有自己独特的赞助对象和赞助方式，总是参与到某一领域或某一类型的社会活动之中，这都是行为识别系统中的行为管理。

阅读 8-7

BMW 的中国文化之旅

BMW 中国秉承着“以 BMW 责任之悦共享美好未来”的企业社会责任口号，期待能够以前瞻思维和创新行动成为中国社会最负责任的企业公民。确实，BMW 中国也在不断

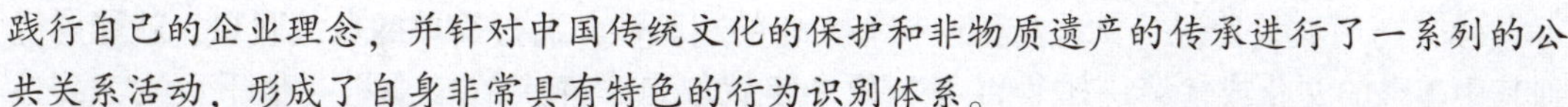

践行自己的企业理念，并针对中国传统文化的保护和非物质遗产的传承进行了一系列的公共关系活动，形成了自身非常具有特色的行为识别体系。

2007 年，BMW 中国首次开启了“BMW 中国文化之旅”活动，2021 年是该项目的 15 周年，先后探访了中国 24 个省、自治区及直辖市和 6 大国家级文化生态保护实验区，以及 410 项非物质文化遗产，并对其中 90 项亟待保护的非遗项目和研究课题进行了总计超过 2 500 万元的捐助，为中国非物质文化遗产保护事业做出了卓越贡献。[9]

拓展阅读

保护好、传承好文化遗产

党的二十大报告提出：加大文物和文化遗产保护力度，加强城乡建设中历史文化保护传承，建好用好国家文化公园。[2]

文化遗产承载灿烂文明，传承历史文化，维系民族精神，是加强社会主义精神文明建设的深厚滋养。保护文化遗产，功在当代、利在千秋。习近平总书记指出，文化遗产是不可再生、不可替代的宝贵资源，不仅生动述说着过去，也深刻影响着当下和未来；不仅属于我们，也属于子孙后代。要积极推进文化遗产保护传承，更好赓续中华民族的基因和血脉。[8]

五、VI 视觉识别设计

视觉识别是与公众联系最直接、最普遍的环节，也是帮助公众识别社会组织最具体、最直观的因素。心理学表明，人凭感觉接触的外界信息，83%来自视觉，并且这些信息具有较高的回忆值。因此，组织也非常期待利用视觉功能的设计与规范产品的包装来提升自己的形象认知。

视觉识别系统分成两类，一类是基本设计要素，一类是应用要素。下面从这两个方面来阐述如何进行视觉识别的设计。

（一）基本要素

基本要素包括的内容主要有组织名称、标识、标准字、标准色、吉祥物等。

1. 组织名称的设计

组织名称是借用名字来表现与其他组织区别的一种文字类要素，它是组织的第一人称。组织名称对组织而言非常关键，一个独特而意义丰富的名称，可以帮助组织强化社会形象与理念识别。

在设计组织名称时应注意以下几点。

（1）体现组织特色。组织名称可以与所在行业相联系，体现组织的性质或特色。如大自然地板、生活家地板，都体现出了组织产品的特点，让人瞬间产生安全、环保、温馨的感觉。

（2）体现组织理念。设计组织名称时也可以考虑将组织精神、经营理念、文化价值等融入进去，使公众看到组织名称就能感受到其中的价值观。如安信地板就体现了安心、信赖的感觉。

（3）巧用典故传说。典故与传说带有文化的超验性，通过简单的典故联想，就能感受到其中蕴含的文化或情绪。如“百度”两个字就取自辛弃疾的“众里寻他千百度，蓦然回首，那人却在灯火阑珊处”。娃哈哈的产品名称则源自一首新疆民歌。而现在很多楼盘的起名也非常喜欢用典故，如“城市·印象”，就源起于美术史上的“印象派”画家莫奈的《日出·印象》，期望以此来表达楼盘的艺术气息与审美格调。

（4）易认、易读、易写、易传。这里包括的意思比较多，下面一个一个来说明。第一，一个组织的名称尽量不要有生僻字，公众认不出来，自然也无法起到传递信息、表达价值的作用；第二，中国语句讲究朗朗上口，组织名称要让人读得舒服，语感要好，不要为了意义而读着拗口，这是得不偿失的；第三，中国字是方块字，字的笔画有多有少，组织名称的书写形态要美观，看起来平衡、匀称、饱满；第四，字数不能太多，要利于公众记忆和媒体宣传，2~6 个字是比较合适的，当然不包括前面的城市名与后面的有限公司等后缀。

（5）考虑民族风俗。组织还要考虑自身的战略前景，要综合考虑区域文化、民族文化、国际文化等因素，制定适合长期发展的组织名称。另外，还要兼顾组织名被简读后的意义。

2. 组织标识的设计

组织标识是用特定而明确的造型、图案、文字、色彩来表示组织的文化理念、经营内容、产品性质等因素，使公众从中体验到组织的整体特征以及鲜明的个性。

标识的设计应该具有视觉美感与冲击力，应该容易识别，简洁大方，有创意，具有时代感，富有特定的内涵。

3. 组织标准字的设计

标准字是组织名称、产品名称等对外展示的统一不变的文字形式，包括中文标准字、外文标准字等一系列排列与组合的形式。标准字的运用非常广泛，出现的频率也非常高。由于文字内容具有显著的说明性质，可以直接表达组织的诉求，因此，标准字的设计对于组织形象和品牌诉求力的作用更加强大。

在设计组织标准字时应注意以下几点原则。

（1）易辨性原则。首先，要让公众看得懂。标准字的美观性固然重要，但是它的说明性更加关键，因此，要注意笔画的清晰度、简体繁体的选择等。其次，组织的标准字要有自己的特点，不要和其他组织已经有的标准字同类型、同风格，造成组织形象的混淆。最后，要考虑标准字用不同材料、不同工艺处理后的效果，找到最适合展现标准字的材料与工艺。

（2）艺术性原则。视觉识别还要讲究美的感受，要关注比例、结构、线条，使整个设计充满艺术性与美感。

（3）协调性原则。标准字要用在产品、包装、装饰等各个环节，因此，要与产品或服务本身的风格与格调相协调；当然，与其他的基础要素的搭配、组合也要形成视觉优势，例如，与标识、标准色、吉祥物等的搭配。

（4）传达性原则。组织的标准字要承载组织理念，是组织理念外化的载体，不能把设计工作当成一项独立的项目，而是要积极思考如何将组织的理念、精神与文化融入标准字形式的传达中。比如，强调厚重感、亲切感、活泼或清新、理性、信赖等。

4. 组织标准色的设计

色彩是最吸引人，也是最能使人产生心理感应的视觉符号。在人观察商品时，前 20

秒内主要会对颜色产生感知，会占所获信息的 80%，对于事物形体的感知只占 20%。因此，标准色的设计可以帮助组织产生固定的、特有的心理感受。

组织标准色的设定一般在 2 种颜色之内，如果组织想要使用的颜色多于 2 种，那么，就不宜都定为组织的标准色了，可以将 1~2 种用量较少的颜色定位为辅助色。可口可乐的标准色就是红、白，而百事可乐的标准色为红、蓝，白色为辅助色。

在设计组织标准色时要注意以下几点。

（1）反映组织理念。组织标准色的设计必须围绕组织理念这个核心，要能够用颜色的力量以及感受力特性充分诉说组织理念的内涵。比如，麦当劳以红色为主色调，配以黄色的 M 型设计，显得醒目，同时，这两种较为鲜明的颜色给人温暖、清新的感觉，容易引起食欲。

（2）凸显组织个性。社会组织众多，而每个组织都应建立能够展现自我风格的标准色，这就使颜色“供不应求”，从而产生标准色的重复或相似等问题。在这样的情况下，组织就必须考虑如何利用颜色的组合方式、饱和程度等方法来区别于其他组织的标准色，以此来突出组织的个性。一定要尽量避免与同行业的重复或混淆。休斯航空公司，将标准色定为黄色，这是航空企业很少用到的颜色，它甚至将机身都漆成黄色，很多人幽默地称之为“空中香蕉”。还有很多公司为了拥有独树一帜的标准色，郑重其事地用公司名称去命名这种颜色，比如，丰田红、KFC 蓝与 KFC 红。

（3）符合公众心理。在选择颜色时还要考虑公众对色彩的感受以及相应的心理效应。色彩的心理效应如表 8-1 所示。一般而言，暖色系给人的感觉活泼、温馨、幸福、乐观，因此，比较适合中性偏感性的组织，如食品类、保险类、生活服务类等组织。而冷色系给人一种理智、成熟、稳妥、睿智的心理感受，因此，比较适合中性偏理性的组织，如高科技类、金融类、交通类等组织。

表 8-1　色彩的心理效应

色彩	感情倾向
红色	生命、激情、快乐、兴奋、忠实、冲突、风险、烦躁、暴虐
橙色	温馨、欲望、活跃、成熟、恣意、迷惑、忌妒、忐忑
黄色	新生、纯挚、庄重、高贵、困惑、和平、通俗、嫉妒
绿色	天然、生机、和平、青春、安好、新鲜、酸楚、伤心
蓝色	期望、远阔、安稳、静寂、脱俗、空灵、孤寂、神秘、调和
青色	神圣、理性、崇奉、乐观、深远、寂静、怜悯
紫色	高贵、典雅、圣洁、温厚、诚恳、嫉妒
金色	华美、富丽、高级、气派、庸俗
银色	冷静、优雅、高贵
白色	单纯、神圣、平和、整洁、质朴、阳光、积极
黑色	威严、深沉、古典、神秘、坚韧、消极、伤怀、错误、死亡
灰色	谦逊、冷静、寂寞、失落、凄凉、烦恼

（4）考虑民族特性与禁忌。世界上不同的国家和地区，由于受各自不同历史文化传统

的影响，对色彩的象征意义也有不同的理解，因而喜好、禁忌各不一样。了解、研究色彩的这种民族特性，选择有利于本组织的色彩，对于树立良好企业形象、参与国际竞争有很大的好处。

5. 组织吉祥物的设计

有的组织可能还会有吉祥物或标准形象，如麦当劳叔叔、米其林轮胎、海尔兄弟都是组织的标准形象。吉祥物的设计可以将组织拟人化，强化组织的性格，令公众产生亲切感和通俗感。

吉祥物的设计最主要的就是体现识别性和理念性。识别性强调与众不同，而理念性强调体现组织精神、文化与观念。

（二）应用要素

应用要素是将以上设计应用在各种载体上，主要有以下几种形式。当然，随着社会与科技的不断发展，应用要素的应用领域也将越来越广泛。

（1）事务用品，如徽章、员工证、名片、合同书、公文、信封、信笺、茶杯、烟灰缸、餐巾纸、赠品等。

（2）交通工具，如组织的专用车、船、飞机等。

（3）建筑装潢，如店面、办公楼、说明牌、路标、橱窗设计、店内陈列、展览布置等。

（4）包装，如销售包装、运输包装等。

（5）产品，如说明部位、铭牌、钢印等。

（6）服装，如员工制服、保安制服、快递员制服等。

（7）出版宣传，如商品名录、说明书、产品简介、年历、宣传手册、广告标识等。

阅读 8-8

“一亩玖”赣南脐橙的品牌设计[10]

“一亩玖”赣南脐橙，作为赣州市的地标性产业，如何让品牌更具象、系统地保留在消费者的心里，“一亩玖”开启了品牌设计之路（见图 8-3）。

奥格光年品牌顾问谈创意过程：我们刚刚接触“一亩玖”品牌的时候，第一时间就对品牌名称产生了浓厚的兴趣，针对“一亩”和“玖”字做了深刻分析，“一亩”为计量单位，消费者很容易理解，因此好奇点和品牌卖点就全部落在了“玖”字上面。通过了解，“玖”字除了是数字 9 的大写之外，还有美玉之意，以玖为核心，意在表达优选产品质量的标准就像寻觅每一亩土地中的美玉。

首先，品牌标志的图形部分，采用了字体设计的形式为主要呈现，以此强化传播时品牌的识别性。符号化的 Logo 更好地适应数字化信息时代的各种多变需求，去繁为简地直观传达，有利于电商平台、公众号、App 客户端的视觉呈现。同时，也寓意着优选产品新鲜直达的配送优势，去掉过多的添加，保障产品的新鲜，甄选每一份自然界的馈赠。

其次，组织形象玖妹的设计。这个森系风格的田园女孩，新国潮风格符合时代属性的 IP 形象，包容性强，可与所有的农产品进行融合，不具象在橙子的形象中，但与之关联，女性角色定位强化了品牌的亲和力与产品的自然和谐。

性格特征：自然、温和、质朴、纯粹、略带调皮。

形象特征：

(1) 玉石头饰，延续了品牌名称中的“玖”字，即美玉之意。

(2) 两条马尾辫提升了形象的识别度，也体现了人物的灵动，便于未来其他产品的衍生。

(3) 丹凤眼体现了东方人的神韵；一点腮红，犹如国粹京剧中的花旦，柔美中彰显洒脱。

(4) 背带裤体现田园风格，清新自然的气质，胸前“玖”字图案增加了专属识别性。

图 8-3 “一亩玖”品牌设计

六、CI 设计应遵循的原则

（一）内外结合

CI 设计要讲究内外结合，坚持以内部的理念识别（MI）指导外部的行为识别（BI）与视觉识别（VI）。没有内部理念指导下的行为管理和视觉设计是没有灵魂的，是效率低下的。因此，理念的建构最为重要，一切外化的体现都要执行理念的战略思想。只有这样，达成了组织形象的一致性、系统性才能强化公众对组织形象的认知与识别、理解与认同。目前，有很多组织非常重视 CI 系统中的视觉识别，忽略理念识别，这是舍本逐末的。一旦发生形象的错误与误解，组织将会在形象建构上越走越远。

（二）注重识别

社会公众面对的组织太多，尤其是同类组织，很多公众并无法全部区分与记忆它们的行为，这就导致了明明是我们的组织在捐款，而公众却记成了其他组织的善举。因此，组织必须建立起自己有别于其他组织的形象，使公众在众多组织中看见自己、记住自己、了解自己、认同自己、喜爱自己，这是形象管理战略的最基本目标。因此，在启动 CI 战略后，要不断问自己：我的特点是什么？我与别人到底有何不同？我的行为应该如何管理才能表现出特点？我的一切视觉外化应该如何展现才能让公众了解我的风格？

因此，形象的设计必须是个性化的、差异化的、与众不同的，只有这样才能强化识别性。

（三）相对固定

当我们将理念识别、行为识别、视觉识别确认好了之后，在较长一段时间内的对外传播模式应该是固定的、稳定的、不能轻易改变的，只有不断地重复才能强化记忆与认知。多主题、多风格、多特点是不利于思维定势产生的。另外，这种固定性也非常有利于抑制山寨的产生。

当然，这种固定是相对的，当组织已有的形象、行为、视觉系统已经完全不适应当前的时代发展与潮流，已经不再能引起公众的好感与关注时，那么，适时调整 CI 战略也是必要的。

第三节　CI 战略的功能

学习视频：CI 的战略功能

一、内部功能

（一）有利于建立组织文化

组织文化是组织成员所追求的一种内在价值、思维方式、行为方式和信仰的综合，它是组织成员在长期的工作中逐渐涵化与培养起来的。如果一个组织没有坚强有力的精神内核与文化价值观，必然人心散漫、一盘散沙。而组织文化最大的作用便是促进组织与成员之间在事业目标、信念价值上的一致性，促进组织对成员的吸引力以及成员对组织的向心力。因此，组织文化发挥着巨大的内聚作用，而 CI 战略可以通过理念的归纳、行为的管理、视觉的传达有效培育起组织文化。

（二）有利于增强产品的竞争力

CI 系统中的视觉识别通过强烈的视觉冲击力，非常有利于形成公众的印象识别，有利于创造名牌，帮助建立或巩固消费者的品牌偏好。根据晕轮效应，较好的视觉识别系统可以非常直观地显示产品的美好，这种外在的美好，极易让公众产生晕轮效应，衍生出对组织的信任、好感与支持。因此，系统的、优质的视觉识别可以增强产品的竞争力。

（三）有利于多角化、集团化、国际化经营

我国许多组织正在向多角化、集团化、国际化经营迈进，目的是使组织各个经营项目之间共同利用某些资源，产生协同效应，增强企业适应不同市场环境变化的能力，使组织运营更加稳健、安全。

在这种多角化、集团化、国际化经营中，最关键的是要取得集团各关系企业的协同，因为这种经营战略的核心便是如何共同利用资源，也就是如何追求协同效应，在新旧经营项目之间寻找多处资源共享的环节，使一种资源产生多种效用，从而把各项经营项目连接起来，互相助长。

而 CI 战略可以有效使集团各关系企业相互沟通与认同，相互协作与支持，使协同效应发挥到极致。

二、外部功能

（一）有利于招揽优秀人才

现代组织的竞争是人才的竞争，不断吸引更优秀的人才，对于促进组织的更新换代非常重要。通过 CI 战略所塑造出的组织个性化形象，可以使组织在人才市场中显现出非常强大的优势。

其一，组织形象的倾向性和针对性，可以吸引更多志同道合的人才。组织形象就好比一张名片，直接表达了组织的特定需求，而愿意应聘的人才也应该是与组织目标、理想、行动指南相吻合的。

其二，由于避免了不明确性，组织招聘人才的工作程序也变得更加简洁，所花的经费也会相应减少。

其三，导入 CI 战略，组织往往自带鲜明且个性的文化气场，新员工可以较快产生最初的第一印象，逐渐适应并趋于一致。

（二）增强外部合作者的信心

组织的发展还需要大量外部合作者的支持与协作，外部合作关系的顺利与融洽同样决定了组织的发展空间。而 CI 帮助塑造的较好的组织形象，非常易于加强外部合作者的信心。

其一，有利于组织的融资，拓展社会资金的来源，提升投资者的信心，加强安全感，获得银行的支持以及股东的信赖，以此增加企业的融资能力。

其二，有利于提升组织供应商和销售商的信心，促进组织建立长期稳定的供销网络与良好的供销关系。

（三）有利于获得消费者的认同

这一点不容置疑，组织引入 CI 战略最主要的目标就是获得消费者的认同。良好的 CI

战略必然可以创造品牌，好的品牌形象，必然能够引发公众的更多关注与认可，这一点不再赘述。

（四）有利于企业公共关系的运转

组织导入 CI 有助于信息传递的可信性、真实性和统一性，使组织的公共关系活动得到顺利展开，CI 的推行使组织信息的传播更简单，具有差异化，易于为公众所识别和认同，从而达到最佳的传播效果。同时，CI 本身所创造的优良组织形象，使公共关系的运转也有了坚实的基础。

色彩学中的色彩体验[11]

我们对于色彩的体验是大脑中的视觉神经在受到视觉刺激后，与以往的经验和记忆产生共鸣，引发一系列心理、情绪上的变化。在不同的色彩环境中，色彩的积极和消极效应会造成人们不同的情绪和生理上的表现。

(1) 色彩的温度感。色彩的温度感来自色彩带给我们的冷暖感受。以蓝色为主的色系，包括紫色、蓝绿色等，容易让人联想到广阔的蓝天、大海和冰雪等令人感到清冷和寒凉的事物，这些色彩属于冷色系。当我们看到以橙色为主的色系，包括红色和黄色等色彩时，我们会联想到暖融融的阳光、热烘烘的火焰等，会体验到温暖、炎热和热情，这类色彩属于暖色系。

(2) 色彩的湿度感。湿度用在色彩学的表述上，体现的是色彩的搭配带给我们的水分含量的联想。明度比较高的暖色，像淡黄、橙红、咖啡色等色彩让人感觉水分含量低，有干燥感；而冷色系的水蓝、浅蓝、淡紫、淡绿色都有湿度感，给人以潮湿滑腻、雾气氤氲的感觉。

(3) 色彩的速度感。这是指由色彩或色彩的组合引发积极移动与消极静止的情绪变化。暖色系如红、橙、黄等配色较积极，有侵略性，呈现兴奋的感觉，有运动感；冷色系如蓝、绿、紫等配色较消极，有后退的平和感，有静谧的色彩感觉。色相对比中，对比强烈的配色效果呈现出色彩的动感；对比弱的配色效果呈现出色彩的幽静感。另外，高纯度的配色，色感积极、跳动，有积极兴奋的动感；低纯度的配色，色感安静、舒缓，有消极沉闷的静感。

(4) 色彩的厚薄感。它指的是色彩呈现出来的不同体量感，明度高的色轻薄，明度低的色厚重，白最轻，黑最重。高明度的浅色系容易有轻盈、飘逸的柔美感；而低明度的黑灰色、深色系色感厚重、低沉，有种踏实稳重的力量。

(5) 色彩的触觉感。它指的是色彩的肌理感和软硬程度带给人的不同感受。明度高、纯度低的色彩让人感觉柔软，触觉感细腻，如粉红、米黄、奶白、淡紫、淡蓝等，容易让人联想到丝绸、羽毛、皮肤、奶油蛋糕等，触觉感柔软甜腻。而明度低、纯度高的色彩让人感觉坚硬，触觉感粗糙。如黑、蓝黑、赭石、青灰、洋红等，让人联想到岩石、水泥、木头等坚实冷酷的触觉，厚重实在。

（6）色彩的华丽感。它指的是色彩给人的艳丽和朴实的感受。纯度高的颜色具有华丽感，纯度低的颜色看起来显得朴实。从明度上来看，明度高、强对比的色彩让人感觉华丽辉煌；明度低、弱对比的色彩让人感觉质朴古雅。从色相上看，金、银光泽色和红、橙、黄等暖色具有华丽感；黑、白、灰无色彩和蓝、紫等冷色给人以沉着朴素的感觉。在配色上，任何颜色加上金或银的点缀后，都会增加色彩的华丽感，具有较强的装饰效果。

本章小测试

不定项选择

1. 下面属于组织形象中的主体形象的是（　　）。
A. 员工形象　　B. 产品形象　　C. 竞争形象　　D. 服务形象

2. 下面属于 CI 战略体系中的精神实质的是（　　）。
A. MI　　B. BI　　C. VI　　D. CI

3. 组织应建立哪种组织文化？（　　）
A. 周边文化　　B. 核心文化　　C. 服务文化　　D. 共性文化

4. 下面哪个属于组织的延伸形象？（　　）
A. 领导者形象　　B. 文化形象　　C. 服务形象　　D. 品牌形象

5. 组织名的设计可以（　　）。
A. 巧用典故　　B. 体现组织特色或理念
C. 考虑民俗　　D. 易于书写

6. 组织标准字的设计要遵循的原则包括（　　）。
A. 易辨性　　B. 艺术性　　C. 协调性　　D. 严谨性

7. 组织标准色的设计应注意（　　）。
A. 反应组织理念　　B. 凸显组织个性　　C. 符合公众心理　　D. 考虑禁忌

8. 下列属于 VI 中的应用要素的是（　　）。
A. 标准字　　B. 建筑装潢　　C. 交通工具　　D. 烟灰缸

9. CI 设计应遵循的原则是（　　）。
A. 内外结合　　B. 注重识别　　C. 相对固定　　D. 频繁修改

10. CI 战略的功能包括（　　）。
A. 有助于建立组织文化　　B. 有利于招揽人才
C. 有助于增强外部合作者信心　　D. 有利于公关运转

本章重点思考

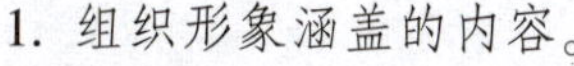

1. 组织形象涵盖的内容。
2. CI 战略的定义及其构成。

3. CI 战略中三个子系统之间的关系。
4. VI 视觉识别的要素。
5. CI 设计的原则。
6. CI 战略的功能。

资料来源

[1] 金旗奖编委会. 2019 最具公众影响力公共关系案例集［M］. 北京：中国财富出版社，2020.

[2] 党的二十大文件汇编［M］. 北京：党建读物出版社，2022.

[3] 黄春景. 让“全民阅读”成为“全民悦读”［N］. 中华读书报，2018-05-14.

[4] 段娟娟. 公共关系学教程［M］. 北京：中国人民大学出版社，2017.

[5] 华为的狼文化［EB/OL］.（2020-06-07）［2024-05-01］. https://wenku.baidu.com/view/0c5250317c21af45b307e87101f69e314332fa3e.html.

[6] 陈先红. 现代公共关系学［M］. 北京：高等教育出版社，2010.

[7] 金旗奖编委会. 2018 最具公众影响力公共关系案例集［M］. 北京：中国财富出版社，2019.

[8] 中共中央宣传部. 习近平新时代中国特色社会主义思想学习纲要（2023 年版）［M］. 北京：人民出版社，2023.

[9] 金旗奖编委会. 2021 最具公众影响力公共关系案例集［M］. 北京：中国财富出版社，2022.

[10] 一亩玖赣南脐橙的品牌 &IP& 包装［EB/OL］.（2020-11-12）［2024-05-01］. https://www.zcool.com.cn/work/ZNDg5MTkxNjg=.html.

[11] 徐晴. 色彩构成基础与应用［M］. 武汉：武汉大学出版社，2020.

第九章　对象型公共关系战略管理

学习提纲

雇员关系管理的意义、员工的工作期望、激励的实施与管理策略
股东关系管理的意义与方法策略
消费者关系管理的意义与方法策略
社区关系管理的意义与方法策略
媒介关系管理的意义与方法策略
政府关系管理的意义与方法策略
名流关系管理的意义与方法策略

组织所面对的公众是一个巨大的群体，包括非常多具体的类型。基于公共关系活动的针对性，一般来说，组织要分别面对不同的公众进行不同的公共关系活动，因为不同类型的公关对象需求不同、期望不同、环境不同，因此，只有了解每一种公共关系公众的特点，采用不同的策略与技巧，才能获得预期的公关效果。本章将介绍重要的七种公共关系对象的管理策略。

第一节　雇员关系管理

学习视频：对象型公共关系战略管理

一、雇员关系概述

（一）雇员关系的含义

雇员是组织中的职员、工作人员。所谓雇员关系，就是指组织在管理过程中形成的人

事关系，其中包括组织机构中上下级之间的关系，各职能部门之间的关系，以及内部员工之间的关系。

而所谓的关系包括两层含义，一方面是与物质相连接的利益关系，这是雇员关系之中的基本关系，另一方面是与精神相连接的情感关系，这往往是雇员关系之中的激励关系。

（二）管理雇员关系的意义

员工是组织的首要公众，是组织赖以生存和发展的基础。组织中的员工在一起工作，其效果并非 1+1=2 那么简单，如果两人协力合作，其效果可能是个人力量的三倍，甚至五倍。反之，如果不能相互助力，效果也可能是 0。因此，成功的雇员管理是能够激发群体中每一个成员的智慧与潜能的。管理雇员关系具有重要的意义，主要体现在以下几个方面。

1. 凝聚作用

良好的雇员管理策略可以使组织内部的员工与组织目标高度一致，将组织全员的意志凝聚在一起，产生强大的向心力。这是雇员关系管理最重要的意义。只有这样的集体，才可能披荆斩棘，一直强有力地发展下去。

2. 激励作用

良好的雇员管理可以使组织每个成员在进步或做出贡献时都能得到褒奖与赞扬，从而激发员工的工作热情与积极性。这种激励不仅可以使员工的潜能被调动，还能在最大程度上推动组织的创新力与原动力。

3. 导向作用

组织通过内部公关可以培育并塑造员工共同的价值观和共同的追求目标，用组织良好的价值观、道德观、世界观带动员工的理念转变与行为管理，不仅建立起一个了不起的组织，也会培养出一批了不起的人。

4. 辐射作用

组织与员工高尚理念与品质的形成，必然产生更深远、更广泛的影响。这种精神风貌的塑造，也会辐射至周围的外部社区之中，形成以组织为中心的良好社区形象，并以此形成良性循环。

5. 调适作用

每个人都会有情绪，而情绪往往影响着工作的态度与积极性。良好的雇员关系管理可以帮助员工创造优越的工作环境与和谐的人际关系氛围，使员工的情绪保持愉悦。

综上所述，雇员关系应该是对象型公共关系工作的起点，也是重点。

二、员工的工作期望

要形成良好的雇员关系，首先必须清晰地了解内部员工的期望和要求，只有充分了解他们的“好”，才能“投其所好”。管理学家埃尔顿认为，“满意的工人才是有生产效率的工人”，因此，首先要分析员工的工作期望。

人性理论是关于人的角色属性的认知理论，管理学者曾先后提出过四种人性理论，我们期待借由人性理论来探索员工的工作期望。

（一）经济人理论下的工作期望

19 世纪末，“经济人理论”被提出，该理论认为组织人是一种“经济人”或“实得人”。人的一切行为都是为了最大限度地满足自己的私利，工作的唯一目的是获取经济报酬，因此，金钱是经济人最主要的激励工具。[1]

根据这一人性的认知理论，我们发现，员工工作的期待或许来源于“金钱”。在组织中，金钱的获得有两种方式，一种叫“工资报酬”，一种叫“奖金福利”。

工资报酬是员工努力工作的根本动因，是员工对组织的最基本要求，员工希望得到公平的待遇和合理的劳动所得。因此，组织内部必须制定公平、合理的分配制度，否则无法保证员工的基本要求。

奖金福利则是一种额外的物质激励手段。员工期待用更多的付出换来更多的回报；希望在工作的大后方有更稳定、更安全的生活条件，如住房、医疗、育儿、养老和教育的保障。因此，在组织能力范围以内，应给予员工更多的物质保障，组织要懂得回报员工，进行合理的物质奖励，与此同时，也要充分考虑到团结的因素。

综上，工资报酬与奖金福利既是一种利益驱动力，也是确保员工工作的原始动力。

阅读 9-1

华为的公司福利[2]

华为作为我国第一大民企，是当之无愧的爱国企业。面对艰难的困境，华为非但没有减少员工的福利待遇，反而给了员工更优渥的报酬。华为老总任正非掏出 614 亿元用于员工分红，发出了史上最大红包。

另外，入职华为的员工都会有一份价值 1 700 元的年度体检套餐。华为还为员工提供了健身房和运动设施，华为的各个公司和研究所都拥有内部的健身房，装修也非常豪华，甚至要比市面上的健身房器材还要齐全。除了缴纳正常的五险一金之外，华为还为每个员工购买了 100 万元的商业保险，为员工提供双重保障，让员工可以安心工作，没有后顾之忧。在日常的工作中加班不仅可以得到高额的加班费，每天工作超过了 20:00 还可以得到一份价值 25 元的夜宵，包括面包、牛奶、酸奶、熟食等，十分丰盛。如果工作超过了 22:00，员工可以免费打车到任何一个地方，华为为员工设置了内部的打车系统。

（二）社会人理论下的工作期望

20 世纪 20 年代，“社会人理论”被提出，该理论认为人是有思想、有感情、有性格的，社会人需要“社会心理”的满足，如友情、交际、被了解。因此，组织的人际氛围比经济刺激具有更大的驱动力。[1]

根据这一人性的认知理论，我们发现，员工工作的期望或许来源于“氛围”，而这种氛围可能包括文化氛围、情绪氛围与协作氛围。

文化氛围是基于组织文化的一种基本格调，是员工对组织内部价值观的一种认同。认同感越强，越有组织归属感，越容易在组织中产生社会心理的满足。因此，组织要学会运用内部公关营造良好的组织文化与人文环境。

情绪氛围是基于员工情感与情绪的一种集体风气。每个人都会有情绪，而这种情绪会传染给周遭的人或事。如果组织中的情绪氛围非常负面，人人都感到非常压抑，不仅抑制创新的潜力，也容易使人丧失信心。因此，积极情绪氛围的营造十分必要，适时的团建计划与情绪疏导机制在内部公关中显得非常重要。

协作氛围是一种基于团队精神的风气。团队精神有助于成员间的包容、谅解的产生，是友情发酵的基础，是人际关系和谐的基石。因此，组织能否制定良性的竞争机制与协作机制往往是营造良好协作氛围的基础。

（三）自动人理论下的工作期望

20 世纪 40 年代末，“自动人理论”被提出，也就是“自我实现的人”。该理论认为人都是勤奋的，能够主动承担责任，具有创造性和自控性，并能够把个人目标和组织目标很好地结合起来。[1]也就是说，人能够为了实现自我价值而将工作当成自己的事业。

那么，这种自我价值的实现都包括什么呢？拥有足够的发展与晋升空间、有机会参与管理或决策、更好地学习以成为更加优秀的人，实际上都是员工期待自我实现的一种方式。这种自我实现可以形成一种“内激励”，它将会比满足物质需求和社会需求这种“外激励”更加有效。

因此，组织应当建立完善的各项制度，如透明公平的晋升制度、委员会参与制度、决策参与制度、选拔进修制度、教育培训制度等。

（四）复杂人理论下的工作期望

20 世纪 60 年代，“复杂人理论”被提出。该理论认为人的需要是多种多样的，既不是纯粹的“经济人”，也不是纯粹的“社会人”或“自动人”，而是“复杂人”。由于人的需求多种类、多层次，人的动机模式也是错综复杂的，这种复杂性不仅因人而异，还会因境而异，[1]以上三种人性理论应该综合利用，而不应该仅仅信守一条规则。

复杂人理论告诉我们，人是多重属性和多种角色所构成的全息聚焦人。对组织内员工的公关管理应该综合多种视角，进行全息聚焦，这才是做好内部公关的根本。人性理论与员工的期望如表 9-1 所示。

表 9-1　人性理论与员工的期望

	人性理论	期望与需求	公关管理
复杂人理论	经济人理论	工资报酬、奖金福利	公平合理的分配制度 合理的物质奖励、福利政策
	社会人理论	文化氛围、情绪氛围、协作氛围	创建良好的组织文化与人文环境 适时的团建计划与情绪疏导机制 良性的竞争机制与协作机制
	自动人理论	发展空间、参与管理、自我实现	透明公平的晋升制度 委员会参与制度、决策参与制度 选拔进修制度、教育培训制度

三、实施激励

研究发现，一个人在没有受到任何激励时，其能力仅能发挥 20%～30%，如果受到了有效而充分的激励后，则可以发挥到 80%～90%，有时还可能更高。因此，实施正确的激励也应是组织内部公关应该重视的内容。

（一）如何激励

这里引入“双因素激励理论”，该理论认为能够影响人行为动机的因素主要有两类。

一类是外部因素，如工作报酬、奖金福利、人事氛围等。这类因素叫作“保健因素”或“维持因素”，然而，这类因素的满足只能消除员工的基本不满，使其能够安于现状，但是并不能激发员工工作的热情与积极性，并不能有效提升工作效率。因此，这类因素只是激励员工的基础条件。

另一类是内部因素，如工作成就、晋职提升、自我实现等。这类因素叫作“激励因素”，它可以让员工充分发挥自己的潜能，获得成就，实现自我价值，这是能够真正激发员工工作热情的因素，是员工工作的动机之源。

根据双因素激励理论，组织内部的激励实施不仅要充分重视保健因素，也要重视激励因素，内外结合进行共同的激励才能形成组织的动力循环。

（二）如何提高激励程度

这里引入“期望理论”。该理论认为激励的程度由两个因素构成，即期望值与效价，用公式表达如下：

$$激发力量(M) = 效价(V) \times 期望值(E)$$

其中，“激发力量”是员工工作积极性的高低及持久性，组织希望这个值越高越好。这个值是由以下两个因素决定的，并与之成正比。

其一，效价。所谓效价，是指组织提出的目标对于满足个人需要的价值，也就是员工努力工作的结果对员工的吸引力。组织所给出的奋斗目标或奖励越符合员工的希望，员工的激发力量越强；相反，如果组织给出的目标或奖励并不是员工期待的，则无法产生激发力量。

其二，期望值。所谓期望值，是指对于目标可能性的大小判断，也就是这个目标有多大的可能性会实现。如果组织给出的奋斗目标过于缥缈，员工觉得无论自己如何付出都无法达到目标，则无法产生激励效果；相反，如果组织的目标是员工通过努力有望实现的，员工将会尽自己最大的努力达成目标，形成工作热情。

根据期望理论，组织的内部激励应制定合适的目标，将目标吸引力与可能性最大化。

（三）如何选择优质目标

工作目标或工作结果是引起行为最直接的动机，由此推出“目标设置理论”。该理论认为设置合适、合理的目标可以使员工产生想达成目标的成就需求。[3]目标中包含着三个属性，每个属性都决定着该目标的激励效果。

其一，目标的具体性。在工作中我们发现，目标过大，会使员工产生不可能完成的感觉，而设置多个子目标或分阶段来设置目标，可以使员工产生能够完成目标的想象。因此，优质的目标应该是具体的、分阶段的。

其二，目标的难度。如果目标过难，员工看不到希望，必然无法激发员工的积极性；但是目标过于简单，同样有着这样的尴尬，因为所有人都可以达成目标，那么个人的成就感就无法实现。因此，目标的难度设置要适当，要使部分员工可以通过努力而实现的目标才是好目标。

其三，目标的可接受度。目标中所体现的价值观应是员工共同持有的价值观，目标所体现的成就应是员工共同期待的成就，而与员工观念或期望相距甚远的目标，无论如何设置都无法激励员工的干劲。因此，目标的设定要注重员工调查。

根据目标设置理论，组织目标的制定要将目标的具体性、适当难度与可接受性进行综合考虑。

（四）如何奖罚

奖罚政策的制定也是激励的方法之一。关于奖罚理论，我们引入“强化理论”。该理论把强化分成积极强化和消极强化两种。他认为只要控制行为的后果（奖罚）就可以达到控制和预测行为的目的。[3]因此，在组织的内部管理中可能出现正强化和负强化两种方式。

其一，正强化。正强化在组织中可能表现为赞许、赏识、加薪、提升、挑战性工作的委派等，这种强化可以很好地激励员工向组织期望的走向与结果发展。

其二，负强化。负强化在组织中可能表现为谈话、罚款、降级、停职等，这种强化被期待可以停止不好的行为走向。但是这种负强化只能暂时降低反应率，而不能减少消退过程中反应的总次数。

当然，这种奖罚的制度一旦制定，还应持久秉持，奖罚制度是一个标准，标准的频繁变化，只能使员工失去安全感和寻求奖励的信念。

根据这种理念，组织在内部管理中要做到正负结合、以正为主、以负为辅、持续实施、以保公平。

（五）如何建立公平

公平在内部公关中非常重要，公平感是推动员工付出的基本因素。这里引入“公平理论”，该理论侧重于研究工资报酬分配的合理性、公平性对员工积极性的影响等。

该理论认为员工的公平感是受到“相对报酬”影响的，所谓相对报酬并非工资的直接数量，而是付出与所得给人的一种主观感觉和判断。员工这种“相对报酬”的比较有两种。

其一，横向比较。员工会将自己的付出和所得与他人的付出和所得进行比较。

其二，纵向比较。员工会将自己过去的付出和所得与自己现在的付出和所得进行比较。

当员工在这种主观的比较过程中，产生了质疑或不公平感，其工作积极性就会下降。因此，这种不公平感的产生，不管是组织自身的分配问题，还是员工主观认知的正确性问题，都应该想办法予以消除。

四、雇员关系管理的方法

当我们了解了员工的工作期望和一些实施激励的理论之后，可以总结出一些雇员关系管理的方法与策略。当然，这些策略并不全面，只是就一些重要的问题进行相对笼统的阐述。

（一）以人为本，掌握用人之道

1. 要树立人本观念

知识经济社会，因对知识的追逐而重新将注意力回归到人的本身，人是知识创造的主体，也是知识运转的载体。因此，人和人才将是社会组织的第一资本，组织的优势将来源于人才优势。树立人本观念，是搞好雇员关系的根本和前提。

2. 要体现人才宗旨

在组织中，尊重人、信任人、关心人是人本管理宗旨的具体体现。尊重是前提、信任是基础、关心是表现。首先，尊重人要承认每个员工的个体性，不能把他们当作毫无差别的集体成员，而是要认真思考每个人的优势、个性与能力。受到尊重，员工才会产生被组织需要的感觉，尊重的力量将使一个平凡人变得更加优秀。其次，信任人就要为员工提供一个宽松、自主的工作环境，让员工都能够自主发挥、放手拼搏。当员工受到信任时，会产生荣耀感，激发责任心，工作不再是负担，而将成为一种内在的激励。最后，关心人表现在组织对员工方方面面的爱护与照顾，既应包括工作上的，也应包括生活上的；既应包括物质上的，也应包括精神上的。只有让员工时刻感受到来自组织的温暖和关怀，才能让他们为了组织而倾尽全力。

3. 要进行人才的开发

人才是组织之本，要学会识人、育人、用人。首先，识人要帮助自己的员工规划职业生涯，帮助员工选择适合自身能力与个性的职位与工作，组织不仅要实现自我的发展，也要帮助员工走好职业之路。其次，育人强调对人才的培养，人的优秀除了天生与勤奋，还来源于教育与培养，组织要建立起人才的机制，要懂得为员工建构不断成长与顺利发展的平台。这不仅可以为组织培养生力军，还可以使员工产生归属感，提升忠诚度。最后，要学会用人，用人才是人才开发的关键。历史上的刘邦，运筹不及张良，领兵不及韩信，管理不及萧何，而三者皆为其所用，最主要的原因就在于刘邦会用人。目前很多企业一方面大呼人才断层，另一方面又压制人才、压榨人才。还有一些家族企业，存在着严重的关系式进人，使人才无法得到重用。因此，组织必须要建立科学的用人机制，要懂得每个职位的特性与需要的人才。

阅读 9-2

以人为本的组织理念

北方航空公司非常注重对机组第一线工作人员的关爱。当乘务员、飞行员从天上降落到地面，公司会用商务车送他们回家。当乘务员需要报销费用时，甚至不用自己到公司办理手续，会计员会带着相关材料到机场为乘务员办理。当乘务员工作时，家人生病或需要帮助，公司会派专人到家里，亲自把他们的家属送到医院看病救治，以解决他们的后顾之忧。

拓展阅读

深入实施人才强国战略

党的二十大报告提出：培养造就大批德才兼备的高素质人才，是国家和民族长远发展大计。功以才成，业由才广。坚持党管人才原则，坚持尊重劳动、尊重知识、尊重人才、尊重创造，实施更加积极、更加开放、更加有效的人才政策，引导广大人才爱党报国、敬业奉献、服务人民。完善人才战略布局，坚持各方面人才一起抓，建设规模宏大、结构合理、素质优良的人才队伍。加快建设世界重要人才中心和创新高地，促进人才区域合理布局和协调发展，着力形成人才国际竞争的比较优势。加快建设国家战略人才力量，努力培养造就更多大师、战略科学家、一流科技领军人才和创新团队、青年科技人才、卓越工程师、大国工匠、高技能人才。加强人才国际交流，用好用活各类人才，深化人才发展体制机制改革，真心爱才、悉心育才、倾心引才，精心用才，求贤若渴，不拘一格，把各方面优秀人才聚集到党和人民事业中来。[4]

（二）以文为根，培育组织文化

组织文化的培育可以使员工逐步产生与组织一致的目标与理念，这种共同价值观与世界观的形成，可以使员工产生无限的归属感与使命感；同时，良好的组织文化还可以形成深厚的文化氛围，激发员工的“社会人”需求，产生工作积极性。因此，组织文化的建立是非常重要的。

组织文化的建立是在理念识别基础上进行的，首先要建构组织的理念，建立独特的精神文化识别。然后再通过各种方法逐渐培育这种文化，比如，塑造组织的典型人物、形成组织独有的仪式或独特的文化制度等，都可以巩固组织的文化特色。

（三）以公平为基础，完善组织制度

员工的公平感非常重要，然而完全的公平是很难做到的，公平感需要一个稳定不变的规则作为约束，而制度就是维护公平最重要的手段。组织必须建立一系列的制度，维护员工劳动分配的公平、奖金福利分配的公平、奖罚的公平、晋升的公平、参与的公平、培训进修的公平等。

（四）以信息为纽带，加强信息共享

组织内部往往有三种关系，包括垂直的上下层级关系；平行的部门之间、各员工之间的关系；斜向的组织与非正式群体之间的关系。这三种关系之间可能发生各种误会，比如，对升职黑幕的质疑、对劳务分配的抱怨、对上级政策的误解、下层流言的泛滥等。这些误会的产生在一定程度上都是沟通不畅造成的，而加强双向沟通，实现信息共享则可以有效减少组织内部各种关系之间的摩擦，起到润滑剂的效果。

1. 纵向的信息沟通

纵向的信息沟通实则是上情下达和下情上达的过程。实现上下层信息共享可以让员工更好地了解组织的战略与制度，也可以使组织更好地掌握员工的态度与意见。

上情下达的实现主要有以下几种方法。

（1）企业媒体：包括组织内部报纸、杂志、广播、电视台（2018 年波科国际医疗贸易上海有限公司建成了自己的波士顿科学员工电视台）等，用于传达重要信息，如人事变动、福利政策、当前问题、经营状况、先进事迹等。基于人们对传统媒介的信赖，这些信息的传播往往更具正式性与可信度。

（2）黑板报、墙报：用于传达即时信息或组织文化信息，可以增强组织的文化氛围。

（3）会议、演讲：用于传达重要信息，这种形式可以与组织领导直接沟通，加强互动性。

（4）职工手册：用于公开传达组织的各项规章、制度，如人事程序、工作时间、薪资、福利、管理条例、晋升图表、奖励制度等，使基于公平的制度信息更加公开透明，避

免黑幕。

另外，下情上达的实现也有以下几种方法。

（1）职工意见调查制度。通过问卷或座谈的方式定期对职工的意见进行调查，了解下情。

（2）职工接待日。公开规定专门的接待日来接见职工，随时听取职工意见。这种方法在当下非常普遍。

（3）建立处理职工申诉的专门机构，以便研究反映出来的职工问题，为组织改善管理提供依据。

（4）在日常工作中观察职工情绪变化以及流言蜚语。

2. 横向的信息沟通

横向的信息沟通是指各平行部门之间、各员工之间的信息流动过程。横向的信息沟通是组织氛围形成的重要因素。因此，我们期待这种横向的信息流通能够充满善意和团结的光芒。培养良性的竞争关系和团结协作的精神显得至关重要。

培养良性的竞争关系，要求各部门员工的工作业绩、工作成果量化、公开化。而培养团结协作的精神，要求部门间、员工间的分工透明化，权责分明。

3. 斜向的信息沟通

斜向的信息沟通实则是组织与非正式群体之间的信息流动过程，主要应重视三个方面的沟通技巧。

（1）重视舆论领袖的作用。每个小团体都有自己的舆论领袖，组织与这些舆论领袖达成友好互动，那么就可以利用他们的威望，引导这些非正式团体与组织行为保持一致。

（2）加强与非正式群体之间的感情联络。与他们交朋友，使他们信服而不是压服。

（3）防止小道消息和流言蜚语的蔓延。通过与非正式群体之间的沟通与交流，可以获取更多员工层面的意见、态度和想法，要及时通过与非正式群体之间的沟通进行疏导，将员工的情绪引向正确健康的方向上来。

霍尼韦尔的内部沟通[5]

一、项目背景

2019 年 5 月 16 日，霍尼韦尔品牌升级正式启动，面向外界传达品牌愿景势在必行，员工内部信息共享是关键的第一步。本次活动旨在让员工了解品牌升级的内涵，并成为品牌升级的推广者、宣传员。然而在中国，庞大的员工基数和复杂的分布使得内部信息共享面临挑战。

二、项目策略

（1）召开中国员工大会，预告品牌升级等信息。

（2）通过内部邮件向全体中国员工征集品牌升级的主题照片，并将这些照片制作成滚动视频。

（3）霍尼韦尔内网全面上线品牌升级 Futureshaper 系列视频，并全天在办公园区屏幕上不间断滚动播放。

（4）分发宣传物料，如宣传手册、主题T恤等。

（5）上线霍尼韦尔官方微信 Futureshaper 员工平台，开辟专门交流信息的渠道。

（6）举办“科学家派对”。10多位霍尼韦尔科学家带领上海交通大学、华东理工大学等高校的学生一起探索互联飞机、互联工厂、互联建筑、互联零售四大领域的创新互联解决方案。

（7）Futureshaper 主题打卡。在办公园区和工厂设立主题摄影角，提供背景板和道具，鼓励员工拍照留念。

（8）与工会旗袍社、舞蹈社、摄影社携手，共办午间主题活动，为品牌升级造势。

这次内部沟通跳脱出传统的“宣教”模式，极具趣味性，大大提升了员工的参与感和积极性，同时充分发挥了员工的社交媒体影响力，从而扩大了传播效应。

（五）以联谊为手段，创造良好氛围

越来越多的组织大力将“家庭情感”“家庭观念”融入各项管理制度之中，营造组织更具温情的氛围，提升员工的归属感与忠诚度。其主要以联谊、团建为手段，如举办信息沟通类联谊会、感情交流类联谊会、文化娱乐类联谊活动等。

阅读 9-4

周大福珠宝集团的周年峰会[5]

2019年4月7—12日，周大福迎来了90周年大庆，借此机会，周大福以“传·创·共享”为主题，在星梦邮轮船上开展了6天5夜的一系列精彩活动。

子项目一：主题海报拍摄。以“探索，扭转未来”为主题，创作极具科幻质感的时尚大片，集团三大董事身穿宇航服跳跃时空、探索未来。

子项目二：荣耀盛典。以“帝王花”为视觉元素，通过深入挖掘销售精英和管理精英背后的案例和故事，彰显加冕时刻的荣耀，让参与者产生信念和情感共鸣。

子项目三：供应商大会。以“竹子”作为主要的视觉元素，表征坚韧、专注、繁荣与富足。本项目为每位客人准备了一套手工编织的竹环，经过简单制作后，邀请大家上台，将自己的作品摆放在“竹树”上。这不仅呈现了一个艺术置景，还蕴含了团结的意义。

子项目四：项目吐槽会。以“仙人掌”为主要视觉元素，表征外表犀利，但生命力极强。本次活动以综艺节目的形式进行，通过新颖、幽默、年轻化的吐槽文化，让企业各级员工自由提出在工作中遇到的问题。

子项目五：王者盛宴。以“牡丹”为主要视觉元素，该项目的主角们都是年度销售冠军。场景以巴洛克风格为主，华丽高贵，意在体现无限荣耀。

子项目六：加盟商派对。以“蕨类”丛林风为视觉元素，融入魔幻色彩设计，象征着无论环境如何，企业都会与加盟商不断拓展市场版图。这个环节结合奖项与游戏，为合作伙伴带来了一场狂野的狂欢派对。

子项目七：多品牌推介会。使用“向日葵”作为主要视觉元素，取其寓意向阳而生。各子品牌以不同风格的音乐剧演绎其品牌故事，诠释个性的品牌态度，以更具娱乐性的方式展示品牌内涵。

子项目八：精灵派对。用“仙女岛”作为故事线索，打造趣味亲子互动环节，加上精

灵巡游环节，让现场游园效果更加强大。

子项目九：90 能说 Go 汇道。以“食人花”为主要视觉元素，打造周大福首次辩论综艺节目，目的是让员工敢于发声，懂得用多角度看待事物的多样性。辩论的话题也很尖锐，包括“在工作中，会做事更重要，还是会汇报更重要?”“在工作中，运气更重要，还是实力更重要?”“面对领导的求生欲测试，做自己还是演戏?”，等等。

子项目十：慈善午宴。本次午餐会，加入了慈善拍卖元素，践行了周大福“真诚永恒”的企业使命和“取诸社会，用诸社会”的信念。

一位董事公开点评说：“这是我职业生涯里面参与过最有趣的一次会议!”

第二节　股东关系管理

学习视频：股东关系管理

一、股东关系概述

（一）何为股东关系

股东是一个组织的投资者，包括董事会、个别投资者、股票持有者、员工股东、投资公司、投资俱乐部等。这类公众一般存在于营利性组织之中。股东关系也被称为金融公共关系或财务公共关系，股东关系管理是处理与这些公众之间关系的公关行为。

（二）管理股东关系的意义

股东对于组织而言非常重要，缺少了他们的投资参与，组织可能陷于窘境。大型组织的股东非常多，维护好和他们之间的关系对于组织运营来说不可或缺，其意义主要体现在以下几个方面。

1. 股东管理可以帮助组织稳定财源

股东很少参与或不参与组织的经营管理，但和组织之间有着非常紧密的联系，非常关注组织的运营情况，以此来决定资金的去留。因此，与广大股东保持有效、良好的信息沟通非常重要，这可以增强股东的信心，稳定组织的经济状况。

2. 股东管理可以吸引更多投资，扩大财源

组织想要做大做强，需要更多的资金支持，对于潜在股东的公关管理，可以吸引他们的投资兴趣，吸引资金的流入，或追加投资，以此扩大组织财源，创造良好的资金环境。

3. 股东管理可以帮助组织规避很多危机

股东的凝聚力、向心力也非常重要，在关键时刻，股东的援手及其外部社会关系的驰援，可以帮助组织规避危机、度过危机。

综上所述，股东关系管理是组织稳定发展的基础和根本。

二、股东关系管理的方法

（一）尊重每个股东的特权

股东自购买组织股票之时起，就成为组织的主人，无论是集体股东还是个人股东，无论是大股东还是零散股东，都是组织的资金支持者。组织必须一视同仁，尊重每个股东所拥有的权力，感恩每个股东所带来的利益。只有秉承尊重与感恩的态度，才能使所有股东感受到来自组织的诚意。这是使股东形成对组织最初好感的重要态度。

（二）激发股东的主人翁意识

可以说，股东在资金上拥有整个组织，但是，由于大部分股东并不参与组织的经营与管理，很容易形成冷眼旁观的状态，有利可图便追加投资，无利可获便撤出资金，转投其他组织。这对于组织的财政稳定非常不利。因此，组织要利用公共关系手段去激发股东的主人翁意识，让股东认识到自己才是组织的主人，要关心组织的运营状况、资金状况、盈利状况、形象状况等，激发股东责任感与归属感。在危机时刻，能够与组织同心同德、荣辱与共、共担风险。只有这样的股东关系才能给予组织最有利、最稳定的后方财政支援。

阅读 9-5

通用食品公司的股东大会

通用食品公司在创建20周年时，举办了一次别开生面的股东大会。会议除了放映电影、举办图片展览、聚餐以外，还特地设计了很有意思的环节。大会主席把三个装有寿饼和祝词的精美食品盒赠送给出席会议的三位女士。一位是持有公司股票时间最长的股东（以体现感恩忠诚），一位是出席会议旅程最远的股东（以体现感恩真诚），最后一位是在公司服务时间最长的股东女职员（以体现感恩奉献）。这一举动很好体现了组织对每个股东的尊重，提升了股东的归属感，在赢得好感的同时，也使其主人翁意识极大增强。

（三）与股东保持有效沟通

与股东建立良好的关系，就要建立起有效的沟通渠道。因为，绝大多数股东无法完全了解组织的业务情况，无法对追加投资等做出判断。因此，组织务必定期向股东报告经营状况及相关信息，如盈利情况、产品市场、分红政策、竞争地位、历史与成长过程等。这些信息可以增进股东对组织的了解，看到组织的发展前景，保持乐观积极的态度，愿意持有股票甚至追加投资。同时，只有良好且有效的沟通渠道才能使组织更加了解股东的意愿，顺畅的信息反馈可以使组织与股东间避免误会与猜忌。

那么，如何建立有效的沟通渠道呢？主要有以下几种方式。

（1）年度报告。这是与股东进行信息沟通最主要的手段。年度报告包括组织的财务、生产、销售、行政、市场机会、相关环境问题等各项工作的总结或计划。

（2）股东会议。这是一种面对面的沟通方式。召集股东一起研究组织的长期规划、巨额投资、新产品开发等问题，使股东参与管理。

(3) 股东杂志。有些组织为了定期与股东进行交流，会编辑制作专门给股东的杂志或刊物，通过杂志或刊物可以向股东深入地报道组织的各项情况，引起股东关注，激发投资兴趣。例如，通用食品公司就出版了《通用食品股东新闻》杂志，且分为家庭版、财务版、年报版三种，不仅可以汇报各种情况，还可以拉近与股东之间的亲密距离。

(4) 股东参观活动。这是一种对特定公众的开放组织活动，可以让股东亲眼见证自己的资金如何周转，最后变成利润，可以很好地激发其追加投资的兴趣。

(5) 及时搜集股东本人的情况，以及投资兴趣和希望。通过了解股东对企业的态度、意见和建议，来协调自身的战略计划与股东意愿之间的关系。可以采用寄发信函或调查表等方式，也可以对重要股东定期走访。

(四) 让股东成为推销伙伴

股东持有股份，不仅表现出他们对组织的信心与信赖，还很可能带有一定的情感。因此，组织不应仅仅视他们为投资者、合作者，还可以将他们视为组织最亲密的顾客群。

假设一家公司有 1 000 个股东，每个股东有 100 个朋友。而这 1 000 个股东都在说组织的好话，都在推销组织的产品，那么将会产生 10 万个潜在的顾客，这将是一个非常可观的消费市场，因此，绝对不能忽视了股东这个推销伙伴。

要培养股东销售，就要让股东了解自己的产品或服务，很多组织采取寄送新品等活动：一方面，可以让股东有机会最先享用或享受组织的产品或服务，充分显示股东的特权；另一方面，可以通过股东的社会关系网与人脉争取到更多客户。

阅读 9-6

通用食品公司的股东销售[6]

通用食品公司每到圣诞节都会准备一套本公司限量版的罐头礼盒，并分发给自己的每一个股东，股东们总是为这份特别的礼物而感到自豪，当然，也会产生强烈的认同感与归属感。这种认同与归属，使他们不仅试图竭力向自己的亲人朋友推荐和夸赞本公司的产品，还会在每年圣诞节前夕订购一大批本公司的限量版礼盒，作为礼物送给亲友们，因此，每年圣诞节，通用食品公司都会收到大量的额外订单。

(五) 有效处理股东质疑

股东作为投资者，大部分并非该领域的专业人士，他们的市场思维、战略远见可能并不适合该领域。因此，在持股过程中，股东对组织的经营战略、市场规模、研发方向、分红政策等可能产生疑惑或疑虑。

这时组织不能因为自身的领域擅长与专业自信而忽视股东的不同看法或意见。要充分重视股东的感受，要帮助股东答疑解惑，讲解组织的战略思维与发展路径，要做到在专业上有效说服，在情感上充分尊重。

当然，组织也要足够重视股东的建议。所谓当局者迷，组织不能一意孤行，要集众家所长，充分考虑股东意见的可行性与科学性，将收集股东意见与质疑当作公共关系信息管理职能的重要工作环节。

第三节 消费者关系管理

学习视频：消费者关系管理

一、消费者关系概述

（一）何为消费者关系

消费者是组织的首要公众，是组织经营与管理的重要目标，能够决定组织的生存现状与未来发展，对于组织而言至关重要。消费者关系管理就是赢得消费者好感、谋求消费者认同、争取消费者支持的公共关系管理过程。

（二）管理消费者关系的意义

1. 组织与消费者是一种相互依存的关系

组织为消费者提供物质产品或服务，消费者则为组织提供直接利润。因此，作为营利性组织，就要把消费者的关系放在首位，而良好的消费者关系则能够为组织提供持续发展的原始动力。

2. 消费者的口碑传播对组织而言意义重大

有学者曾经围绕企业与消费者关系做了深入的调查，想要了解消费者投诉对企业的连锁反应。调查结果发现，每 1 名消费者向公司投诉，就意味着有 26 名不满意但却保持沉默的消费者，他们将会对周围的 10 名亲友造成影响，而 33% 的这些亲友会把消极的消息再传递给 20 个人。通过一个数学算式我们得出这样的结论，有 1 个投诉的消费者，那么就意味着他将影响到 2 002 个潜在消费者。因此，零投诉，或者说让每一个消费者都满意，应该成为现代企业追求的首要目标。组织如何才能让每个消费者都满意呢？这应该是组织时时刻刻要关注的问题。

二、消费者关系管理的方法

（一）充分了解消费者的心理与需求

根据伯内斯的核心观点“投公众所好”来看，了解消费者的心理和需求是基础，也就是说想要建立良好的消费者关系，必须首先了解消费者在想什么，他们真正需要的是什么，然后投其所好。所以，处理消费者关系的第一步就是要充分了解消费者的心理和需求。

阅读 9-7

“能洗大地瓜的洗衣机”的诞生[7]

海尔集团在“3 · 15”期间，收到了很多四川客户投诉，他们普遍反映：“海尔洗衣机的质量不太好，排水管经常堵塞。”于是海尔集团对用户做了深入的调查。原来，四川一些农民经常用洗衣机来洗地瓜和土豆这样的农产品，洗下来的泥巴糊在了排水管上，导致了堵塞。所以这起投诉并不是产品质量的问题，而是使用方法上的错误造成的。

面对这种情况，海尔集团并没有像其他人的第一反应一样，指责是农民使用方法上的错误，而是果断拍板，决定研发一种出水管比较粗大的洗衣机，这样农民买回去就可以洗土豆和地瓜等农产品了。于是，这种“能洗大地瓜的洗衣机”就这样问市了。海尔不仅赢得了市场先机，而且受到了广大农村消费者的拥护。

从投诉到拥护，海尔转败为胜，那么海尔成功的关键是什么呢？

总裁张瑞敏当时的一句话，切中要害。他说：“这种情况决不能责怪农民，这只能说明市场已经有了这样的需求。”所以，我们看出，海尔成功的关键就在于他非常善于从一个不合理的投诉中，发觉到消费者的新需求。这也提醒组织，要紧紧抓住每一个珍贵的消费者反馈，在信息反馈中不要只看到抱怨，而是要抓住关键点，揣摩消费者的心理和需求。

组织要始终坚持“消费者永远是对的”这样的思想，这样才能更好地投其所好，让他们得到满足。这是处理消费者关系的第一步，要让消费者得到他们心目中的完美产品。

（二）提供完善的服务

当消费者找到了想要买的产品之后，可能会考虑更多的问题。比如房子，消费者会考虑后期物业会怎么样；比如车，消费者会考虑质保怎么样，是否方便维修；再往小一些说，消费者在网上买衣服，会考虑如果号码买错了怎么办，有色差怎么办，发现了质量问题是不是可以免费退换。所以，服务如何？这是消费者下一步要想的东西，同样也应该成为组织所关注的事。

这种“服务”应该包括售前服务、售中服务以及售后服务。而将这种服务发挥到极致的，不得不说一说海底捞火锅。

阅读 9-8

“海底捞”的极致服务

海底捞是一个以经营川味火锅为主的全国连锁火锅店。在海底捞，天天都可以见到消费者排长队等着吃火锅。那么海底捞究竟赢在了哪里呢？

首先，来看它的售前服务。餐前等待往往是非常无聊和枯燥的，但是海底捞却把售前服务做得有声有色。他们不仅提供免费的饮料和水果；还提供了更加高级的免费美甲、擦鞋和上网服务；如果是一帮朋友在等餐，服务员还会拿出扑克和各种棋类供大家打发时间。所以，很多消费者甘愿等候一个小时去体验这些超级服务，也不愿转身去其他火锅店。可见，良好的售前服务是能够留住消费者的重要前提。

其次，进入了海底捞的售中服务。我们会发现桌子上有一些免费的小东西，比如装手机的小塑料袋、扎头发的小皮筋或小发卡、擦眼镜布等。有一个网友评论，说有一次带孩子去吃海底捞，结果孩子困了，一直在哭闹，服务员竟然给她推出了一张婴儿床。她强调，真的是一张床，原来海底捞不仅提供婴儿座椅，还准备了这样的婴儿床，妈妈们就可以放心享用美食了。甚至还有一个网友说有一次他是自己一个人去吃火锅的，结果服务员怕他一个人寂寞，给他的对面放了一只大毛熊，陪着他吃。在网络评论中这样的例子太多太多，很多消费者称，简直无法直视海底捞的这种“变态”服务。可见，良好的售中服务是赢得消费者倾心的最佳时机。

最后，当消费者用餐完毕，海底捞的服务还没有结束。服务员会马上送上口香糖，并且一路遇到的所有服务员都会向消费者微笑道别。甚至有一个广为流传的故事，一个顾客结完账，开玩笑说想要把果盘里切了片的西瓜也打包，服务员说：“对不起，切开的西瓜不能打包。”其实消费者也只是开个玩笑，但是临走时，这个服务员却提来一整个西瓜，并微笑着说：“对不起，切开的西瓜不方便给您打包，但是我可以给您拿一个完整的。”这个故事在网络中被疯狂转载，网友评价说：海底捞再次惊现逆天服务，人类已经不能阻止海底捞了！这就是被业界奉为无法复制的海底捞，很多顾客慕“服务之名”而来，满意而归，并宣称吃火锅就吃海底捞。可见，良好的售后服务可以创造忠诚消费者。

从海底捞的售前、售中和售后来分析，海底捞的成功无疑是它完善的服务造就的，他们强调“服务”就是要差异化。

（三）维系忠诚消费者

当消费者成为组织的忠实消费者，往往还会考虑更多问题，比如组织会不会存有感激之心，会不会对自己以后的消费提供更加尊贵的服务或优惠。每个消费者心里都有一杆秤，都有一种心理预期，如果组织满足了这种心理预期，消费者就会觉得满意，如果无法满足，消费者就会觉得受到了冷落，甚至产生不满。因此，组织还必须学会维系自己的忠诚消费者。

在组织经营与管理过程中，往往忽视对忠诚消费者的管理，而著名的“80/20 定律”告诉我们，80%的企业利润来自最忠诚的 20%的客户。可见，与企业利益最息息相关的就是忠诚消费者。因此，对他们的维系工作也变得至关重要。这种维系可以采用两种方式来实现，一种是硬维系，一种是软维系。

1. 硬维系

这种硬性的维系方式，复制性很强、创意度不高，因此被作为较低层次的营销手段，也被叫作频繁市场营销。这种频繁市场营销虽然缺乏创意，也容易被竞争对手复制，却能够很好地讨好消费者。

比如，最常见的硬维系就是折扣，折扣可以使老顾客在再次购买时享受到比普通消费者更多的优惠，使老顾客觉得自己拥有特权，是被组织重视的。还有一个比较常见的硬维系就是赠送礼品，很多组织实行老会员的回店有礼，也就是老顾客再次到店时，会赠送给他们一些小礼物；甚至有些组织详细记录了会员的生日，并且在生日当天寄送自己的产品当作生日礼物。这种硬性的维系方式在日常生活中还有很多，比如赠送里程、积分兑换、返券、抽奖等。

2. 软维系

这是一种相对高级的营销形式，也可以叫作消费者系列化。组织会通过各种途径“教育”消费者，教消费者购物，教消费者如何正确使用和选择自己的产品。消费者的期望不是与生俱来的，不是一开始就知道自己想要什么，而是逐步在学习“想要什么”。而消费者系列化就是把广大而松散的消费者组织起来，使他们改变盲目、被动的消费习惯，形成积极、自觉、科学的消费意识，并成为某产品的持续、有效消费者。

玫琳凯集团是全球最大的护肤品直销企业之一，旗下生产普通护肤品，也生产彩妆。玫琳凯集团推出免费彩妆学习课程，实际上这就是在做消费者系列化，教你化妆不是目的，目的是让会化妆的你，继续去彩妆市场消费。

消费者系列化，这种软性维系手段，可以很友善、不落痕迹地引导消费。它可以很好地培养稳定的消费者队伍并巩固市场关系，被视为一种蓄水养鱼的方法。

（四）妥善处理消费者矛盾

在实际消费过程中，组织与消费者之间、消费者与消费者之间难免会出现这样那样的摩擦和矛盾，这也是组织必须关注的问题，不管组织忽略了哪方面的矛盾，都有可能使自己陷入危机。因此，组织必须妥善处理好关于消费者的各种矛盾，既包括组织与消费者之间的矛盾，也包括消费者与消费者之间的矛盾。

阅读 9-9

肯德基抢座事件[8]

一位女顾客用自己的物品占座后，去前台点餐，回来后发现座位被一位男顾客坐了，于是发生了争执。先是口角，但此时餐厅的员工并没有太在意；接着两个人的口角上升到大声争吵，很多顾客停止用餐，一些带孩子的家长也纷纷离店，但工作人员并没有及时制止。接下来，争吵再次升级，演变成了斗殴，男顾客打伤女顾客后离店。到此为止，实际上都是消费者与消费者之间的矛盾，但是显而易见，企业并没有妥善处理好这种矛盾。

女顾客非常生气，立即要求肯德基必须对此事负责，并要求给予一定的赔偿。但是餐厅经理却不买账，表示“这是顾客之间的事情，肯德基不应该负责”。因而拒绝了女顾客的要求。于是，女顾客立刻给《南昌晚报》和《江西都市报》打去了投诉电话，记者很快赶到了现场，并进行了采访与报道。这则新闻引发了社会的关注，包括一些相关法律专家的辩论。由于企业放任了消费者与消费者之间的矛盾，因此使这种矛盾上升为企业与消费者之间的矛盾，而肯德基的处理方式显然又有失妥当。最后，根据消费者权益保护法，肯德基被认为对此事负有部分责任，于是肯德基不得不向女顾客公开道歉，并赔偿了部分医药费。

两位顾客抢座，这是一件普通的小事，然而企业并没有及时制止，没有妥善处理好自己经营场所内的纠纷，从而使事件恶化，最终导致了消费者对企业的投诉，升级为企业与消费者的矛盾。如此小的一件事却变成了新闻报道中的负面典型，这种影响是非常恶劣的。因此，忽视消费者矛盾对于企业而言是非常危险的，不仅有可能失去忠诚消费者，也可能对企业形象造成无法弥补的影响。

（五）给予消费者品牌附加值

组织在为消费者提供产品、服务、优惠、指导之余，还可以为消费者提供品牌附加值。消费者在购买产品或服务后，除了享用产品价值以外，还可以享受品牌所带来的其他价值，如身份地位的赋予、公益道义的赋予、个性时尚的赋予等。组织要努力使自己成为名牌产品，塑造独特的品牌形象，以此形成更多品牌附加值，让消费者感觉物有所值。

阅读 9-10

凯迪拉克塑造豪华用车形象[9]

为了给消费者提供更好的品牌附加值，凯迪拉克努力将自身品牌塑造为豪车形象。

（1）豪华服务。通过品牌 App 让车主体验品牌带来的便利服务，以“尊享、科技、便捷”的特点彰显风范，印证豪华背后的科技实力。

（2）Lady 系列活动。凯迪拉克与雅诗兰黛进行跨界主题合作，构建车主风范生活习惯。

（3）凯迪拉克车主俱乐部高尔夫球赛，培养风范生活兴趣。

（4）冠名中国初中篮球联赛，同步邀请车主的孩子参与报名，让车主家庭全成员接触品牌文化，促进年青一代对凯迪拉克品牌的初步理解。

（5）车主志。车主生活自述，优选具有凯迪拉克风范与胆识形象的车主自述奋斗生活，在树立凯迪拉克用户形象标签的同时，利用车主故事，让用户与品牌建立情感认同，并向公众展示品牌真实车主生活及形象。

（6）风范圈儿。车主将生活随拍 UGC 上传风范圈儿，再通过培育 KOC（关键意见消费者），引导车主选择更具风范的生活方式。

第四节　社区关系管理

学习视频：社区关系管理

一、社区关系概述

（一）何为社区关系

社区是一个社会学概念，指的是聚集在某一地域中的社会群体、社会组织所形成的一种生活上相互关联的社会实体。社区公众是组织的左邻右舍，是社区中的公众群体。而社区关系，是指组织与周围同处一个区域的其他组织和个人的关系，又被称为区域关系、地方关系、睦邻关系。社区关系是一个组织赖以生存和发展的软环境。[9]

（二）管理社区关系的意义

建立良好的社区关系，一方面可以为组织创造一个稳定的外在生存环境；另一方面社区关系也直接影响着公众对组织的印象。

1. 社区为组织创造稳固的生存环境

在现代社会中，组织不是单纯的个体，而是整个社会体系中的一部分，尤其是社区中的一部分。因此组织的发展离不开社区的支持。

首先，社区是组织最可靠的后勤保障系统。组织的生产和经营过程有赖于社区的各种后勤服务，如交通、水电、通信、物流、消防、治安等；组织员工及其家属们的日常生活也离不开社区中的超市、医院、幼儿园、学校等其他社会部门。因此，搞好社区关系，可以为组织正常运行提供有序的外部环境和生活必要。

其次，社区公众是组织内部重要劳动力的来源。在社区公众之中招聘员工，可以节约招聘费用，且随着社区内就业率的增加，可以有效减少不安定因素，并且可以加深与社区公众之间的联系与情感。

最后，社区公众也可能是组织较为稳定的客源。由于就近的便利性，社区公众往往也是组织的消费者群体，搞好社区关系也是搞好消费者关系的重要一环。由于反馈机制的及时性，组织可以通过社区消费者的反应来适当调整自己的产品或策略。

2. 社区关系直接影响着组织的公众形象

社会对组织的印象和看法，很可能是由组织所在的社区形象来判断的，组织的区域性评价实际上也是组织形象的重要部分。因此，组织必须要搞好社区关系，提升自身在社区中的地位，主动承担必要的责任与义务，带领社区共同进步，创造一种优秀的社区精神和社区形象，这不仅将赢得社区公众的好感与支持，更能帮助自己树立良好的社会形象。

二、社区关系管理的方法

（一）信息社区化

加强与社区公众之间的信息沟通，是搞好社区关系的基础。信息社区化包括两个过程，一方面要实现组织信息社区化，强调要将组织的信息，如经营理念、企业文化等价值观传递给社区公众，让他们了解组织。另一方面要实现社区信息组织化，这个过程强调组织要深入社区，了解社区公众对组织的期望与需求，以此改善组织对社区关系的策略。这两个过程可以很好地促使两者之间的相互了解与相互包容。

社会组织可以通过以下方法来实现信息社区化策略。

1. 人际沟通

社区公众是组织内部员工的延伸。员工是组织的成员，同时也是社区中的成员，他们每个人每天都会与社区公众进行人际交流。如果在这样的频繁交流中有意识地传递组织理念等信息，那么，社区公众将在不知不觉中获得大量组织信息。而在这种人际交流之中，员工也可以获得社区公众对组织的一些意见与建议。

2. 宣传资料

组织也可以制作一些针对社区公众发放的宣传资料，如将组织报刊、宣传书册等向社区免费发放，可以让社区公众了解到组织的大事小情，从而产生亲切感。

3. 开放组织

适时向社区公众开放组织，可以拉近两者之间的关系，降低组织的神秘感，增强亲切感。另外，面对社区公众的质疑，开放组织也能很好地增强透明度，消除误会与疑虑。

4. 意见征询

组织还可以通过正规调查、访谈、座谈会等方式虚心向社区公众征询意见，交流信息。

（二）活动社区化

活动社区化是指组织举办自己内部成员和外部社区公众共同参与的活动。这些活动可以使组织与社区之间的情感增强，使社区与组织成员相互认识、相互交流、相互影响，并逐步形成组织与社区独具特色的相处方式，使社区公众与组织拧成一股绳，形成凝聚力与向心力。可以组织的活动包括社区运动会、唱歌大赛、摄影大赛、诗社、相亲会，等等。

（三）利益社区化

组织与社区拥有共同的生活与工作环境，应该形成一荣俱荣、一损俱损的意识。因此，为社区做贡献，将利益扩大至社区，不仅可以提升社区公众对组织的认可，还可以有效地提升组织所在社区的形象，塑造以组织为主体的优势文化区或经济区。

利益社区化可以采取以下策略。

1. 创办或扶持社区的公益事业

在组织经济实力允许的情况下为社区兴建教育、医疗等设施；赞助社区的文化或体育活动；参加各种义务劳动，如植树、垃圾回收、指挥交通等。

2. 维护社区的生态环境

组织要保护社区的环境，首先要注重自身的排污情况，要以整个社区的整体生态链为战略前提，不能以损坏社区的生态为代价换取经济利益。组织还可以利用自身的技术优势，帮助社区内其他组织或个人处理环保问题。另外，组织也应致力于美化社区环境，帮助社区修建花园，为附近小区打造健身广场等。这些都可以起到维护、美化社区环境的效用。

3. 帮助维护社区安全

由于组织的经济、技术或文化优势，可以带动社区内的治安管理。如组织的治安团队可以帮助社区在特定时间或情景下维护安全；或组织提供就业机会，提升社区内的就业率，减少无业游民，对于社区内的安全与稳定具有“授人以渔”的长远作用。

（四）性格社区化

社区性格是社区文化的综合反映，是社区文化的缩影。社区性格包括社区意识、社区精神、社区生活方式和社区形象四个方面。

社区意识体现为社区成员的社区认同感、社区归属感、社区满意感、社区参与感；这些社区意识的逐步优化，将凝聚上升并形成社区精神；社区精神作为一种社区集体价值观的综合体现，将指导社区的生活方式；长期的社区生活方式必然形成社区行为作风的一致性，最终形成具有典型性、风格独特的社区形象。这与组织文化形成的路径基本一致。

社区形象的形成是社区性格成熟的标志。组织性格与社区性格的相互融通，有一个从被动适应到主动影响的过程，公关人员要做的是极力缩短这个过程，使组织与社区之间快速融为一体。

第五节　媒介关系管理

学习视频：媒介关系管理

一、媒介关系概述

（一）何谓媒介关系

媒介关系，也称为新闻界关系，是指组织与新闻传播机构以及新闻界人士之间的关系。新闻媒介是组织与社会公众联系的最主要渠道，也是组织最敏感、最重要的公众之一。[6]

（二）管理媒介关系的意义

新闻媒介对于组织的发展具有非常重要的作用，管理好媒介关系对于信息公开、引导舆论、消解误会等都具有重要意义。

1. 有利于组织的信息公开

新闻媒介是公众获取信息的首选渠道。良好的媒介关系，可以使组织以最快的效率、最好的质量向公众传递组织的信息、公开组织的决策。这对于组织而言十分重要，因为，所有公关目标的达成都需要信息的传递。与媒介的良好合作，相当于信息通道的打开和沟通渠道的通顺。与媒介的关系越好，信息发布的数量可能越多，信息的质量可能越高。

2. 有利于组织引导舆论

新闻媒介是影响和引导社会舆论最重要的工具。新闻媒介影响力巨大、社会威望较高，有些时候甚至可以左右社会舆论，引导民意，可以说，新闻媒介对社会的政治、经济、文化等具有不可忽视的重要作用。任何社会组织都不能轻视新闻媒介这一重要的舆论工具。良好的媒介关系，往往可能使组织获得相对较好的外部舆论环境。

3. 有利于组织消解误会

当组织面临危机之时，一方面要分析情况，确定对策，认真解决问题，另一方面要及时通过新闻媒介安抚公众，缓和对抗，主动向公众说明情况，主导舆论，争取理解，达到组织与公众的及时沟通，加速化解危机。这一系列过程必须有新闻媒介的支持，因为新闻媒介作为传统获取信息的渠道，具有更加深刻的公信力。利用新闻媒介消解误会，效率最高，效果最佳。

二、媒介关系管理的方法

（一）尊重新闻媒介

想要与新闻媒介的公众建立良好关系，首先应该明确新闻媒介公众的职业特点。尊重他们的职业特点，就是配合他们的工作，尊重他们的职业，这对于建立与新闻媒介公众良好的互动具有重要意义。

那么，新闻媒介公众的职业特点有哪些呢？本质上来说，报道的真实性、及时性、公正性，这些正是新闻媒介公众的期望与需求，也是他们的职业特点。基于这三点，组织要尽可能满足他们的需求，尊重他们的职业。

1. 尊重报道的真实性

组织不能强迫媒介为自己传播不真实的信息。媒介有报道真实情况的权利，组织要理解，要配合。另外，组织也不要向媒介记者传递不真实的信息，当媒介记者对组织失去了信任，对于一些正向的信息，他们可能也不会报道了。

2. 尊重报道的及时性

媒介记者的职业特性造就了他们总是第一时间出现在现场，虽然有时组织并不希望记者提前报道，但是要理解、尊重记者的这种职业特性。当发生问题时，不要阻止媒介在第一时间到问题现场采访，组织应该做的是主动提供信息，争取话语的主动权。当组织不想让一些充满创意的媒介策划事件提前透露时，可以采取更加友善的方式进行说服，或给予记者一些其他有意思的信息。总之，要尊重记者对时效性的追求，切忌采用暴力措施。

3. 尊重报道的公正性

与媒介记者搞好关系，是为了传播效率的提升，并非是一种新闻寻租。记者的职业特性要求他们公正报道社会事实，组织不能强迫，更不能贿赂。

（二）了解新闻媒介

组织要建立与媒介的良好关系，还需要构建了解新闻媒介的系统，一般的做法是建立媒体数据库。

1. 梳理

组织要对媒介进行系统的梳理，建立一个媒介资源网。包括与己相关的媒体有哪些？媒体领导、相关内容的部门负责编辑有哪些？相关记者有哪些？这种关系资源网的建构与梳理，可以在组织需要时顺利与相关媒介、人员进行对接并传递信息。

2. 更新

媒体的机构变动与人事变动是很平常的事。组织要在已经建立好的资源系统中及时更新数据库，包括新建成的媒介机构、新开发的媒介部门、新上任的媒介领导、新入职的相关记者等。

3. 偏好

组织还要了解各种媒体的业务范围、编辑方针、关注热点、记者偏好等，遇到不同情况去联络不同的媒体、部门、记者，只有这样才能保证新闻的落地率。

（三）与新闻媒介合作

加强与新闻界公众的合作与联络，是增强相互了解、提升情感认同的重要手段。新闻媒介需要新闻，而组织恰好总是产生新闻。因此，组织与媒介的关系实则具有天然的亲密性。加强合作，加强互动可以有效提升亲密感。那么，如何与新闻媒介加强合作呢，可以采取以下几种手段。

（1）建立媒体资料室或网上新闻中心。这种方式可以方便记者搜集组织的信息，获得新闻线索，为他们的工作提供便利。

（2）准备新闻资料袋。定时给相关媒介寄送新闻资料袋，主动提供新闻素材。

（3）邀请记者采访组织。定期准备有效新闻，邀请记者采访。

（4）举办记者招待会与新闻发布会。

（5）制造新闻事件，为新闻媒介提供新闻素材。

（四）与媒介公众沟通情感

除了工作关系以外，组织还可以与媒介公众建立友情关系，促使媒介公众走进组织，充分感受组织的风貌与文化，使媒介公众对组织充满认可与赞许，这对于以后的传播工作将具有长久的好处。如何与媒介公众沟通情感呢？可以采用以下几种方式。

（1）建立长期合作。组织的每次新闻发布会、新闻策划事件、内部采访等重大新闻，都要邀请感情较深的几位记者，以期建立长期合作的关系。

（2）建立友谊关系。邀请记者参加内部参观活动、冷餐会、工作宴会等。

（3）邀请相关记者、编辑对组织内的新闻报道人员、公共关系人员进行新闻培训，在培训期间可以沟通感情，促进密切的互动。

阅读 9-11

腾讯内部公关手册[10]

一、建立联系——联系篇

（1）每个公关人员都应该把能够联系到的记者数量控制在150人之内，因为这样沟通效率最高。

（2）公关人员还应该有“核心媒体人咨询名单”（10人以内），这些人可以帮助公关人员从媒体视角提出有效的建议。

（3）要思考媒体人需要什么，除了费用以外，他们第一需求是对业务水平的“认同”；第二需求是“分享”，分享他们的专业与优势。因此，很多时候，求助的效果不如求教；第三需求是一种潜在的职业可能性，是一种“机会”，如转行、独家报道等。

（4）切忌人走茶凉。

（5）永远不要用“交情”交换“利害”。

二、媒体沟通——见面篇

（1）预约媒体公众见面，尽量不要安排在周一，因为大多数媒体在周一都比较忙，可能有选题会。

（2）初次与媒体见面，至少应该认真拜读该记者的三篇报道，了解他的观点、态度与性格。

（3）与媒体公众聊天时要注意对自己组织的信息进行保密，特别是在运用一些非正式沟通工具时。

（4）闲聊时，最好不要打探关于媒体的隐私。

三、媒体沟通——电话篇

（1）自报家门，称呼对方为老师。

（2）初次电话，建议先发短信。

（3）应在打电话前理顺谈话的思路，可以把谈话要点写出来，时间应控制在3分钟以内。

（4）如果该媒介人员有事，无法进一步谈话，应尽快与其预约下个电话的时间。

（5）打电话的黄金时间是11:00—18:00。

（6）记者的座机和手机同时存入。当媒体公众打电话过来时，如果能够直接叫出他的名字最好。

四、媒体沟通——邮件篇

（1）邮件主题要简单明了，要能一眼看到核心信息，建议邮件标题要写清楚两项内容，一是公司名称，二是核心内容。

（2）邮件正文应该注重逻辑清楚，避免大段文字不分段。

（3）如果邮件必须加入附件，应该把附件内容粘贴到邮件正文中，可以让记者一目了然。

（4）如果是发送公司的正式消息，那么需要再次核对信息，要严谨细致。

（5）如果需要群发邮件，切记要选择“密送”方式。

（6）切记不要将公司内部邮件直接转发给记者。

第六节　政府关系管理

学习视频：政府关系管理

一、政府关系概述

（一）何为政府关系

政府公众是对政府及其职能机构和工作人员的总称。政府是国家权力的执行机关，是对社会进行统一管理的权力机构。组织作为社会有机体的一部分，无一例外都处在政府权力的管辖范围之内，因此，组织必然要和政府的各部门及其工作人员产生各种形式的联系。政府公众由此成为组织重要的公众之一。政府关系管理就是组织与政府各职能机构、政府官员和工作人员之间创建良好关系的过程。

（二）管理政府关系的意义

良好的政府关系与其他对象型公共关系一样，都具有重要的意义，是组织公共关系必须关注的领域，主要原因如下。

1. 政府是制定政策的机构

政府部门作为国家的权力执行机构，通过对宏观政策的制定与实施，制约并影响着社会组织的各类社会活动，例如在经济领域，组织在税务、金融、外汇、贸易进出口、物资与能源、价格和市场管理、环境生态保护、商标和专利、产品鉴定和产品检验等方面都要服从政府政策的管理与约束。不仅经济，政府机构在各个方面都是调控的中枢。与政府建立了良好的关系，或可从政府机构中迅速、合法地获得相关信息，如果加以正确运用，就会给自身带来难得的发展机遇。

2. 得到政府的信任和支持，可增强竞争力

政府作为最具有社会影响力的社会组织，如果对某些组织产生了信任，甚至提供了支持，那么往往能使该组织获得更优越的竞争条件与更有利的发展环境；反之，如果对某些组织批评、制裁，往往也会在社会上产生极大的影响。因此，努力得到政府的支持，是增强组织核心竞争力的重要路径。

3. 政府也是一个消费者市场

政府也是社会组织，它的运转与发展，同样需要物质产品的支撑，如办公用房、装修装饰、公用家具、办公用品、交通工具、服装配件、食堂食材等。因此，政府同样也是一个消费者市场。和政府组织搞好关系，也是处理消费者关系的一部分。

阅读 9-12

微软形象的转变

微软早些年在市场份额上多年来没有敌手。于是，微软（中国）的公众形象总是显得非常张扬，推崇着“舍我其谁”的强势文化。当然，中国消费者被微软先进技术所折服的同时，也对他的过分张扬与霸道产生了反感。

某年，中国政府采购软件，六家国产软件厂商产品全部中标，而实力与技术最强大的微软却竞标失败。从那以后，微软意识到了政府公众也是自己的消费者，于是，一改一贯傲慢的形象，变得恭顺谦虚了起来。为了得到政府的支持，获得更好的政策环境，微软中国的网页上赫然多了一行谦恭的话语：“微软中国公司深知自己的成功离不开政府部门的支持、业界伙伴的信任和广大用户的厚爱。翘首未来，微软愿与中国信息产业携手，继续努力，共同迈向更加灿烂的 21 世纪。”[6]

二、政府关系管理的方法

（一）充分认识政府职能

组织应该主动熟悉政府机构的内部设置、各部门的工作内容、职责范畴、办事程序等，这样才能避免走错路、办错事。只有对政府机构充分熟悉，才能提高办事效率，提升与政府机构及其办事人员的有效沟通。当然，在这个过程中，还应与政府相关部门的工作人员保持长期的联系，以便获得及时的相关指导。

（二）熟悉国家政策

国家政策是组织经营与管理的重要依据，与法律相比，政策具有更大的灵活性和变动性。因此，熟知政策、善用政策是组织回避风险、创造竞争优势的重要路径。哪个组织最能看懂吃透政策，哪个组织就能最大程度地受益。机遇，很多时候来自政府政策调整的时机。因此，组织要详尽了解、分析、研究各种政策与法令，并随时根据变化与趋势，调整自己的战略部署。当然，组织战略对政策的顺应与部署，也会赢得政府的好感。

（三）主动提供信息配合政府工作

组织除了要了解政府及其政策，还要主动将自己的基本情况与发展动向传递给政府，以求得两者之间的相互了解与认同。汇报的内容可以包括三类。

第一类汇报组织的基本情况，如组织的营收情况、产品或服务的项目、纳税情况等。

第二类汇报组织的贡献情况，如组织的社会地位、社会影响；组织遵守政府法令、政策，完成国家计划的情况；承担其他社会责任与义务的情况等。

第三类汇报组织的困难或问题。遇到困难，可以主动寻求政府部门的帮助。

这种多层面的沟通与互动，可以使政府更好地了解与认识组织，产生认可，并在配合与帮助之中增强情感。

（四）扩大组织在政府部门中的信誉和影响

要赢得政府的支持，还要争取政府相关部门对组织的重视，这就需要组织利用一切可以利用的机会，扩大自身在政府部门中的信誉和影响。

一方面，组织要积极参加政府组织的各种公益活动，贡献力量，承担社会责任，这不仅可以有效提高组织的知名度和美誉度，还是获取政府赞许、赢得政府信赖的最佳途径。

另一方面，在组织实力、能力允许的范围之内，还可以巧妙利用国事活动来扩大自己在政府部门的影响力，展示自身实力，强化自身信誉。当然，国事活动的利用需要靠机遇，可遇而不可求。

日立电梯对政府政策的积极响应[5]

2010 年以来，中国进入人口老龄化阶段。对于居住在老旧社区的老年人来说，享受更安全、更舒适、更方便的生活已经成为一种现实的需求。然而，中国大部分的老旧社区都没有电梯，老年人上下楼成为现实困难。2017 年，我国 30 多个省、市、自治区启动了老旧社区电梯安装补贴政策，为满足老旧社区居民加装电梯的需求提供了强有力的支持。

日立电梯积极响应，以广州为试点，推出了“加装电梯 就选日立”活动。目前，日立已经为老旧社区的居民提供了五种不同类型的一站式解决方案。日立希望充分发挥自身优势，解决城市更新和老龄化社会带来的挑战，履行企业社会责任。

海南大学公共关系学教授陈小桃点评说：“活动看似平凡，实际意义非凡，既符合项目要求，又能够与政府民生工程相结合，帮助政府解决城市管理中的现实问题，从而获得政府的认同和支持，为后续电梯推广打下了良好的基础。”

拓展阅读

中国式现代化是全体人民共同富裕的现代化

中国式现代化是全体人民共同富裕的现代化。共同富裕是中国特色社会主义的本质要求，也是一个长期的历史过程。我们坚持把实现人民对美好生活的向往作为现代化建设的出发点和落脚点，着力维护和促进社会公平正义，着力促进全体人民共同富裕，坚决防止两极分化。[4]

第七节　名流关系管理

学习视频：名流关系管理

一、名流关系概述

（一）何为名流关系

社会名流是指那些对公众舆论和社会生活具有较大影响力和号召力的有名望的人士。如政界、工商界、金融界的首脑人物，科学界、教育界、学术界的权威人士，文化、艺术、影视、体育等方面的明星，新闻出版界的舆论领袖等，都是名流。名流关系就是组织与这些社会名人之间的关系。[9]

（二）管理名流关系的意义

1. 借助名流的知名度可以扩大自身的公关网

名流的粉丝众多，有名流加入的公共关系活动不仅在组织自身的公共关系网络中扩散，还会在名流的公共关系网络中扩散。因此，组织借助名流的知名度可以扩大组织的影响力，扩展公共关系网络。

2. 借助名人的社会声望，提升组织的知名度

名人的社会声望较高，知名度也较高，当组织的名称与社会名流联系在一起时，自然将拥有更高的关注度，提升组织的知名度。这是一种知名度的转嫁。

3. 利用名人的专长为组织提供有益的咨询建议

名流一般是某个领域的专家或权威，组织公关人员可以在与他们的交流中获取宝贵的专业信息与权威建议，当然，当名流把对组织好的评价公开发表后，将会给组织带来更多利益。

4. 利用名人良好的社会关系来广结善缘

这是公众移情效应所产生的效果。名人良好的社会关系网，因名人的推荐，更容易接纳组织，甚至逐渐成为组织自己的社会资源。

二、名流关系管理的方法

（一）建立与名流之间的友好关系

名流关系对于组织而言是锦上添花的。组织要分析自身的特性，分析并寻找具有相关属性或相关领域的名流，期待一些特殊的机遇或创造机遇与这些名流相识，并保持联络，建立良好的友情关系。

（二）促进与名流之间的合作

与名流的合作能够迅速实现管理名流关系的作用，因此，寻求合作机会非常必要。在此依然强调“相关”，只有组织与名流之间具有某一方面的相关性，才能最大化地掀起热度与关注。此外，在不断合作中，还可以巩固与名流之间的友好联络，形成更加亲密的关系。

危机管理学中的“利益相关者”[11]

在20世纪90年代之前，学界一般称管理、传播、公共关系的对象或者说客体为公众。公众是一个中性词，是抽象的，是无面孔的，你们和他们，对组织而言，公众往往意味着客体对象，或飞沫一般的抽象存在。进入新世纪以后，在越来越多的学科和实践领域，人们倾向于使用“利益相关者”概念代替抽象化、客体化的公众概念。

利益相关者这一观点认为，企业要尊重和维护多边契约关系，以实现共同利益为达成自我利益的前提；公众不是抽象的存在，也非企业创造效益的对象和工具，而是与企业缔结契约的利益相关者。

在经济学和管理学领域，利益相关者被定义为：“在企业中拥有一种或多种权益，能够影响企业行动、决策、政策、做法和目标的个人或群体。”按此观点，利益相关者不是被置于企业系统之外，而恰恰是他们与企业构成了一个共同体系统。利益相关者概念强调契约和共同体关系，这就颠覆了主体与客体的二元对立、组织支配公众的传统概念。基于共同体理念，组织与利益相关者是彼此参与和分享、协作和创造的关系。“你”和“我”作为一个整体而存在，倘若一定要找出清晰的“客体”，那么它一定是“我们”需要共同面对的问题，而非在“你”“我”之间指认一个被支配、控制或征服的对象。

我国学者胡百精就此观点提出了“3C”假设，即组织与利益相关者的共识和契约，是围绕三个共同体建构的信息共同体、利益共同体和价值共同体。

本章小测试

不定项选择

1. 强调组织中的人际关系和谐比经济刺激更具有驱动力的人性理论是（　　）。

A. 经济人理论　　B. 社会人理论　　C. 自动人理论　　D. 复杂人理论

2. 双因素激励理论中的“双因素”是指（　　）。

A. 保健因素　　B. 刺激因素　　C. 激励因素　　D. 动机因素

3. 期望理论中，激发力量（M）与哪些因素有关？（　　）

A. 效价　　B. 正强化　　C. 负强化　　D. 期望值

4. 目标理论中，绩效与目标的优劣有直接关系，优质目标应该具有（　　）。

A. 具体性　　B. 远大性　　C. 适当难度　　D. 可接受性

5. 强化理论中，关于如何奖罚的说法正确的是（　　）。

A. 持续实施　　B. 正负结合　　C. 以正为主　　D. 以负为主

6. 完善的服务应包括（　　）。

A. 售前服务　　B. 售中服务

C. 售后服务　　D. 服务应该只包括售前服务

7. 消费者矛盾的妥善处理，应包括（　　）。

A. 企业与消费者矛盾　　B. 企业与竞争对手矛盾

C. 消费者与消费者矛盾　　D. 消费者与其他竞争者矛盾

8. 会员打折，属于（　　）。

A. 硬维系　　B. 软维系

C. 频繁市场营销　　D. 消费者系列化

9. 关于政府关系管理，下列说法正确的是（　　）。

A. 充分认识政府职能　　B. 熟悉国家政策

C. 主动提供信息配合政府工作　　D. 讨好政府部门

10. 新闻媒介的职业特点是（　　）。

A. 真实性　　B. 及时性　　C. 公正性　　D. 寻租性

本章重点思考

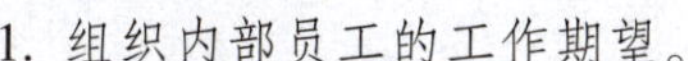

1. 组织内部员工的工作期望。
2. 处理雇员关系的方法。
3. 股东关系管理的方法。
4. 管理消费者关系的方法。
5. 处理社区关系的方法。
6. 处理媒介关系的方法。
7. 处理名流关系的意义与方法。

资料来源

[1] 陈先红. 现代公共关系学［M］. 北京：高等教育出版社，2010.

[2] 掏 614 亿给员工分红，人均 47 万，华为福利待遇有多好？［EB/OL］.（2022-04-29）［2024-05-01］. https://baijiahao. baidu. com/s? id = 1731439310481446536&wfr = spider&for = pc.

[3] 霍涌泉，李越. 教育心理学［M］. 陕西：西北大学出版社，2007.

[4] 党的二十大文件汇编［M］. 北京：党建读物出版社，2022.

[5] 金旗奖编委会. 2019 最具公众影响力公共关系案例集［M］. 北京：中国财富出版社，2020.

[6] 周华安. 公共关系理论、实务与技巧［M］. 6 版. 北京：中国人民大学出版社，2019.

［7］大地瓜牌洗衣机的故事［EB/OL］.（2022-03-17）［2024-05-01］.https://wenku.baidu.com/view/e977749cc47da26925c52cc58bd63186bceb9282.html.

［8］公共关系实训案例［EB/OL］.（2021-10-07）［2024-05-01］.https://wenku.baidu.com/view/a46314466aeae009581b6bd97f1922791688be20.html.

［9］金旗奖编委会. 2021 最具公众影响力公共关系案例集［M］. 北京：中国财富出版社，2022.

［10］腾讯内部公关手册［J］. 公关世界，2015（07）：97-97.

［11］胡百精. 危机传播管理［M］. 北京：中国人民大学出版社，2015.

第十章 危机公共关系战略管理

公关危机与危机公关的定义
公关危机的特征
公关危机的类型
危机公共关系的处理原则

有一个非常流行的语句叫“在路上”，比如一个男孩非常爱打篮球，我们说“他不是在打篮球，就是在去打篮球的路上”。“在路上”是一个进行时态，意在说明一种生活状态。

“在危机中”同样表达着人类生存的基本调性。21世纪，危机成为最流行的词语，表征了社会发展的趋势。首先，客观事实层面，我们的确遭遇了越来越频繁、剧烈、复杂的危机。

其次，主观认知层面，危机成为现代人的一种认知框架、思维定势、价值观想象。我们认为自己生存在一个充满不确定性的危机时代，并以“应对危机”的思维方式来打理自己的日常生活。第一种趋势意味着危机变得日常化、公共化；第二种趋势意味着危机管理已经成为具有优先性的社会治理方案，因为人们心理上习惯用“应对危机”来解释自己的日常活动。

用一句话可以形容我们理解的社会，“组织不是在处理危机，就是在去处理危机的路上”。

因此，危机和危机传播的管理成为现代人生活的必要知识储备。在对世界500强企业的调查中发现，一般而言，组织被危机困扰的平均时间是8周半，如果没有应变计划，这个时间还要延长2.5倍；另外，组织的危机后遗症的波及时长也会延长2.5倍。可见，一个组织面对危机时，是否采取了有效的危机处理方案至关重要。

第一节　危机公共关系概述

学习视频：危机公共关系战略管理

一、公关危机与危机公关的定义

所谓危机，一般是指由非正常因素引起的某种非常事态，其外延十分广泛，如财政危机、金融危机、经济危机、能源危机、军事危机、管理危机等。

而公关危机是各种危机中的一种特殊类型。从一般意义上来说，所谓公关危机，是指由于组织内部或外部的种种因素，严重损害了组织的声誉和形象，使组织陷入了强大的社会舆论包围，并处于发展危机之下的一种公共关系状态。[1]

关于公关危机有一项很有意思的调查。调查表明，当顾客从一家公司获得良好服务并满意公司所提供的产品时，他们的维护度大约为60%；然而，当公司出现了危机，且有效解决危机后，该公司的维护度却上升为90%。可见，一旦组织面临危机，如果能够认真对待，并采取行之有效的公关手段，就会化被动为主动，赢得更多的信任与支持；反之，如果听之任之，试图任由危机发展，就会触怒公众，引发更加严重的后果。在这里，组织面对危机所采取的公关行动，就是危机公关。

因此，所谓危机公关，就是社会组织为了处理给公众带来损失、给组织形象造成危害的危机事件，以及预防、扭转或改变组织发展的不良状态所采取的公共关系策略与措施。[2]这里强调，危机公关应既包括对危机的预防，也包括对危机事件的处理。

总而言之，公关危机是公共关系方面遇到的危机，而危机公关是预防和处理危机的公共关系活动。

二、公关危机的特征

（一）普遍性

危机是普遍存在的，它不仅存在于公共关系领域，也普遍存在于社会的各个方面。组织是社会的有机构成，本来就处于复杂的社会关系之中，周遭环境的变化、自身适应能力等问题都会引发一系列危机。几乎所有的哲学和宗教的智慧、几乎所有组织和个体的生存经验都告诉我们，危机的形成是必然的，这来源于组织内部环境和外部环境的双重复杂性和组织自身的局限性。可以说，危机是常态化的，因此，组织要正确认识公关危机，要冷静地面对公关危机，不必视之如猛虎，但也不能轻之如草芥。公关工作的重要职能之一就是处理危机，这本就是公共关系部门所面临的工作状态之一。

（二）突发性

作为一种危机状态，危机之所以称为危机，是因为它总是在人们毫无防备、出乎意料之时突然发生，如果危机都是可预料的，那么大部分组织就不会陷入困境无法自拔了。正因为危机的突发性，才使危机公关成为一项技术，成为一门学问。当然，有些危机是可以预料的，是可以进行预防的，但是危机预测也未必准确，意料之外的情况时有发生。

公关危机的这种突发性，实则也是一种必然性，任何危机都不是偶然出现的，必然有其前因后果，是量变引发质变的过程。因此，虽然危机具有突发性，但危机公关依然强调，要“时刻注意天边的丝丝乌云”，要用敏锐的直觉嗅出危机的方向。

（三）紧迫性

公关危机的紧迫性体现在两个方面，一方面是危机处理的紧迫性，另一方面是沟通的紧迫性。

首先，危机处理的紧迫性。危机实际上是一点点积累，然后瞬间爆发的过程，在危机能量积蓄的过程中实际上已经酝酿了足够大的威力，一旦在短时间内爆发，无论是影响力还是蔓延速度、蔓延范围都是一发不可收拾的，这留给组织反应并做出处理的时间非常短，危机公关工作的任务往往具有紧迫性。

其次，沟通的紧迫性。危机一旦爆发，公众的反应也是一个由弱到强的过程。从社会心理层面来看，一般可以划分为五个阶段：第一阶段为震惊，公众非常想要了解到底何人何时何地遭遇何种危机；第二阶段为伤痛，危机总会威胁或伤害健康、财产、生命、尊严、道德、信仰，这一阶段公众陷入伤痛的情绪之中；第三阶段为愤怒，公众的情绪变得越来越急躁，想要知道到底谁对危机负责，并对负责者进行情绪输出；第四阶段为狂欢，这将是公众基于愤怒、批判和瓦解权威之快感的恶搞和戏谑；第五阶段为漠然，这时的负面意见固化，形成不利于组织发展的刻板印象。处于震惊、伤痛、愤怒阶段，尚有回旋余地；及至狂欢、漠然，想要改变公众态度则非常艰难。因此，组织必须迅速做出反应。

（四）危害性

危机事件的发生，无论从心理上还是工作上都会干扰组织原有的秩序。在毫无准备的情况下，决策者往往经受着极大的心理压力，在这种紧迫的情况下，决策武断、片面，都有可能使危机无法得到妥善的解决，甚至升级。这种危害性不仅会破坏组织正常的运转或经营秩序，还可能严重损害组织的形象与公信力。可见，公关危机是极具危害性的，组织务必认真对待。

（五）可变性

危机状态是可变的。危机可以发生，自然也可以消除。危机是一个动态过程，在危机管理理论中，著名的“危机曲线”告诉我们，危机必然经过突发期、扩散期、爆发期、衰退期四个阶段，无论组织是否采取了应对策略，危机最终都会消失，但是结果不一定相同。

实际上“危”与“机”在危机中并存，危机处理不当，危机的整个动态过程将会变慢，如果危机最终没有得到妥善的解决，那么衰退期将会形成一个“断点”，也就是说公众会因时间关系逐渐淡忘这个危机，但是一旦有相似的危机产生，公众很有可能重新翻出“断点”，继续讨论，使组织危机重复爆发。但是，如果组织能够有技巧地做出妥善处理，整个动态过程就会加速，使危机的衰退期尽快来临，并产生“终点”，即并非公众自然淡忘，而是在心理层面解决了公众的疑虑或愤怒，这种情况下，危机被翻盘的概率将很小。因此，对待危机的态度和策略，将是改变危机进程的重要因素。

三、公关危机的类型

按照公共关系危机的来源划分类型，可以将其分为内源性危机与外源性危机。所谓内源性危机，是指直接导致危机产生的因素来自组织内部；外源性危机则是指直接导致危机产生的因素来自组织外部。内源性危机包括产品质量危机、组织管理危机、传播失当危机；外源性危机包括失实报道危机、竞争对手敌意危机、不可抗力危机等。下面对这几种重要的危机类型进行详细阐述。

（一）产品质量危机

产品质量危机是指社会组织由于其产品的质量、功能或服务水平上的缺陷，从而与消费者产生了纠纷，或者给消费者造成了重大损失所产生的危机。产品质量危机是组织所面临的公关危机中最常见的一种类型，同时也是所有公关危机中所占比重最大的一类危机。

阅读 10-1

三星 Note7 的机场禁令[3]

三星 Galaxy Note7 手机在 2016 年频繁发生爆炸自燃事件，这让三星焦头烂额，疲于应付。但侥幸的是，这么多起爆炸自燃案件一直没有发生在飞机上。然而，这种侥幸在当年 10 月 5 日被终结。

10 月 5 日，在美国一架飞往马里兰州巴尔的摩的正在准备起飞的飞机上，意想不到的险情来了。乘客布莱恩装在兜里的 Galaxy Note7 突然冒出“浓厚的，灰绿的，狂爆的烟”。惊慌失措的布赖恩将其扔在飞机地板上，结果飞机地毯被烧穿，客舱地板底层被烧焦。幸运的是，飞机没有起飞，乘客被及时疏散，没有造成伤亡。

这件事情让三星雪上加霜。由于之前的召回努力，爆炸自燃带来的负面影响正在不断减少，股票甚至出现了止跌回升，但这次在飞机上的爆炸自燃事件再次把三星推向风口浪尖。

2016 年 10 月 11 日，三星电子最终要求所有合作伙伴停止销售该型号手机，并要求用户关机、停止使用，包括原装手机和已完成置换的用户。这意味着三星在 Galaxy Note7 这款手机上的产研销都以彻底失败而告终。

（二）组织管理危机

组织管理危机是指因组织内部管理方面的失败所导致的危机。这种管理危机的种类非常多，可以将其简单分类为内部管理问题与关联组织管理问题。

内部管理问题，指组织内部自身管理不足或失误所引发的问题，包括：出自内部的劳资矛盾所引发的罢工、示威游行等；由于内部沟通不协调所导致的员工情绪崩溃或自杀；安全管理失误所造成的矿难、工伤；由于决策失误或管理失当而造成的公害问题等。

关联组织管理问题，指组织在生产经营过程中与上下游组织、同行或合作伙伴之间所产生的矛盾或危机，如合同纠纷、股权争议、合作冲突等。

（三）传播失当危机

传播失当危机是指组织与外部公众进行沟通互动、信息传递过程中存在的内容、态度、行为不当所造成的危机。这类危机是由组织对外部公众与舆论环境的调查不足或有误，产生的不协同传播，触犯了公众的情绪或道德标准造成的。

阅读 10-2

腾讯、爱奇艺超前点播事件

2019 年 12 月 11 日，爱奇艺和腾讯视频将热播剧《庆余年》开启了超前点播，也就是在原本 VIP 抢先看六集的基础上，再充 50 元，可以再多看六集。对于视频网站此次推出的"超前点播"策略，不仅观众不买账，《人民日报》也在 12 月 14 日同时发表了评论，痛批视频网站套路，称其"吃相难看"，这两家视频网站被推向舆论顶峰。12 月 17 日，腾讯视频、爱奇艺修改了超前点播的规则，变为可享额外 3 元每集的超前点播权。对于《庆余年》超前点映的争议，爱奇艺、腾讯视频方面回应，对于消费者心理考虑不周，不够体贴。消费者的怒火暂时平息。而 12 月 20 日，腾讯新闻旗下栏目"新闻哥"发表文章《中国人不配拥有精神生活》。文中称《庆余年》VVIP 这件事，嫌 50 块钱太贵是假，1 分钱都不想花是真。12 月 23 日，腾讯"新闻哥"团队发布声明，称文章严重失当并已经删除，且表示该文不代表腾讯的态度。虽然进行了及时的处理，但"新闻哥事件"还是带来了负面影响，超前点播危机再次复燃。新时代中国特色社会主义思想中提到媒体融合发展要牢牢占据服务人民的制高点。面对视频行业的进一步发展，拓展新的盈利模式本无可厚非，但是在改革发展的进程中如何获得用户的尊重、支持才尤为重要。[4]

（四）失实报道危机

失实报道引起的危机，主要是指由于新闻媒体的报道失实，从而导致公众对组织的误解，使组织形象受损的危机事件。[5]新闻媒体拥有较高的公众信任度，公众通常以新闻报道为理解事件真相的主要依据。因此，新闻媒体报道的问题将会引发整个社会对组织的误解。

另外，社会公众一般为非专业人员，他们无法自己去调查事件的全面经过，对于事实的本质，也只是出于个人的非专业分析，很难进行科学的、全面的解构与分辨。因此，新闻媒体的不全面报道与失实性报道，很可能引发公众对事件的曲解，导致组织遭遇危机。

（五）竞争对手敌意危机

社会上依然有些组织的竞争道德与竞争素质较低，他们希望通过诋毁、揭短、散布谣言等方式弱化甚至破坏竞争对手的形象，以此提升自我价值，争夺市场份额。虽然这种行为越来越少，但是不得不承认，依然可能会造成组织的严重危机。

另外，有些竞争的敌意并不强烈，也不在暗处，但可能会通过一些直接或含蓄的公开对比方式来刻意抬高自己，贬低对方。虽然有些方式显得戏谑有趣，但在某些公众心中可能会种下对比的种子，在潜移默化之中，形成对某一组织的诱导性印象或非正常比较，这也可能使组织产生危机。

阅读 10-3

Soul 员工恶意举报竞争对手

2019 年 10 月，社交 App Soul 员工范某利用自己和同事的手机在 Uki 平台注册账号，先在 Uki 发布涉黄内容，然后截图进行举报，导致后者从 2019 年 11 月起被下架，严重损害其业务。经过警方的后续调查，Soul 运营合伙人李某、员工范某因涉嫌损害商业信誉、商品声誉罪被逮捕。

拓展阅读

严格治理网络生态

2020 年 3 月 1 日起，《网络信息内容生态治理规定》开始施行。该规定明确规定网络信息内容的使用者、生产者以及平台不得开展网络暴力、人肉搜索、深度伪造、流量造假、操纵账号等违法活动。网络信息的内容生产者应当遵守法律法规，不得制作、复制、发布不良信息。制止和约束行业内恶意竞争行为，除了法律法规还应依赖正确价值观的树立，应建立相互尊重、公平正义、合作共赢的竞争形态。

党的二十大报告指出：加快建设法治社会。法治社会是构筑法治国家的基础。弘扬社会主义法治精神，传承中华优秀传统法律文化，引导全体人民做社会主义法治的忠实崇尚者、自觉遵守者、坚定捍卫者。建设覆盖城乡的现代公共法律服务体系，深入开展法治宣传教育，增强全民法治观念。推进多层次多领域依法治理，提升社会治理法治化水平。发挥领导干部示范带头作用，努力使尊法学法守法用法在全社会蔚然成风。[6]

（六）不可抗力危机

这类危机源于外在的突发性事件或灾难性事件，也是一种非常典型的外源性危机。此类危机源主要包括洪水、疫情、地震、冰雪灾害等自然灾害；还包括全国或世界范围内的突发性商业危机、经济萧条、社会政治变革、战乱等。这些不可抗力的出现，往往是突然的、偶发的、严重的，这对组织的考验将更大。

（七）多因素危机

多因素危机指的是危机事件的产生是由多方面因素共同作用导致的，并非简单的一种因素引发。这种多因素危机较难找到非常准确的根源或本质，通常表现为复杂性、多元性。

多因素危机往往既来自组织内部问题，同时也源自组织外部的原因，这些原因共同作用导致危机出现，因而，很难界定什么是主要原因，什么是次要原因。另外，多因素危机的波及面往往巨大，通常会引发公众的异常重视和激烈反应。

招商银行的“西红柿炒蛋”广告

2017 年招商银行的广告上线，描述的是一个出国留学的男孩要与外国同学们聚会，承诺要做一道地道的中国菜给大家品尝，并不会做菜的他想起求助父母，但他忘记了与国内的时差，给妈妈发了求助信息。在国内的妈妈揉着惺忪的睡眼给儿子回复，怕说不清楚，老两口又发视频现场演示，男孩终于在同学到来之前做好了这道中国菜。在和同学们聊天时，猛然想起这时应该是父母深夜熟睡的时间，拿起手机给父母回复了感谢。

没想到这样一则广告，在感动了一部分观众的同时，也引发了另一部分观众的热议。有的人认为这个广告的故事表现了温暖的情感与父母无私的爱，另一部分人则理解为故事中携带了“妈宝”与“巨婴”的情结。还围绕以下这些内容引起争论：①连最简单的番茄炒蛋都不会做还敢去留学。②难道他不会用智能搜索吗？③在美国留学的第八天了，还完全意识不到这个时间是中国的晚上？这期间没有和家里联系过？那直到现在需要帮忙时才想起父母得有多冷血？联系过了却从未想过时差？④男孩只是回了父母一句谢谢，就开心地和朋友继续玩耍了。这更是一种自私，传递着一种错误的价值观：面对父母的倾力付出，孩子只需感动、感谢就足够了。⑤一味牺牲自我，以孩子为中心的家长和倚仗父母庇护永远长不大的孩子。爱他不是给他全世界，而是让他自己走进真实的大千红尘，自我成长。

这是典型的符号与意义的不确定性扩散现象。分析原因既有组织内部没有做好调研的问题，也存在着外部非常复杂的情绪、标签等各种多元问题，共同发酵，引发了这次广告危机。

第二节　危机公共关系的处理原则

学习视频：危机公共关系的处理原则

当组织发生公关危机时，往往要考虑以下问题：如何将自身利益、公众利益、社会利益协调一致？如何在短时间内以最恰当的渠道传播给公众最真实、客观的信息？如何着力挽回组织的品牌声誉？如何将组织的经济效益损失和社会效益损失降至最低？如何化被动为主动借势造势进一步宣传和塑造组织？那么，面对突如其来的公关危机，组织该如何去公关，运用怎样的方法去解决危机，需要原则性的规定与计划。

这里引用我国被誉为“危机公关第一人”的知名危机公关专家游昌乔先生所提出的关键点危机公关“5S”原则，这个原则被业界奉为危机处理的主流理念。

阅读 10-5

强生门[7]

强生是美国最大的生产保健品及幼儿药品的医药公司。1982 年 9 月 29—30 日，在芝加哥发生了服用强生泰诺胶囊中毒的事故，造成 7 人死亡。经过检验，中毒原因是药品中含有氰化物。消息传出之后，影响迅速扩散到全国各地。当时的调查数据显示，近 94%的消费者知道泰诺中毒事件，影响巨大。

事件发生后，首席执行官吉姆·博克迅速决策，第一时间成立了以总裁和 CEO 为首的 7 人危机处理委员会，并求助著名公关公司协同作战，迅速采取了一系列有效措施。

（1）面对媒体，全面合作。主动和警方与媒体合作，迅速展开了对事件的调查并对外公开信息。经过对 800 万片药剂的检验，发现只有一批药品受到污染，总量不超过 75 片，而胶囊中的氰化物是有人故意投毒所致，强生公司是无辜的。

(2) 第一时间告知公众。经过调查，这次事件并非由强生自身质量问题而引发，但是强生公司并没有因此而忽视对外的公关活动以及对公众的安抚。强生按照“首先考虑公众和消费者利益”的最高原则进行了一系列预警工作。他们花费了近50万美元向相关的医生、医院和经销商发出警报，并且一再强调切勿使用任何泰诺的药品。

(3) 立即停产并高额回收。泰诺药品全面停产，并停止所有促销广告，在全国范围内全面回收产品3 100万箱，造成了上亿美元的损失。之后强生公司怕污染的药品扩散，又在全世界范围内回收产品，并且在指定地点全部销毁。

(4) 总裁博克以一种洒脱的态度接受了全国多家媒体的访谈节目，并召开了多次新闻发布会；对内发布了中毒事件的整个过程图，让其员工了解并向其家人朋友解释原因，通过人际传播的方式消除恐慌。

(5) 重新上市。危机发生六周后，强生泰诺取消原有胶囊的包装，新包装（防下毒包装）的泰诺重新上市，同时，求助美国食品和药品管理局检验并发布公告，证明新泰诺药品的安全性。之后，重新启动广告及促销活动。

一、快速反应

好事不出门，坏事行千里。在公关危机出现的最初12~24个小时内，是处理危机的黄金时间。因为这段时间是事件发生的初期，公众、媒体、社会对此危机最为关注，同时相关消息也会被高效传播。当然，这时的信息如果更多的是网络上猜测的，或是公众议论的结果，那么势必可靠的消息不多，社会上将充斥各类谣言、质疑与猜想，这些噪声的存在与快速传播，很可能对组织形象产生严重影响，甚至使组织在真相的道路上越走越远。组织第一份声明出来之前，各种各样的猜测和疑惑都会持续，诽谤和骂声也都会持续。

因此，危机一旦发生，组织必须当机立断、快速反应，争取事件初期的话语权，要让自己的信息最先到达公众视野，只有这样，才能防止事态的恶化，才能有效控制充斥在社会上的谣言、猜测以及对自身发展不利的舆论，越早控制、越早发声对组织来说越有利。因此，当危机事件发生之后，能否迅速做出反应、能否果断公布真相，是危机公关的关键所在。

如果组织什么事都不做，什么话都不说，这表明组织并不在乎。如果组织做了一些事情，说了一些话，至少表明自己已经着手在试图建立彼此之间的信任与理解。即便组织自身还不完全了解危机事件的原委与本质，也应该让公众知道组织正在积极地探究真相，无信息也要有态度。当然，这是强生集团第一时间成立危机处理委员会，并迅速联合警方与媒体展开调查，对外公开信息的重要原因。

二、真诚沟通

当组织处于危机旋涡时，一定会成为公众、媒介、社会的焦点。组织的一举一动、一言一行都会受到社会各界的关注，因此组织不能心存侥幸，不能得过且过，要在充分重视的基础上，主动与新闻媒介等相关公众联系，用真诚解决问题的态度促使双方的相互理解，消除疑虑与不安。

在大多数情况下，危机之中的公众和社会的关注焦点往往不是事件的本身，而是事件

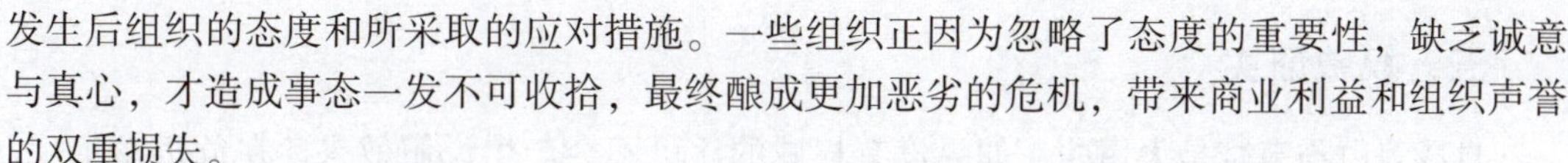

发生后组织的态度和所采取的应对措施。一些组织正因为忽略了态度的重要性，缺乏诚意与真心，才造成事态一发不可收拾，最终酿成更加恶劣的危机，带来商业利益和组织声誉的双重损失。

相反，如果做到了真诚，很多问题都可能迎刃而解。怎样做到真诚？要树立一切以公众的利益为重的理念，要时刻顾念公众的立场，才能重拾公众的信任和尊重。

这也是强生积极与媒体全面合作，用高额费用预警公众的原因。强生公司自身并没有质量问题，但依然以“首先考虑公众和消费者利益”的最高原则来真诚沟通。

三、承担责任

除了快和真诚，组织还应该懂得承担责任。公关危机发生后，组织要考虑哪些责任问题？转换立场进行思考，我们发现，危机之中的公众可能非常关心两个方面的问题：利益问题与感情问题。

首先，利益问题。这永远是公众关注的最大问题。危机发生，公众的利益受损，谁来承担责任，谁来补偿损失？这是公众首先会思考的问题，也是最基本的问题。谁来承担责任？如果组织在危机中犯错，就一定要敢于承担利益责任，要把自己的经济损失看淡，大局优先。即便是受害者在危机中也存在一定责任，组织也不应首先追究公众的责任，要把对弱势群体的救赎放在首位，要首先检讨自己。如果过于计较得失与对错，很可能形成组织与公众各执己见的状态，这只能加深矛盾、引发冲突，非常不利于问题的解决与情绪的缓和。

其次，感情问题。在公众的潜意识里，其实非常在意组织是否重视自己的感受。他们心里往往已经有了一杆秤，有了心理上的预期，如果组织的做法与态度能够满足这个预期，公众就能够接受，甚至谅解；如果不能满足公众心理上的预期，那么就会加重矛盾，无法达成共识。因此，组织应该懂得站在受害者的立场上去思考情感问题，应该真诚表达同情，并通过各种方式使受到影响的公众得到心理上的安抚，试图解决深层次的心理、情感关系问题，从而赢得公众的理解和信任。如果组织给予了公众情感上的关怀，公众也会试图体谅组织。

强生公司在这一点上做得非常优秀，他们没有掩盖事实，反而全力配合官方处理，回收数千万药品，并承担上亿美元的损失。对此，《华尔街日报》报道说：“强生公司选择了一种自己承担巨大损失而使他人免受伤害的做法。”这种牺牲自我的精神，极大满足了公众的心理预期，从而使公司赢得了消费者和社会舆论的同情和赞赏。

四、系统运行

组织一定要注意，在逃避一种危险时，不要忽视另一种危险的发生，即组织内部的协调与稳定。在进行危机管理时必须系统运作，也就是将整个组织作为一个整体来应对危机，动用全员力量来协调和稳定事态。

首先，作为组织的主要领导人要淡定、智慧，不能慌乱，要表现出值得信赖的角色特征，要成为全体员工与组织的精神领袖与支柱，使员工产生安全感与归属感。

其次，对内要统一口径。在组织内部迅速统一观点，并且统一对外宣传的措辞，从组织里传出来的事实应该是一致的，不能你一样，他一样。只有统一口径，才能使外部公众对组织处理危机的诚意产生信赖。

五、权威证实

自我表白与夸赞是无用的，如果没有权威的认可不会产生说服效果。在危机发生后，组织可以考虑邀请重量级的第三方走上台前为组织说话，这样可以使所传递的信息更具说服力与权威性，更加容易使公众解除对组织的警戒心理，重新产生共识与信任。这里强调的第三方可以包括政府部门、行业协会、同行企业、新闻媒体等。

在泰诺胶囊的中毒事件中，强生公司与哪些重要的组织发生了联系？首先是媒体，强生全面与媒体合作，利用媒体的大众传播优势对外发布信息，表达态度。其次是警方，强生协同了联邦调查人员调查了中毒事件的真相，使其调查结果更具可信度。最后是食品和药品管理局，泰诺邀请权威检验机构对其新产品进行权威验证，安全性得到了有力印证。

在事故发生后的5个月时间里，强生通过有效的公共关系，快速夺回了70%的市场份额，并在两年后重新做回了美国药品市场的龙头。舆论界对强生公司也是大加称赞，美国《时代周刊》刊登了报道《泰诺奇迹般地重返市场》。强生还因此获得了美国公关协会颁发的银钻奖。总裁博克因此被《财富》杂志评为“美国历史上十大杰出CEO”。

拓展阅读

必须坚持胸怀天下

党的二十大报告提出：必须坚持胸怀天下。[6]

天下大同、协和万邦是中华民族自古以来对人类社会的美好憧憬。中华优秀传统文化讲求“天下一家”，主张民胞物与、讲信修睦、立己达人、和合共生。这些都为我们党坚持胸怀天下提供了丰厚精神滋养。大时代需要大格局，大格局呼唤大胸怀。中国共产党立志于中华民族千秋伟业，致力于人类和平与发展崇高事业，责任无比重大，使命无上光荣。我们要拓展世界眼光，深刻洞察人类发展进步潮流，积极回应各国人民普遍关切，为解决人类面临的共同问题作出贡献，以海纳百川的宽阔胸襟借鉴吸收人类一切优秀文化成果，推动建设更加美好的世界。[8]

第三节　危机中的公共舆论与价值排序

学习视频：危机中的公共舆论与价值排序

新媒体背景下，公共舆论的话语权已经发生重要变化。以微信、微博为代表的社会化媒体的发展，使用户贡献内容成为潮流，进一步使人类的信息传播秩序产生重大变化。一方面，自媒体信息量的激增使信息飞沫形成；另一方面，精英和权威的传统表达优势被削弱，形成“去中心化”的舆论场域，这种权威性的弱化，使多元话语和意见形成了激烈的竞争。公共舆情进入了多元话语共存下的互动与博弈时代。

一、“三元价值话语圈”交织的现实图景

多元话语理论认为，无论是社会结构、社会事件，还是我们的感觉和意识，都不是一种给定性的实在，而是人们在一定话语系统的约束与指引下对自身社会生活体验的一种话语建构。那么，将公共舆论置于后现代主义的“话语分析”模式之下，我们发现公共舆论之间的对话，是多元“话语”之间的对话，是裹挟着话语方主观意识的一种“话语建构”，是一种“叙事结构”之间的对话。在这种理念之下，公共舆论研究的最小单元应是“文本”或“话语”。它们在公共舆论的运转体系中具有极其重要的地位。

（一）“叙事结构”的争论[9]

下面我们用一个例子分析公共舆论多元话语“叙事结构”的意义与价值。

2019年4月9日，西安发生了奔驰漏油车主坐引擎盖维权的事件，各方主流媒体与部分自媒体的联合播报使大量事件细节浮出水面，多方话语在公共舆论空间流动。其间，大量观点与标签多元化呈现，如“店大欺客”“维权难”“花式维权”“女研究生”等，从不同角度、不同层面对事件进行了评判与诠释。我们抽取多元话语中的三个片段，通过剖析其“叙事结构”，分析各方话语中所表达出的“意义与价值”。

叙事一：4月13日北京梅赛德斯-奔驰销售服务有限公司发表了第一份声明，声明中写道：自近期获悉客户的不愉快经历以来，我司高度重视，并立即展开对此事的深入调查以尽可能详尽了解相关细节。无论怎样，我们都为客户的经历深表歉意，这背离了梅赛德斯-奔驰品牌坚持的准则。我们已派专门工作小组前往西安，将尽快与客户预约时间以直接沟通，力求在合理的基础上达成多方满意的解决方案。

叙事二：4月19日，《人民日报》发表文章《打造健康有序的消费环境》，在对事件的缘由进行简要回顾时写道：一位女士在奔驰4S店购买的一台新车，还没出店就出现发动机漏油的问题。在多次交涉却被告知不退款不换车、只能更换发动机后，被逼无奈的车主只好以哭闹的方式维权。事件发酵后，当地市场监管部门及时介入，奔驰公司也派出工作组进行调查。

叙事三：4月14日，光明网评论员发表文章《谁也不愿自己是“哭诉维权”的车主》一文中有如下段落：车主算是“车闹”吗？坐在引擎盖上讲道理，靠高分贝维权，且直言“不要脸了”，确实有“闹”的形式；不过，她言必称“您”、言必称“大哥”，就事论事、很讲道理，说到心酸处落下弱者的眼泪，这还算是“闹”吗？

叙事一中，我们获得了危机主体眼中的事件认知：第一，本次事件定性为“不愉快的”消费经历，并非特殊事件或是危机事件；第二，危机主体在积极行动以求解决问题，文本用“高度重视”“立即”“深入调查”等词形容其主体行动，并通过极其肯定的陈述语气表明行动的真实性；第三，此次事件并非危机主体全责，但是“无论怎样”，危机主体依然“深表歉意”，意在引起同情与谅解，并表明其已经做到了足够的退让。第四，危机主体将乐于促使解决方案的成型，但依然取决于对方的意见和态度；第五，解决方案必将是己方认定“合理”的范畴，对方提出的不合理要求，危机主体将不予回应。整个叙事通过语言的修辞与事实素材的筛选，回避了激烈的维权过程与自身产品缺陷的本质问题，凸显了自身的努力、退让与利益要求。得失心在其“叙事结构”中含蓄表达。

叙事二的这段文本为我们展开了更多细节：第一，事件起因是购买新车未出店就发生了质量问题，一句话简单明了，细节颇多，字里行间明确了责任归属；第二，失态维权的原因为“多次交涉”失败，“被逼无奈”维权，这两个词的连续运用强化了当事人的无奈。但“只好”一词表明这种“哭闹”的维权方式确不得体；第三，危机主体因“事件发酵”，也已经开始为解决问题而行动。整个文本字数极少，但是非观明确。运用肯定陈述句表达信息的权威性，并通过多个因果关系复句，将事件的因果是非呈现到读者面前，为后文“打造健康有序的消费环境”的观点奠定是非基调。

叙事三的这段文本选择了维权的细节进行叙事的组织，直接表达对“失态维权”的态度：第一，肯定了“车闹”的形式，在是非观上虽然情有可原，但是“高分贝”“直言不要脸”“坐车盖”等方式的确不值得提倡。第二，一个“不过”，反转了意义，通过“言必称您”“就事论事”“很讲道理”等叙事素材证明话语方的直接态度，这只是形式上的“闹”，并非真的在“闹”。其中，一个关键词“弱者”二字为叙事奠定了明显的善恶基调，在道德高地上，弱者是被同情与支持的。另外，文本使用了一次设问、一次反问，用感性的、煽情的方式强烈表达了对事件的评价与意义偏向。

通过上述三段叙事的分析，印证了前文的阐述，面对同一社会事件，多元话语方通过“叙事结构”，即素材的筛选与修辞的运用，表达着我方观点，传递着我方的“意义与价值”。公共舆论空间中多元话语的对话竞争，实则是“意义与价值”的碰撞，是“叙事结构”“叙事版本”之间的竞争。

（二）“三元价值话语圈”的假设[9]

如果将危机事件中的政府公文、媒体报道、自媒体评论、民间舆论等大量“文本”“话语”进行分析与整理，将其中蕴含的“意义与价值”作为分析的重要维度，可以提出“三元价值话语圈”的假设，用以描绘现实舆论的交流环境。

其一，“是非话语”形成的“理性—意义与价值圈”。该话语圈将“是非”作为思考事件的第一路线，这类话语重视对与错，用理性冷静的思维看待事件，分析事件的复杂关系、前因后果，很少掺杂个人情感，也不会偏向“弱者”，只依据法律、政策等进行是非判断，多见于传统媒体话语方中的客观报道、民间的部分理性派、学术派舆论领袖或普通发声者。

其二，“善恶话语”形成的“道德—意义与价值圈”。该话语圈将“善恶”作为思考事件的第一路线，将道德与情感放在理性之上，用话语捍卫人性、强弱、尊严等高地，往往将理性话语视为冷漠、强势、不顾人情味的存在，而善于用感性、柔软的情感去理解事件，关注弱势群体，主观意识非常浓重，多见于自媒体发声者或社区的匿名评论者，过往生活体验对其影响巨大，也见于部分网络媒体与传统媒体，该话语圈是造就“媒介审判”的主要力量。

其三，“得失话语”形成的“小我—意义与价值圈”。该话语圈将“得失”作为思考事件的第一路线，这类话语将小我的利益得失放在首要位置来思考，通常有两种表现形式，一种作为相关利益方时善于运用修辞技巧，躲避风险、回避责任，用自我话术解读事件，模糊甚至混淆是非与善恶；另一种作为旁观者，因其小我价值观的影响，对事件不做实质性评价，仅以“看热闹”的心态“围观起哄”，其话语没有明显是非观与善恶观，呈现出一种围观的狂欢。这类价值圈话语多见于危机主体的发声话语或评论区中的民间话语。

“三元价值话语圈”因思维路线、意义标准、价值取向不同，在舆论空间一经碰撞便展开激烈的博弈与互动，它们之间的竞争是意义与价值的竞争，是思维路线不同带来的竞争，公共舆论多元话语的博弈与互动图景由此呈现。

二、公共舆论多元话语的博弈与互动机制[10]

在“三元价值话语圈”的对话过程中，交锋的激烈程度不同，对话的方式也不相同，我们可以将之界定为“博弈”与“互动”两种对话状态。

博弈，原意指下棋，但从狭义的竞争状态来看，双方在竞争中并未达成理性协议，彼此间肆意地、激烈地对抗，是一种非合作性的竞争。可以将其用以描绘多元话语主体之间的对抗式对话，强调其激烈性、对抗性的话语竞争状态。

互动，可以理解为使彼此之间产生相互作用，产生积极改变的过程。强调三个关键点：其一，彼此对话，成功交换信息，成为信息共同体；其二，对话之后产生变化，说明彼此信息中的意义与价值可以共意与互通，成为意义共同体；其三，产生积极效果，能够在意义与价值的互通中寻求共识并探寻解决问题的办法，成为利益共同体。因此，“互动”一词意在描绘多元话语主体之间的合作性、探讨性的对话状态。在这种界定之下，博弈与互动呈现出两种完全不同的对话方式与沟通状态，显然，“互动”的对话状态是公共舆论空间能够进行民主慎议的前提与基础。多元话语博弈与互动模式如图 10-1 所示。

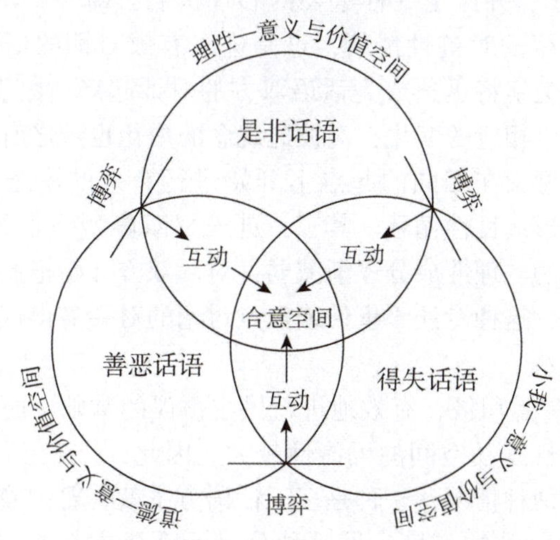

图 10-1　多元话语博弈与互动模式

（一）博弈：话语竞争的开始

当不同“意义与价值圈”的话语主体相遇后，如两者并无“意义与价值”的交集，那么，因思考事件的第一路线不同，无法立即解码对方的意义空间，自身的主观意识屏障便会成为这一阶段解码的主要噪声，首先进入了无倾听的“博弈”阶段。

这一阶段的对话机制有三个重要过程。其一，对抗式的意见表达。双方由“意义与价值”构建起来的话语体系在公共舆论空间相遇后，立刻就各自思维路线、意义标准、价值趋向等异化的部分进行激烈的意见表达，极力强化自我见解。因“意义与价值”没有交集、缺乏共识，无法形成理性对话，“对抗”是这一阶段的典型特征。其二，说服式的修辞运用。由于话语双方在这一阶段以说服为目的，因此各种修辞手段的运用成为这一阶段话语文本的主要特色。例如，对事实片段的“筛选”、对表意形容词的“运用”、对句式句态的“组合”、对逻辑结构的“关联”，甚至是对事实的“改变”，都用以建构自己的话语文本，成为典型的“叙事结构”。其三，陷入非理性的“零和博弈”。由于对抗式的心理状态，各方话语把主要精力集中在自我编码的过程，而忽略甚至放弃对对方信息的解码过程，事件停留在“意义与价值”的撕扯中而无实质性进展，这是一种非理性的竞争。这种沟通方式，并不能对事件的解决与理性化商讨有实质性作用，对公共舆论空间的民主慎议毫无帮助，甚至容易形成道德压制与司法绑架等现象。

综上所述，这种“博弈”现象的关键点就在于对话双方一开始便没有“意义与价值”的任何交集，无法形成意义与利益的“共同体”，只能陷入无意义的争辩。

（二）互动：商讨式对话的出现

如果多元话语主体之间拥有了部分“意义与价值”的交集，情况将大不相同。他们将率先就这些趋同的部分进行解码，达成初步的理解与互通，从而在一定程度上消解强烈的对抗情绪，促使双方在理性商讨中进入积极、有效的互动。

这一阶段的对话机制也有三个重要过程。其一，寻找认同。话语双方在对话之初，就能够对“意义与价值”相同的部分进行相对充分与精确的解码，双方能够迅速在相交的“意义空间”中寻找共识，并产生一种重要的心理机制，即“共情”，继而在极大程度上缓解由于观念不同而产生的对抗性情绪，这是进入有效对话的情绪基础。其二，观点渗透。“意义与价值”的交集将迅速成为话语双方的对话起点，由于思维起点的重新确立，使他们的思维路线也产生相应的变化，对彼此观念的内化也随之有了更好的心理铺垫与心理环境。于是，不同的意义在相同的起点上开始进行有效的渗透，交集越多，解码越简单，共情越浓烈，逐渐形成良性循环。其三，进入“双赢型—非零和博弈”。由于对抗式情绪的消解，使对话中的非理性成分逐渐减弱，对话双方开始把关注的焦点放置在意见的交换与差异的沟通之上，这种专注于事件或观点讨论的对话显得理性且有效，可称为“双赢型—非零和博弈”过程。

综上所述，“互动”是积极、有效地进行民主慎议的基础，而“意义与价值”的交集越大，多元话语进入理性互动空间的可能性越大。因此，“交集”的确立有着重要作用。这种交集的产生一般有两种情况，一种是多元话语方本就有着“意义空间”的交叉，他们在某些问题上持有较为一致的态度；另一种是多元话语方在激烈的、非理性的“博弈”中，强势一方的修辞技巧、言说方式、传播策略有效地说服了弱势的一方，使其“意义与价值”逐步产生交集，从而使对话从一种对抗式逐渐转变为理性的商讨。

三、“合意空间”的达成[10]

我国学者胡百精认为，“意见竞争成为这个时代最大的景观，意见竞争既是问题，也包含着解决问题的答案。”可见，多元话语舆论空间中的互相撕扯是时代的产物、是客观的必然，而从非理性的博弈到理性的互动，直至“合意空间”的达成，是这个意见竞争大景观之下理性解决问题的关键。

那么，何谓“合意空间”？胡百精认为：“合意空间是以各方意见的最大公约数为基石砌造的”“并不要求各方意见完全一致，各方欲望完美对接，它承认、容纳和珍惜意见的多样性”。“合意空间”并非强调意见统一，而是一个能够进行理性对话的公共舆论空间，而多方话语的理性“互动”式对话则是“合意空间”达成的重要前提。

正如前阐述，“合意空间”的达成来源于理性“互动”，而理性“互动”的基础为“意义与价值”空间的交集，多元话语之间的对话从“零和博弈”到“双赢型—非零和博弈”再到“合意对话”，就是一个“意义与价值”空间逐渐渗透交叉的过程，交集越多，越有利于问题的解决。因此，“意义与价值”的交集是搭建“合意空间”的基本柱石。营造“合意空间”的根本乃意义与价值“共同体”的塑造过程，从而最终实现理性且充分的民主慎议。可见，政策话语、媒体话语、危机主体话语如何实施言说技巧、传播策略，以使自我话语能够充分与意义竞争者话语相交，应是策略研究的关键。

四、价值的排序

根据以上阐述，我们发现在组织与公众进行沟通与交流之初，共通的意义空间非常关键，只有拥有了相同的“意义与价值”交集，才能顺利进入良性互动环节，因此，危机公关“叙事”的价值依据要与公众同频。

我国学者胡百精提出，在危机中，四组价值要素的排序是重中之重：得失、是非、公私、善恶。首先，危机公共关系的主体，即危机管理者一般看重“得失”，在危机引爆后，当事主体的第一反应必然是自身的利害得失：有责任吗？要担当吗？需赔偿吗？应召回吗？会倒闭吗？会身败名裂、遭受重创吗？其次，媒体最看重“是非”，媒体以查证真相为己任，因此他们总是率先思考：谁是谁非？前因后果何在？在此是非、因果逻辑之下，如何叙述利益各方的矛盾和冲突？如何重现人、事、物之间的复杂关系？如何比较、选择不同的解释和解决方案？再次，压力团体看重“公私”，危机中，政府、司法、行业组织、NGO（非政府组织）、意见领袖等压力团体所关心的是公利与私利、局部利益与全局利益、当下利益与长远利益的评判。最后，公众最看重“善恶”，无论作为危机的承受者还是旁观者，公众对当事主体总是抱有强烈的道德义愤，并可能据守道德高地展开质询和讨伐。[11]

如果组织以自身最看重的“得失”为出发点与公众沟通，那么必然无法与之拥有天然的战线，两者没有意义的交集，则无法进入有序理智的互动程序。因此，组织应优化自己的价值排序，使之与媒体、压力团体、公众等利益相关者的价值排序尽可能契合、共振。

首先，要争取公众的信任与支持，要从“善恶”价值出发，要向公众展现自己在危机泥沼中做出的努力与诚意，获得群众基础，重建信任。其次，要对真相负责，实事求是地面对媒体及其影响的公众，还原语境，提供事实，以参与意见和叙事竞争。最后，还要捍卫公共利益和公共精神，增进压力团体对自己的了解和理解，以化解敌意。

阅读 10-6

“海底捞”老鼠门事件[12]

2017 年 8 月 25 日，有媒体报道海底捞北京劲松店、太阳宫店存在后厨老鼠乱窜、打扫卫生的簸箕和餐具同池混洗、洗碗机内部沾满油污和食品残渣、把顾客使用的火锅漏勺用来掏下水道等问题，一时引起大众热议。

3 小时后，海底捞迅速做出回应，发表了致歉信，2 个小时后又发布了 7 则处理通报，没有半点解释推诿，一上来就坦承“问题属实”，还“感谢媒体和顾客帮助我们发现了这些问题”，并直言“这暴露出我们的管理出现了问题”。随后，海底捞又提出了“两家涉事餐厅停业整顿”等7项解决措施安抚消费者。值得一提的是，海底捞并没有把所有过错都放在员工身上，而是明确表示该类事件的发生，更多的是公司深层次的管理问题。一句“这锅我背、这错我改、员工我养”，让广大网友好感爆棚。这句话从“善恶”价值依据出发，让公众感受到了满满的正能量与善意：我们有错，我们改错，员工我们也会照顾好。

随后，面对北京市食药监局针对此事件的“约谈”，海底捞承诺，将积极参与北京市的“阳光餐饮”工程，对北京各门店实现后厨的公开化、信息化和可视化。海底捞的“阳光餐饮”承诺很快得到践行。12月26日，被曝光“后厨老鼠乱窜”的海底捞劲松店，在停业整顿4个月后悄然开业。北京商报记者中午12时抵达该店发现，餐厅一楼的显眼位置已经安装了一块电子屏幕，屏幕上半部分为餐厅后厨的直播画面，下半部分为海底捞的邀请函以及“诚告”。邀请函中明确表示，随时接待顾客参观，在后厨参观区域内可拍照、可摄像。诚告则是以列表形式，对餐厅售卖产品的成分、添加剂等信息进行公示。餐厅二楼入口处也设有一块内容相同的电子屏幕，消费者可通过该屏幕以及点餐的平板电脑实时观看后厨的直播画面。这些措施又从“公私”的角度出发，以大局为重，表现了眼光与格局的长远。

开卷有益

社会学视角下的风险社会[10]

从人类起源开始，来自外界的风险因素就一直伴随始终。在原始社会，部落首领要应对非常多的生存危机，要保护自己的族群生命不受野兽、疾病、饥饿、气候、灾害等的威胁。因为基于当时的生存条件，几乎外界的每一次变化都会危及人群的生存和发展。对外界的这些风险，人类只能被动地反应，只能靠感官和随机性来做微不足道的防备。你可能会说，原来这就是风险社会？其实不然，这个阶段还不能够被称作风险社会。

随着科技的发展和文明的进步。人类发明了先进的武器，不再随时受到野兽的攻击；人类为自己建造了舒适的房子和多产的麦田，不再受到寒冷和饥饿的威胁；人类发明了有效的药品，不再受到部分病痛的侵袭。至此，从前威胁人类生存的各种风险，开始呈现出持续下降的趋势。因此，我们说我们已经有能力去应对基础的风险，有能力去预测并控制这些风险，那么这些风险也就不再是人类最为担忧的风险了。然而，为什么又说人类进入了风险社会呢？有两种社会学观点。

第一种观点把风险社会视为一种客观存在。以美国社会学学者乌尔里希·贝克为代表的观点认为，人类已经进入了这样的一个风险社会。——“在全球化发展背景下，由人类实践所导致的全球性风险占据主导地位。”风险社会具有两个典型的特征：其一，这种风险实际是由人类实践所导致的。乌尔里希·贝克在《风险社会》一书中提出，风险社会“其特点是不断增长的人为制造的不确定”。也就是说，人类所面临的风险不再是外在的、自然的，而更多地与经济的、制度的、科技的问题紧密相连，并且这些经济、制度、科技导致的风险，可能远远超出了人类的预测和控制能力，比如经济危机、全球变暖、大气污染、核危机、食品安全危机、公共安全危机等风险。恰恰因为这些未知和不确定，使人类面临着比原始社会更加严峻的风险。其二，这种风险是全球化风险。科技的进步使人类社会已经变成“地球村”，现代社会环境中的风险一旦爆发，在时间和范围上，危机带来的破坏力将会比之前更加迅速和广泛，将极可能发展成为具有全球效应的风险。总结来看，正因为当今社会的风险是人为的，更加不可控的，并且可能具有全球化的波及范围，因此我们说现在已经处于风险社会。

第二种观点把风险社会视为一种主观建构。这种观点认为当代社会的风险和危害同过去相比，总体上并未增多，只是察觉的、意识到的风险越来越多了。我们加强了对风险的关注，只注意了风险增加的情况而不关注风险降低的情况。

本章小测试

不定项选择

1. 关于危机公关，下列说法正确的是（　　）。

A. 组织面对危机所采取的公关行动，就是危机公关

B. 危机公关是公共关系的一项职能

C. 好的危机公关，可以扭转组织的不良状态

D. 预防危机也是危机公关的任务

2. 关于公关危机，下列说法正确的是（　　）。

A. 公关危机是危机的一种特殊类型

B. 公关危机是处于发展危机之下的一种公共关系状态

C. 公关危机对组织而言可以放任不管

D. 公关危机是具有危害性的

3. 关于“危”与“机”的概念，下列说法正确的是（　　）。

A. 危机是“危”与“机”的并存　　B. 处理不当，可能是“危”

C. 处理得当，可能是“机”　　D. 危机具有可变性

4. 下列对危机普遍性的认识正确的是（　　）。

A. 危机是常态化的

B. 危机是要冷静面对的

C. 可以视危机如草芥

D. 危机是公共关系部门所面临的工作状态之一

5. 危机的紧迫性体现在哪些方面？（　　）

A. 危机处理的紧迫性　　B. 沟通的紧迫性

C. 情绪的焦虑性　　D. 决策的慌张性

6. 危机曲线包含了哪几个阶段？（　　）

A. 突发期　　B. 扩散期　　C. 爆发期　　D. 衰退期

7. 外源性危机包括（　　）。

A. 产品质量危机　　B. 传播失当危机

C. 失实报道危机　　D. 竞争对手敌意危机

8. 内源性危机包括（　　）。

A. 组织管理危机　　B. 不可抗力危机　　C. 产品质量危机　　D. 传播失当危机

9. 组织管理危机包括（　　）。

A. 内部管理问题　　B. 关联组织管理问题

C. 传播失当问题　　D. 不可抗力问题

10. 关于多因素危机，下列理解正确的是（　　）。

A. 由多方面共同导致　　B. 最为复杂的一种危机

C. 可以轻松找到准确根源　　D. 波及面巨大

本章重点思考

1. 公关危机与危机公关的定义。
2. 公关危机的特征。
3. 公关危机的类型。
4. 危机公关处理的“5S”原则。
5. 价值排序对危机公关的重要性。

资料来源

[1] 邓月英. 新编公共关系简明教程［M］. 上海：复旦大学出版社，2006.

[2] 周华安. 公共关系理论、实务与技巧［M］. 6 版. 北京：中国人民大学出版社，2019.

[3] 机场禁令让三星 Note7 危机难收场[EB/OL].(2016-10-12)[2024-05-01].https://www.sohu.com/a/115907758_116897

[4] 超前点播惹众怒 视频网站为何“吃相”难看[EB/OL].(2019-12-16)[2024-05-01].https://baijiahao.baidu.com/s?id=1653039800620722628&wfr=spider&for=pc.

[5] 韩晓英，林红霞. 公共关系学［M］. 北京：人民日报出版社，2006.

[6] 党的二十大文件汇编［M］. 北京：党建读物出版社，2022.

[7] 强生面对危机时的诚恳态度赢得消费者认可[EB/OL].(2018-06-27)[2024-05-01].https://weibo.com/ttarticle/p/show?id=2313501000014255466879383764.

[8] 中共中央宣传部. 习近平新时代中国特色社会主义思想学习纲要（2023 年版）［M］. 北京：人民出版社，2023.

[9] 宋琳琳，孙明宇. 多元话语分析模式下“三元价值话语圈”的提出［J］. 新媒体研究，2021（07）：7-9.

[10] 宋琳琳. 公共舆论多元话语间的博弈与互动机制［J］. 青年记者，2020（29）：6-7.

[11] 胡百精. 危机传播管理［M］. 3 版. 北京：中国人民大学出版社，2015.

[12] 海底捞就“后厨出现老鼠”致歉：媒体披露问题属实[EB/OL].(2017-08-25)[2024-05-01].https://baijiahao.baidu.com/s?id=1576686684060563628&wfr=spider&for=pc.

附录一 《国际公共关系道德准则》

在所有的公共关系道德准则中，《国际公共关系道德准则》无疑是影响力最大的，其主要内容如下。

Ⅰ：国际公共关系协会成员必须竭诚做到以下各条

第一条 为建设应有的道德、文化条件，保证人类可以享受《联合国人权宣言》所规定的诸种不可剥夺的权利做贡献。

第二条 建立各种传播网络与渠道，以促进基本信息自由流通，使社会的每个成员都有被告知感，从而产生归属感、责任感与社会合一感。

第三条 牢记由于职业与公众的密切关系，个人的行为——即使是私人方面的——也会对事业的声誉产生影响。

第四条 在自己的职业活动中尊重《联合国人权宣言》的道德原则与规定。

第五条 尊重并维护人类的尊严，确认各人均有自己作判断的权力。

第六条 促成为真正进行思想交流所必需的道德、心理、智能条件的形式，确认参与的各方都有申诉情况与表达意见的权力。

Ⅱ：所有成员都应保证

第七条 在任何时候、任何场面，自己的行为都应赢得有关方面的信赖。

第八条 在任何场合，自己均应在行动中表现出对所服务的机构和公众双方的正当权益的尊重。

第九条 忠于职守，避免使用含糊或可能引起误解的语言，对目前及以往的客户都始终忠诚如一。

Ⅲ：所有成员都应力戒

第十条 因某种需要而违背真理。

第十一条 传播没有确凿依据的信息。

第十二条 参与任何冒险行动或承揽不道德、不忠实、有损于人类尊严与诚实的业务。

第十三条 使用任何操纵性方法与技术来引发对方无法以其意志控制，因而也无法对之负责的潜意识动机。

附录二《中国国际公共关系协会会员行为准则》

《中国国际公共关系协会会员行为准则》于 2002 年 12 月 6 日经中国国际公共关系协会第三次会员代表大会审议通过，全文如下：

公共关系是组织机构进行信息传播、关系协调和形象管理的一门艺术和科学，它通过一系列有计划、有目的、有步骤的调查、策划、实施、评估以及咨询等手段来实现。公共关系职业在我国是国家正式认可的一个职业，中国公共关系业服务于社会主义市场经济建设和改革开放，促进物质文明和精神文明的建设，推动社会的进步和发展。

鉴于公共关系业是一个严肃的职业，每个公共关系专业公司和从业人员应该追求崇高的职业道德并遵循职业的行为准则。为此，CIPRA 所有会员（单位会员和个人会员）均同意遵守本准则。

第一章　总　则

第一条　教育、引导原则。为组织机构提供有效的、负责任的公共关系服务，教育社会公众并正确引导公众舆论，以服务公众利益。

第二条　公平、公开原则。以公平、公开的态度对待组织机构、社会公众乃至竞争对手，争取良好的商业环境，促进社会进步。

第三条　诚实、信誉原则。以诚实的态度服务组织机构和公众，准确、真实地传播信息；讲求商业信誉，将公众利益放在首位。

第四条　专业、独立原则。运用专业技术和经验服务组织机构和公众，为组织机构提供客观、独立的建议和服务；通过持续的专业开发、研究与教育来推动本职业的发展。

第二章　行为准则

第一条　信息传播是公共关系服务的基础，惟有准确、真实的信息传播才能更好地沟通组织机构与新闻媒体、政府、公众之间的关系，真正服务组织机构和公众利益。CIPRA 会员：

1. 确保信息传播手段和信息内容符合国家法律的有关规定；
2. 应该确保信息传播的完整性、真实性、准确性；

3. 应该兼顾公众利益和组织机构利益；

4. 不应该隐瞒事实真相或欺骗公众，有责任迅速纠正错误的传播信息；

5. 不应该向媒体赠送“红包”或其他形式的报酬，媒体必须的版面费、车马费除外。

第二条 以组织机构利益为导向是本行业赖以生存的基础，应该通过不断完善的专业技术和经验来满足组织机构的需求，帮助组织机构实现既定的目标。CIPRA 会员：

1. 应该诚实地告知组织机构自己的专业能力，说明代理业务的规范流程，提交标准文案，明示收费标准；

2. 代表组织机构与公众沟通时，应该明示组织机构的名称；

3. 服务组织机构时，不应该在媒体上宣传自己和自己的组织；

4. 不应该承诺自己不能直接控制的结果；

5. 不应同时服务两个利益冲突的组织机构，除非在详细陈述事实之后得到组织机构同意。

第三条 专业服务涉及组织机构众多秘密，因此严格保守组织机构秘密和个人信息是获取组织机构信任、保持商誉的根本。CIPRA 会员：

1. 应该保守组织机构过去、现在以及将来的秘密；

2. 应该保护组织机构及其雇员的隐私；

3. 如发现组织机构秘密外泄，有义务向组织机构提示；

4. 严禁利用他人秘密获取商业利益。

第四条 避免现在、潜在的利益冲突可以建立组织机构和公众的广泛信任，是本行业健康发展的基础。CIPRA 会员：

1. 应该做到个人利益服从组织机构利益，组织机构利益服从公众利益；

2. 应该避免因外界因素而引起个人利益与行业利益的冲突；

3. 有责任向组织机构提示可能影响组织机构的利益冲突；

4. 有义务帮助本行业解决可能存在的利益冲突。

第五条 优胜劣汰，惟有保持公平、公开的竞争，才能不断完善健康、繁荣的行业大环境。CIPRA 会员：

1. 应该尊重平等的竞争，避免因竞争而损害竞争对手的行为发生；

2. 应该通过提高专业技术水平和服务品质来增强竞争能力；

3. 严禁采取欺骗组织机构、诋毁竞争对手等手段来取得竞争优势；

4. 有责任保护知识产权，不应将他人的劳动成果据为己有。

第六条 人才资源是行业发展和繁荣的基本条件，只有不断培养和吸收优秀人才进入本行业，才能不断壮大行业队伍，提升本行业在社会的地位。CIPRA 会员：

1. 有义务对其员工进行专业培训，同时将自己的经验和成果与行业分享；

2. 应该允许人才流动，但不得通过猎取人才来争取相关客户；

3. 流动人员应保守原公司的秘密和知识产权（如客户资料等）；

4. 流动人员不得主动争取原公司的客户资源。

第七条 没有行业的繁荣，也就没有个体的利益。每个成员应以不懈努力，创造一个不断发展、繁荣的行业为己任。CIPRA 会员：

1. 应该积极宣传和传播公共关系知识；

2. 应该不断追求专业技术水平的提高；

3. 应该正确诠释成功的公共关系案例或经验；

4. 应该维护和巩固本行业的职业地位；

5. 应该要求下属及相关人士同样遵守本《准则》的有关规定。

第三章　附　则

第一条　如果 CIPRA 有足够证据证明某会员在履行其职业义务过程中有违反本《准则》的行为，该会员将受到 CIPRA 的劝诫、警告、通报以及开除等处罚。

第二条　本《准则》中所指的“组织机构”，即通常所指的“客户”，包括政府机构、企事业单位以及非营利机构。

第三条　本《准则》最终解释权归中国国际公共关系协会。

附录三　澳优乳业企业社会责任年度公关策划案

一、项目背景

澳优乳业（中国）有限公司中国主体市场主营产品包括能立多系列和佳贝尔特（羊乳）系列，市场销售额占澳优旗下所有产品全年销售额的50%以上。澳优乳业属于已具有不弱的盈利能力且拥有良好的品牌形象的企业。

现行的企业社会责任策划内容正向着“用务实和创新攻克脱贫攻坚这一‘难啃的硬骨头’”的方向靠拢。农村留守儿童几乎都会有缺乏家庭关爱的问题，他们和外出工作的父母不仅联系非常少，甚至关系也十分生疏，这些孩子在成长过程中，在最需要父母疼爱的年龄却没有得到父母的关爱；而对于外出务工的家长而言，在孩子最天真烂漫的时刻却不能见证他们的成长。

为了平衡经济发展与社会发展，作为行业知名领军企业的澳优乳业更需充分考虑到企业的利益相关者，勇敢地承担起自己应承担的那一份社会责任。

二、项目调研

为充分进行企业社会责任项目策划，我们先对市场及企业自身进行了分析与调研。

（一）行业分析

进入21世纪，我国液态奶、乳制品加工企业数量不断增加，产量快速增加，少数大型企业发展迅速，在整个食品工业中成为高速发展的热点行业之一。由于我国乳制品行业起步比较晚，整体发展水平不高，目前市场集中度较低，市场竞争中尤其以价格竞争为主且竞争激烈。

随着乳制品行业的产业整合，淘汰落后企业，新企业通过产品研发，推出更加安全、营养、健康、品种多样的产品，提高了企业竞争力，行业利润率有所上升。

（二）媒体分析

现阶段新媒体备受宠爱，最重要的一点就是改变传统模式，使每个人都有自我话语权，将自己的言论分享给其他人的同时，增加自己的知名度。这种草根文化的蔓延方式，不断改变着人们的思想观念以及生活方式。与此同时，自媒体的应用使每个人都能够参与到问题诉求以及社会发展中。在我国社会发展的过程中，新媒体起到了非常关键和重要的作用。

（三）政策分析

“全面二胎”政策为奶粉行业提供了人口红利。虽然面临出生率下降的问题，但“全面二孩”政策依旧能为婴幼儿奶粉行业提供巨大契机。2018 年 1 月 1 日起，我国正式全面实行《婴幼儿配方乳粉产品配方注册管理办法》，奶粉注册制新政在 2018 年正式实行后，贴牌、代加工和假洋品牌将全部被清出市场，品牌数量从 2 000 个缩减到几百个。目前为止获得配方注册的奶粉品牌多是国产品牌，这使得国产奶粉占据相对优势，二三四线城市的奶粉市场需求将继续加大。

（四）小结

澳优乳业在做公关活动时务必牢牢把握主流媒体的舆论态势，在主流媒体的宣传力度也必须加大加强。在大数据的影响下，传统媒体和网络媒体都开始了对于数据新闻的探索与实践；澳优自然不能遗失和错过对第四媒体的利用。在新时代背景下，第四媒体的未来发展空间比之传统媒体将更为广阔。

三、项目策划

（一）项目目标

首先，开启“澳优杯”家庭萌娃短视频大赛活动。通过此次比赛，在短视频平台传播正向积极的价值观念，矫正、净化当前短视频发展泛娱乐化的风气，引导大家进行有深度、有价值的短视频创作，从而促进短视频的发展。

其次，利用短视频大赛所获收益，澳优 U 基金将发起“留守家庭、异地联情”公益项目，致力于通过照片和视频的形式，替留守儿童的父母赶赴子女生活地，将子女成长的特殊时刻记录下来。

再次，在后续八个月的时间里，我们将持续为留守儿童的父母提供无偿记录子女成长瞬间的服务。只要有需要的父母递交申请，并获得子女及其所在单位的同意，公益团队即可用专业的摄影器材和技术为父母记录下孩子的生活。

最后，澳优 U 基金将动员各事业部共同参与到“留守家庭、异地联情”的项目之中。一方面，事业部将在部门内组织团建，为目标留守儿童及其他所在地的其他留守儿童制作精美的礼物和食物；另一方面，事业部将依次派出代表，参与到实地的拍摄活动之中。在公益行动结束后，所有记录的影像将成为素材，制作成公益纪录片。

在这过程中，我们将在整个公益项目中融入一些澳优的元素，比如 Logo、宣传语，等等，来宣传澳优的品牌产品，提高澳优的知名度，增进公众对澳优的了解，塑造良好的承担社会责任的企业形象。

（二）项目信息

1.“澳优杯”家庭萌娃短视频大赛

（1）比赛安排。比赛由澳优 U 基金担当承办方、澳优乳业作为出资的主办方，同时由澳优旗下事业部澳优能力多及佳贝艾特任冠名商与赞助商。所有参赛视频不能违反《网络短视频内容审核标准细则》等国家政策法规，一旦发现取消比赛资格。最终解释权归大赛主办方所有。执行范围：中国大陆。

短视频大赛各环节时间安排如附表 3-1 所示。

附表 3-1 短视频大赛各环节时间安排

预热准备	2019. 5. 20—2019. 6. 1
广告制作	2019. 6. 2—2019. 6. 30
推广宣传与比赛进行	2019. 7. 1—2019. 8. 31
收尾颁奖	2019. 9. 1—2019. 9. 15

（2）赛前准备。合作方及广告媒介选择。合作方为抖音短视频软件。宣传途径为线上广告与线下广告。新闻发布会于“六一”儿童节当日，邀请著名节目主持人主持新闻发布会，宣布比赛正式启动。

（3）参赛方式。用手机拍摄下宝宝精彩一刻，然后打开“抖音”App，上传自己录制的影像，并选取合适的配乐。同时需要带上话题，在内容栏里输入“#澳优宝宝 精彩一刻#”，备注相应的参赛主题并@澳优抖音官方账号，点击发布，搜索该话题并收藏，同样能进入比赛通道。

（4）参赛视频主题。内容主题需要围绕宝宝展开，可以是宝宝日常生活中的经典时刻，或是宝宝的搞笑瞬间，也可以是宝宝的才艺展示，不限制内容的表现形式，可以是演绎，也可以是抓拍，等等，鼓励参赛者展现创意个性，比如方言、模仿、多屏，等等，视频画风不限，可以动漫手绘，Vlog 日常也可。不流于形式，鼓励大家进行有深度、有内涵、有价值的创作。

（5）评选审核制度。为保证短视频作品评分公平、公正、公开的原则，家庭萌娃短视频大赛作品评审主要分为两个阶段：网络投票阶段+主办方评审阶段。单部作品先通过网络投票，角逐出前 2 000 名进入第二阶段的主办方评审。

首先，网络投票阶段以视频放送的平台——抖音为主要的人气比拼平台，根据视频所获得的点赞数、留言数和转发数乘以相应的常数得出最后的得分。

然后，主办方评审团针对第一阶段入围的 2 000 份作品进行进一步评审。每个评委，针对所有提交作品分别从视频创意、人物表现、内容表现、镜头表现、后期效果、剪辑衔接、配乐音效七个角度进行独立评分。

（6）比赛收尾。颁奖仪式于 9 月 15 日举行，由票数从高至低邀请特等奖 1 名、一等奖 2 名、二等奖 3 名及三等奖 4 名到现场参加颁奖仪式，比赛将评出最有创意宝宝、最萌宝宝、最具人气宝宝、最搞笑宝宝、最佳神剪辑、最具气质宝宝、最佳配合奖、最有口才宝宝、最具活力宝宝。澳优有权根据比赛实际执行情况对奖项设置进行调整。同时，为了调动大家的热情，也设置了入围奖 1 000 名，被评选上的作品将获得澳优佳贝艾特羊奶粉一罐（800 克）。转发量超过 10 000 次的宝宝视频也将获得现金奖 100 元。

在颁奖仪式上，将所有收入公开，向到场媒体及嘉宾宣布后续“留守家庭、异地联情”公益行动，最后制成公益纪录片发布至网络上。

赛后安排：获得特等奖的萌娃成为“澳优宝宝”，签约成为澳优未来三支广告的模特宝宝。在此期间，宝宝是澳优的形象宝宝，不可接受其他商业广告宣传代言活动。

获奖的参赛作品将被收录至澳优官网，设置专栏。澳优在比赛结束后将在官网设置

“澳优杯宝宝”展示的专门通道，获奖的参赛作品将在官网播放展示一个月。冠军宝宝照片将作为链接封面大图显示。

大赛结束后将延续活动热度在网络上征集萌娃表情包，并保留澳优版权，表情包版权费用将用于公益行动，拟定向贫困新生儿家庭捐助澳优品牌系列奶粉。

2. “留守家庭、异地联情”公益行动

澳优 U 基金将动员各个事业部，用举办“澳优杯”家庭萌娃短视频大赛所获收益及自行出资，为留守家庭中身处两地的孩子与父母捐赠亲手制作的物资、拍摄照片和录制影像，并利用影像后期制成公益纪录片，通过版权交易，在电视台发布宣传，让社会各界知晓。其中，亲手制作物资将以部门“团建活动”的名义施行。执行范围：全国 570 个国家级贫困县。(数据截至 2019 年 5 月)

（1）行程安排。

公益行动各环节时间安排如附表 3-2 所示。

附表 3-2　公益行动各环节时间安排

前期准备与报名发布	2019. 9. 16—2019. 9. 23
团建活动与实地物资捐赠、拍摄	2019. 9. 24—2020. 5. 5
公益纪录片后期制作与发布推广	2020. 5. 6—2020. 5. 20

（2）报名推广。

2019 年 9 月 24 日起，在线上线下宣传公益行动开始，并给出报名方式。截止时间为 2020 年 5 月 5 日中午 12 点整。

（3）报名要求与途径。

报名要求：父母双方常年在外工作，已超过半年未归家见过孩子。由于家中条件限制，孩子无法通过智能手机等设备与家长进行沟通交流。孩子年龄在 0~10 岁。在拍摄前会事先与拍摄家庭有关单位协商，例如留守儿童所在学校，部分拍摄内容会涉及有关单位。

报名途径：微信公众号报名，符合要求的家长可以通过“澳优大家庭”官方微信公众号进行私信报名，在后台发送“报名”即可获得报名表链接。微博报名，符合要求的家长可以私信“澳优官方微博”，发送“报名”即可获得报名表链接。邮箱报名，在澳优官网自行下载报名表，填写完毕后发送至澳优官网指定邮箱。

（4）团建活动。

澳优 U 基金将从 9 月 23 日开始，每两个星期组织事业部（包括能力多、美纳多、海普诺凯、佳贝艾特、奶福、欧选、牛奶客、美优高）轮流举办公益爱心团建活动。利用澳优乳业的产品制作甜点等食品，用于送给留守家庭的家人及周边居民；并将团建活动过程摄录下来，同样作为公益纪录片的素材。活动具体时间：周五早上 9 点半。集合地点：公司 1 楼大厅。返回时间：下午 5 点。

为吸引各个事业部的积极参与，特设置奖励机制如下：①员工在工作日参与本项目活动，在完成公司既定任务的前提下，视参与项目活动时长为工作时长，给予三倍的工资报酬。②员工在非工作日参与本项目，可以用项目活动时长一比一换取带薪休假时长，或一比二换取休假时长。

（5）实地拍摄。

拍摄团队将跟至实地进行拍摄，后期制作团队则留在公司总部。实际工作时间安排可

按实际情况酌情考虑，最多为两周。拍摄内容具体为：首先对于父母的必要采访，了解家庭基本情况，以便于后期拍摄工作的安排。之后在两个星期内对留守孩子每天的日常生活（如早上起床、上学、吃中饭、学习、放学等）进行视频拍摄记录，并将其反馈给父母，帮助在外的父母更好地了解自己孩子的日常生活情况，增进亲情。在此期间所有视频将作为后续公益纪录片的素材保留。

（6）纪录片后期。

在公益纪录片的后期制作中，需要在右上方添加澳优 Logo 水印；其中，公益纪录片具体内容由实地拍摄所保留的素材剪辑组成。后期将版权卖给电视台来进行放映推广。

（三）费用预算

相关费用如附表 3-3～附表 3-5 所示。

1. 大赛

附表 3-3　大赛费用预算

类别	任务	预算
广告拍摄团队	拍摄	5 000 元/天×10 天＝50 000 元
	剪辑	8 000 元
	包装	8 000 元
	合计（×2）	132 000 元
新闻发布会及颁奖式	台面设计	20 000 元
	物料费用：彩虹门、条幅、吊旗、主题背板、展板	5 000 元
	录制费	10 000 元
	音响×2	5 000 元
	麦克风×4	2 000 元
	场地租金	2 000 元
	现场物料运输安装、人工费用	1 000 元
	主持人出场费	750 000 元
	礼仪小姐佣金	2 000 元
	宣传品	3 000 元
	记者邀请费	50 000 元
	媒体软文推送、新闻报道	50 000 元
	交通费用报销	15 000 元
	住宿费用报销	15 000 元
	其他杂项支出	5 000 元
	合计（×2）	1 870 000 元

续表

类别	任务	预算
广告合作及奖励资金	抖音投放广告页面	1 000 次广告展示/24 元，预计 200 万曝光量，约 48 000 元
	抖音网红合作	2 000~4 000 元/条，预计 50 条，约 150 000 元
	微博	话题榜第一：10 000 元，微博推广：48 小时，420 人/8 元，预计 4 天，覆盖 4 200 000 人，约 80 000 元；微博营销号：2 000~5 000 元/条，预计 100 条，约 300 000 元；微博大 V 合作：5 000~10 000 元/条，预计 20 人，约 150 000 元
	今日头条	文章推广：4 元/1 000 次曝光；0.2 元/点击；预计 20 000 000 次曝光、1 000 000 次点击，约 280 000 元
	微信朋友圈、QQ 空间广告投放	1 000 元起/日，预计花费 20 000 元
	爱奇艺、腾讯视频广告投放	15 秒，cpm8 元起，预计花费 150 000 元
	车站广告位	500~1 000 元不等，预计花费 20 000 元
	公交车身广告	5 000 元/车，约 20 000 元
	商场大屏	10 000/每天 4 次，一次 10 秒，预计花费 100 000 元
	杂志版面	10 000 元/条，预计花费 50 000 元
	各大网站合作广告	5 000 元/条，预计花费 50 000 元
	奖金合计	850 000 元
	合计	2 268 000 元
总计		4 138 000 元

2. 公益

附表 3-4 公益费用预算

类别	任务	资金
摄制组	拍摄（高清）	5 000 元/天×14 天×16 次=1 120 000 元
	后期剪辑（精剪）	20 000 元
	后期包装（调色、音乐、字幕）	20 000 元
	合计	1 160 000 元

续表

类别	任务	资金
拍摄团队	管理	180 000 元（项目负责人）
	项目支持	120 000 元（对外联络人）
		120 000 元（生活助理）
		100 000 元（会计）
		80 000 元（资料审核）
	随行辅助	特殊激励（事业部代表）
	合计	600 000 元
团建活动	员工餐饮	20 000 元
	使用捐赠物资	100 000 元
	交通费	30 000 元
	合计	150 000 元
报名推广	微博热搜推广	50 000 元
	今日头条资讯置顶	30 000 元
	抖音 App 广告	30 000 元
	微信朋友圈广告	20 000 元
	人民日报	10 000 元
	经济日报	10 000 元
	合计	150 000 元
交通食宿	饮食及住宿	10 000 元
	合计	58 000 元
版权交易	每分钟 400 元	收入 24 000 元
总计		2 094 000 元

3. 总计

附表 3-5 费用总计

名称	费用
“澳优杯”家庭短视频大赛	4 138 000 元
公益影片拍摄制作与投放	2 094 000 元
总计	6 232 000 元

由于预算为 10 000 000 元，故余下 3 768 000 元，将存入澳优 U 基金，为其他公益项目助力。

四、项目评估

“澳优杯”宝宝视频大赛利用新媒体的优势，在网络平台和线下渠道吸引受众的关注，实现高效传播。活动期间利用新颖的短视频成为社会热点话题，与最热短视频门户“抖音”合作更是让澳优扩大了知名度，完成跨界传播和互动，实现成功的品牌公益营销。一系列活动，包括短视频大赛、表情包征集和后期的“留守家庭、异地联情”留守家庭关爱公益行动等，预计至少能够获得 60~80 篇的新闻报道，被主流媒体转载 200 余次，预计获得百万阅读量。

根据比赛报名数以及活动相关推文的阅读量，来评估公关项目所涉及的受众数量以及受众参与度。通过微信公众号、微博账号等社交媒体官方账号的粉丝数增长趋势，来检测公关活动对目标受众的影响力。通过调查百度、搜狗等搜索引擎和淘宝、京东等电子商务平台对“澳优奶粉”关键词搜索次数变化趋势，来检测目标受众对澳优及澳优 U 基金的知晓度和信任度。

资料来源：陈燕依，陈加贝，颜志强，等. 澳优乳业企业社会责任年度公关策划案［J］. 国际公关，2020（08）：11-14.